中国名村志文化工程
Culture Project of Local Records of China's Famous Villages

U0815979

大京村志

LOCAL RECORDS OF DAJING

福建省霞浦县长春镇大京村志编纂委员会　编

方志出版社
Publishing House of Local Records

图书在版编目（CIP）数据

大京村志 / 福建省霞浦县长春镇大京村志编纂委员会编 . -- 北京 : 方志出版社，2017.12

（中国名村志丛书）

ISBN 978-7-5144-2785-1

Ⅰ. ①大… Ⅱ. ①福… Ⅲ. ①村史—霞浦县 Ⅳ. ① K295.75

中国版本图书馆 CIP 数据核字（2017）第 305088 号

·中国名村志丛书·

大京村志

编　　者：福建省霞浦县长春镇大京村志编纂委员会
责任编辑：刘方圆

出 版 人：冀祥德
出 版 者：方志出版社
地址　北京市朝阳区潘家园东里 9 号（国家方志馆 4 层）
邮编　100021
网址　http : //www.fzph.org
发　　行：方志出版社图书经销中心
电话　（010）67110500
经　　销：各地新华书店
排　　版：北京纺印图文设计制作有限公司
印　　刷：北京中科印刷有限公司

开　　本：787 × 1092　1/16
印　　张：19.5
字　　数：377 千字
版　　次：2017 年 12 月第 1 版　2017 年 12 月第 1 次印刷

ISBN 978-7-5144-2785-1　　**定价**：149.00 元

◉ 序一

连绵不断地编修地方志是中国独有的优秀文化传统，承担着赓续文明、传承文化的重任。保存至今的8000余种、10万余卷历代方志，蕴含着传统文化基因和海量文化信息，既是中华优秀传统文化的重要组成部分，又是传承、彰显中华优秀传统文化的重要载体。

在各种类型的地方志编纂中，村志编纂古已有之，但从未进入国家层面的地方志编纂序列。新中国成立以来，党中央、国务院高度重视包括村志编纂在内的地方志工作，出台了重要文件。中央领导发表了重要讲话、作出了重要批示。习近平总书记高度重视包括村志编纂在内的地方志工作。2004年10月，他在担任浙江省委书记时到江山市凤林镇白沙村考察，看到村民编纂的《白沙村志》，鼓励村民把村志继续编纂下去。2014年4月，刘延东副总理在与第五次全国地方志工作会议部分会议代表座谈时指出："要结合发展的新形势，加强对地方志包括部门志、行业志、专题志、乡镇村志编纂的业务指导和服务。"2015年8月，国务院办公厅印发的《全国地方志事业发展规划纲要（2015—2020年）》，正式将中国名村志文化工程列为主要任务之一。2017年5月，中共中央办公厅、国务院办公厅印发的《国家"十三五"时期文化发展改革规划纲要》指出："完成省、市、县三级地方志书出版工作。开展旧志整理和部分有条件的镇志、村志编纂。"可以说，村志编纂迎来了历史上的最好时期。

农业、农村、农民"三农"问题，是数千年来影响中国社会发展最核心的问题。中共中央高度重视"三农"工作，从2004年起，连续13年，每年的中央1号文件都聚焦"三农"。中共十九大报告更是提出"农业农村农民问题是关系国计民生的根本性问题，必须始终把解决好'三农'问题作为全党工作重中之重"，特别是提出了"乡村振兴战略"，这是中国共产党在中国特色社会主义进入新时代后，对农村发展问题所做出的准确把握和与时俱进的战略应对，是建设中国特色社会主义强国战略的重要组成部分。改革开放近40年来，在党中央、国务院高度重视社会主义新农村建设的新形势下，各地涌现出一大批历史文化名村、经济强村、新农村建设示范（试点）村、美丽乡村和特色村，成为先进生产力和先进文化的代表。客观记录中国农村全面建成小康社会的进程，向后人展示在中国共产党领导下农村千年未有的巨变，是地方志工作者肩负的光荣而重大的历史使命。编纂中国名村志丛书，是记载当代中国农村发展变革的重要途径。

文化寻根，寻的是其发展的源头和根基。村落是中国传统文化的根基所在。农村的生产生活方式、社会规范、宗族文化、宗教文化、民风习俗、传统节日、民间艺术等，无不镌刻着中国人独特的民族性格，这就是家国情怀、文脉绵延、精神归属。在快速城镇化进程的冲击和开发性破坏下，大量传统村落面临消亡的危机，村落蕴含的历史文化信息也流失殆尽，抢救性保护刻不容缓。编纂中国名村志丛书，是保存村落历史文化信息，抢救、保护村落文化最好的方式。

一方水土养一方人。家乡的山水草木、村间小巷、乡俗民情会在每个人心头留下深刻的烙印，这就是故土情结。而村落的形成与发展离不开人的活动。编纂中国名村志丛书，通过记述村落建筑、名门望族来追溯村落的历史；通过记述村落规模、布局、人口、物产等反映人口来源、宗族兴衰、生活习惯、文化背景、宗教信仰、经济发展等，体现环境与人相互影响、相互作用、相互发展的既矛盾又统一的关系；通过记述戏剧、音乐、舞蹈、美术、文学、手工技艺等文化形式，展示百姓在长期的生产生活实践中摸索和总结出的智慧结晶，强化人们沟通感情的纽带。编纂中国名村志丛书，是传承乡俗、诉说乡音、记住乡愁、纾解乡思，激活历史传统、唤起共同文化记忆、塑造共同心灵认同的重要文化工程。

中国名村志文化工程以践行文化自信、传承中华文脉、彰显时代发展为己任，以打造全国地方志系统的重要品牌为目标，在体裁运用、篇目设置、资料选择等方面进行大量的创新，突出“名”和“特”，拣选各个名村中最值得记述、最具有代表性的人、事、物，予以浓墨重彩的描画，从而形成系列的、高质量的、可读性强、雅俗共赏的地方志读本，让地方志紧接地气、贴近百姓，让地方志成果进入寻常百姓家，让人民群众共享地方志成果，让越来越多的人从地方志中感知传统、历史和记忆，成为传统村落和传统文化的守护者，成为中华优秀文化的传承者。

是为序。

中国社会科学院院长
中国地方志指导小组组长　王伟光
2017年11月

◉ 序二

习近平总书记指出："让居民望得见山，看得见水，记得住乡愁。"这句富有诗意的重要论述不仅唤醒了中国人城镇化建设过程中对于人和自然关系、人和历史关系的思考，同时也引发了学界对"乡愁"进一步进行文化意义解读的兴趣。从本质上看，乡愁是一种源自主体体验的情感，隐含了一种人们带着乡愁追寻自我生存与生命意义、追寻诗意栖居的精神家园的美学思辨。同时，这种追寻自我生存的主体逐渐转向大众群体，乡愁也由传统单一的"文化乡愁""爱国情怀"演变为对于"理想家园"的精神追求。

中国有近 60 万个村庄，约有 5000 个古村落，被住房城乡建设部和国家文物局界定的传统村落就有 1561 个。随着中国城镇化步伐的加快，乡村的版图日渐凋敝，大批农村青壮年劳动力走进城镇，融入了新的生活。然而，每逢传统佳节，那种挥之不去的离愁别绪挟裹着亿万农民工，又融入了返乡的滚滚洪流。这是乡愁的情愫牵动着他们，是故乡的山、故乡的水、故乡的老屋、故乡的小吃在牵动着他们，是故乡家家户户的楹联和口口相传的故事，以及只有在隆重的传统佳节才有的古老的民风习俗在牵动着他们。

文化可以体现一个民族、一个国家、一个社会的重量与体温，这是文化的力量之所在，而村落是传统中国的根脉所系，乡土社会是最能够体现中国传统文化特征的地方。梁漱溟曾指出："中国文化是以乡村为本，以乡村为重，所以中国文化的根就是乡村。"我曾在《建设社会主义新农村的理论与实践》一书中指出，在新农村建设的过程中，必须"保护和发展有地方和民族特色的优秀传统文化，创新农村文化生活的载体和手段，满足农民群众多层次、多方面的精神文化需求"，而编纂村志尤其是实施中国名村志文化工程就是一个重要举措。实施中国名村志文化工程，编纂中国名村志丛书，以最基层的村落为研究对象，寻根传统村落的历史，梳理村落的发展脉络，以唤起人们的归属感和认同感，探索新型城镇化和社会主义新农村建设过程中，如何留住乡音、乡风、乡思，继承传统文化精华，挖掘丰富历史智慧，是贯彻落实中央城镇化工作会议精神和中共十九大提出的“乡村振兴战略”的重要举措，是当前和今后一个时期全国地方志工作者的重要工作。

虽然村落文化正在日益远离当下生活，但我们可以抓住诸如基本村情、文物胜迹、古村保护、特色文化、旅游名胜、村域经济、风土民情、村民生活、新农村建设、艺文杂记、名人与名村等关键内容，通过志书的手法来诠释乡村文化的精华。我们如实记录着村落里的人和事，以及青山绿水、小河大树、袅袅炊烟，力争以最完整、最原真的方式呈现村落的前世今生。我们要为“迷失”的人留住乡村文化的根脉，让人们难以割舍的乡愁得以慰藉和释放。

中国名村志文化工程将触角伸向那些极具代表性的村落，它们有的历史悠久、名人辈出，有的经济腾飞、重获新生，有的风景秀丽、景观独特，有的地处边陲、神秘莫测……我们挖掘中国不同类型村落的发展之路，为探索新型城镇化和社会主义新农村建设的发展经验、发展模式、前进道路提供历史智慧和现实借鉴。因此，打造以重在表现乡村嬗变为主旨的中国名村志丛书十分必要和迫切，这是一项功在当代、利在千秋的文化工程。

近年来，随着中国经济社会的发展和国际地位的提高，越来越多的人想要认识中国、了解中国、研究中国。在这样的形势下，乡村是不可或缺的一环，我们要集中讲好发生在乡村的故事，向世界呈现一个多元的、立体的中国。乡村历经岁月变迁的风雨，见证着改革开放的步伐，寄托着数代中国人的情感。发生在乡村的故事无疑是血肉丰满的、震撼人心的、引起共鸣的。我们应该有这个自信能够讲好乡村故事，讲好中国故事，描绘出中国的底色，“让每一个中国人都能在地方志中找到自己的位置”。

可喜的是，越来越多的有识之士认识到了这一点，加入到保护、传承、发展村落文化的队伍中来。仅就编纂中国名村志丛书来看，第一批的申报范围就涵盖包括香港特别行政区在内的 32 个地区，申报数量高达 70 余部。“直笔著信史，彰善引风气，为当代提供资政辅治之参考，为后世留下堪存堪鉴之记述”，这是我们的初心和使命。希望中国名村志文化工程的实施，能够带动更多的人关注中国乡村文化，为社会主义文化强国建设作出更大的贡献。也希望越来越多的名村都来融入继承中华文化传统、颂扬中华传统文化的活动中，让正能量更多地润泽温暖人们的心灵，让更多的人“记得住乡愁”！

是为序。

中国社会科学院副院长
中国地方志指导小组常务副组长

2017 年 11 月

◉ 中国名村志文化工程专家委员会

名誉主任　徐匡迪
主　　任　王伟光
常务副主任　李培林
委　　员（按姓氏笔画排序）
毛其智　叶裕民　李　铁　李善同　杨保军　柳　拯
倪鹏飞　魏后凯

◉ 中国名村志文化工程学术委员会

主　　任　李培林
常务副主任　冀祥德
副 主 任　刘玉宏　邱新立
委　　员（按姓氏笔画排序）
于伟平　王　晖　王铁鹏　巴兆祥　田　嘉　苏炎灶
李　江　李孝聪　张大伟　张英聘　陈泽泓　陈　强

◉ 福建省霞浦县长春镇大京村志编纂委员会

特邀顾问　俞　杰　王　斌　颜谋元　陈　健
顾　　问　林春利　李　焰　吴光焰　谢成銮
　　　　　周玉明　林作雷
名誉主任　郑德勇
主　　任　林春盛
常务副主任　林丽科
副 主 任　刘成伯　陈康智　辛祖耀　郑宜斌
委　　员　（按姓氏笔画排序）
　　　　　吴言生　林作涛　郑克勇　郑爱武
　　　　　郑德雄　戴在银
办公室成员　郑惠芳　郑宜城　周锡喜

◉ 福建省霞浦县长春镇大京村志编纂人员

主　　编　林丽科　林春仁
总　　纂　申闽生
副 主 编　林志德　郑孟光
文字编辑　（按姓氏笔画排序）
　　　　　刘成伯　许一跃　杨郑良　张作利
　　　　　林华标　林瑞娜　郑宗元　高清官
摄影编辑　陈康智　徐卫灼　郑蓬惠　郑　戈

透过奇石看大京

◉ 中国名村志丛书凡例

一、以马克思列宁主义、毛泽东思想、邓小平理论、“三个代表”重要思想、科学发展观、习近平新时代中国特色社会主义思想为指导，坚持辩证唯物主义和历史唯物主义的立场、观点和方法，存真求实，全面、客观、系统记述我国村落发展变化进程和改革开放成果，传承和抢救乡土历史文化，激发爱国爱乡情怀，为探索中国特色新型城镇化建设、社会主义新农村建设的发展经验、发展模式、前进道路提供历史智慧和现实借鉴。

二、为全面反映入志事物发展脉络，各志上限尽量追溯至事物发端；下限一般断至各村志启动编修年份，个别重大事项可延至搁笔。

三、记述地域范围以下限年份的行政辖区为主。为体现名村在更大区域内的意义，可以从更开阔的区域视野记述与该村相关的内容。

四、统一采用纲目体，设类目、分目、条目三个层次。横排门类，纵述史实。除《中国名村志丛书基本篇目》要求的必设类目外，其余类目根据各村实际，依照突出时代特色、地方特色的原则自行安排。

五、综合运用述、记、志、传、图、表、录等各种体裁，以志体为主。

六、除引用文字和附录文献资料外，统一使用规范汉字及现代语体文记述体。记事坚持秉笔直书、述而不作，只记事实，不作评论，寓观点于材料之中。行文力求朴实、严谨、简洁、流畅、优美，具有较强可读性。

七、人物部类遵循“生不立传”原则，人物传主按生年排序，只选录对本村发展有重大影响的人物，不面面俱到。

八、所需数据一般采用政府统计部门数据，无政府统计部门数据时选用主管部门正式提供的数据。

九、数字用法、标点符号、计量单位分别执行国家标准《出版物上数字用法》（GB/T 15835—2011）、《标点符号用法》（GB/T 15834—2011）、《国际单位制及其应用》（GB 3100—1993）和《有关量、单位、符号的一般原则》（GB 3101—1993）。历史上使用的计量单位，如斗、石、里、尺、磅、华氏度等，在引文时可照录。考虑到社会使用习惯，全书中亩不统一换算，1 公顷＝ 15 亩。

十、自中华民国成立后的纪年，均使用公元纪年。志中所称“解放前（后）”，以当地解放日为界；“新中国成立前（后）”，以中华人民共和国成立日 1949 年 10 月 1 日为界；“改革开放前（后）”，以中共十一届三中全会召开的 1978 年 12 月为界。本志“×× 年代”，凡未加世纪者，均指 20 世纪的年代。

十一、为节省篇幅，避免重复，本志采用条目互见法。参见条目的表示形式为：参见本志“×× 类目·×× 分目·×× 条目”。

十二、对旧志、古籍中的繁体字、冷僻字一般用简化字或通用字替换，易引起误解的则保留。

十三、记述各个历史时期的党派、机构、职务、地名等，均以当时的名称为准。对频繁使用的名称，首次用全称，其后用简称。

十四、各村志需要单独说明的事项，均在各自编纂始末中记述。

大京村在中国的位置

霞浦县
大京村
黑龙江省
哈尔滨
吉林省
长春
辽宁省
沈阳
内蒙古自治区
呼和浩特
新疆维吾尔自治区
乌鲁木齐
北京市
北京
天津市
天津
河北省
石家庄
山西省
太原
山东省
济南
甘肃省
宁夏回族自治区
银川
青海省
西宁
兰州
陕西省
西安
河南省
郑州
江苏省
南京
安徽省
合肥
上海市
上海
西藏自治区
拉萨
四川省
成都
重庆市
重庆
湖北省
武汉
浙江省
杭州
江西省
南昌
湖南省
长沙
福建省
福州
台湾省
台北
台湾岛
赤尾屿
钓鱼岛
贵州省
贵阳
云南省
昆明
广西壮族自治区
南宁
广东省
广州
香港
澳门
东沙群岛
海南省
海口
海南岛
西沙群岛
永兴岛
中沙群岛
黄岩岛
南沙群岛
曾母暗沙
渤海
黄海
东海
南海
黄河
长江
图例
北京 首都
天津 省级行政中心
未定 国界
省、自治区、直辖市界
特别行政区界
名村所在县级区域
名村
1：32 000 000
审图号：GS（2017）3697号

大京村在福建省的位置

1∶3 060 000

审图号：GS（2017）3697 号

大京村平面示意图
长春镇
西溪里
宝岩寺
大京茶场
大京风电场
蜘蛛网
海尾
鞋屿
斗米
窑后
岐屿
长中屿
长尾屿
斗屿
大京屿仔
笔架山
大
京
海
滨
沙
滩
大京
溪边城
港里
溪头里
丹湾
法华
小京
大京楼
法华寺
闾峡
图 例
长春镇
大京洋
大京村
县道
大京茶场
公路
风电
水域
寺

国家级滨海度假区

大京

大京沙滩

大京海湾

大京沙滩

大京沙滩游

大京城堡

大京城堡西门

城堡里的生活

大京古街

村民下棋

村民自排自演闽剧

千户福寧

◉ 目录

北上去青岛　南下到大京

人说黄海边的青岛凤凰岛金沙滩号称“亚洲第一滩”，滩前之琴岛也因“山如琴，水如弦”而得名。殊不知濒临东海的大京村，同样人文、滨海景观兼备，鸭池荡沙滩之美，堪比青岛金沙滩，湾内一岛酷似文房笔架，更寓意着大京文化底蕴的悠久厚重。

大京，是霞浦县域最大的行政村。说古，历史悠久，文化厚重；道今，川海毓秀，人杰地灵。

大京，有一个大气的村名，也蕴藏着一段厚重的历史。据清乾隆《福宁府志》载："有客宿山下，明早遗金而去。主人兄弟追还之。客谢曰'得金不取，异日声价当比南金'。"由此得名"大金"。1940 年，改称"大京"。大京秦属闽中郡，晋为温麻地，史载唐天宝二年（743）前已有先民在此繁衍生息，唐宋时村民多散居在龙岩山、保老山、王山头的山坳和陈桥巷海滨。北宋熙宁年间（1068—1077），各宗族村民渐聚居大京，掘井而饮，耕田而食。明洪武二十年（1387），建城以御倭，至明万历年间（1573—1620）城内军民逾 6000 人，据民国《霞浦县志》记载："崇墉屹若，不亚于小县之城矣。"新中国成立后，属福建省霞浦县长春镇辖地。2016 年，大京村常住人口 7000 多人，是有着 1700 多年建县历史的福建省霞浦县最大的行政村。

这里山海川岛兼备，村域自北向南，山、城、垅、滩、海、岛呈带状铺展，层次分明。村落三面环山，地域呈畚箕状，箕口面海，箕内田园阡陌，素为膏腴之地。

大京诸山之美，美在群峰耸秀，云蒸霞蔚。山有七景：海上笔架山、龙岩山仙洞、八仙岩、狮球山、峻岩风动石、三十六石门洞、巨石龟岩。其中，笔架山却是一岛，清乾隆《福宁府志》称其"三峰矗立海上。形如笔架。远望浮空，最为奇特”。景有七奇：凤髻山形如螺髻，翠黛凝云；天瓢山上有风动石，硕大如屋，摇摇欲动，周围三岩兀立，犹如三头雄狮，人称“三狮抢球”；龙岩山奇石怪洞，相传仙人曾居住于此，丹灶犹存；龟山绿雾氤氲，宛如巨龟匍匐；马耳山形同骏马，峰、岩、壁、岭、岗、洞、石、阶、墓景致并存；八仙岩犹如八大罗汉并立，神态各异；登凤山之巅，东引诸岛清晰可见。山中有水，山水灵趣，形成多级碧绿涧潭，农人墒田，村妇浣衣，依水而居。如今，更添一道亮丽的风景线，28台75米高的双馈风电塔如擎天巨柱，矗立于沧海群峰之巅，引无数游客登临，迎风向海，流连忘返。

大京民居之美，美在街巷纵横，建筑古朴，大京主村皆建于城堡中。村虽不大，却不乏“京味”，以东西城门为中轴线，明代石板铺墁的千米长街直贯东西，街巷因城就势，高墙与通道构成的空间，弯曲而又贯通，幽深曲折，曲街头等11条古街呈“井”字形相连，著名的老巷有横弄、许厝弄、黄厝弄、林厝弄等。郑鹏、郑君老和江夏侯母宅等20多处明清古厝至今犹存。众多老宅灰墙黛瓦，飞檐翘角，雕梁画栋，斗拱雀替，鳞次栉比，枕海人家，俨然一幅闽东围城人家图。

大京滨海之美，美在沙滩色泽如金，岛礁林黛含烟，岸线千回百转。大京沙滩全长3000余米，沙滩西倚沙垅林带，北衔窑后鹅卵石滩，东临浩瀚东海，遥对笔架诸岛，相映成趣，甚为奇特。蜿蜒的沙滩呈新月形，浩然平坦，海沙细如粉，柔如毯。有诗赞曰：“此地莹沙细如尘，轻车驶过了无痕。”滩前海天一色，为天然海滨浴场，有“闽东北戴河”之称。沙滩之后另有沙垅，历经沧海变迁，海沙在村前堆成2000余米长、数米高的巨垅，民国《霞浦县志》载：“大金坞沙垅屹立高丈余，厚亦如之，望之俨若城墉，屏蔽大金全乡 。”新中国成立后，在垅上遍植木麻黄防护林，如今沙垅、林带浑然一体，蔚成绿色长城奇观，衬得垅前沙滩金黄迷人。沙滩之北，数百米长的窑后鹅卵石滩更为沙滩锦上添花，卵石色彩斑斓，玲珑剔透，光润如玉。伫立沙滩，只见鸥鸟翔跃，船帆点点，岛礁环布。明嘉靖年间（1522—1566）和万历年间，大京滩海曾两度显现海市蜃楼，有诗赞其“幸有瑶台真境界，何须白昼去升仙”。在这里，阳光、海浪、沙滩，都是挡不住的诱惑。

大京古为福建沿海北口战略要地，“执全闽之喉舌，巩福宁之藩屏”。元末明初，海盗、倭寇屡屡侵扰福建沿海，大金首当其冲，倭寇来若奔狼，去似惊鸟，倏忽千里，烧杀抢掠。面对外敌入侵，大京军民铁肩担道义，热血洒疆城。洪武二十年，江夏侯周德兴奉檄兴建的“福宁卫大金守御千户所”城堡，居当时福建沿海 12 个千户所之首，下辖高罗、下浒、延亭、车安、西臼 5 个寨堡和长门等 17 个烽燧，成为福宁卫巡司衙门所在地，官兵寓兵于农，屯守结合，巡防海上。洪武三十一年，倭寇入侵大金所辖古县堡，千户吴真率兵奋勇抗击，战死沙场。明正统年间（1436—1449），倭寇攻寨，村民林应丰等 7 人奋勇迎敌，以身殉国。嘉靖三十五年十二月，倭寇进攻大金千户所辖内间峡堡，军民同仇敌忾，拒敌海上。明隆庆二年（1568）四月二十一日，千户所参将李超率军，将倭寇千余人追至西路歼灭。

大京人保家卫国的精神代代传承。1937 年 10 月，日本侵略军军舰封锁海域，发炮轰炸沿海村庄，多次侵扰大金沿海。1941 年 10 月 12 日，日伪林义和部 600 余人，调集大炮、机枪、汽艇，大举进攻大京，大京壮丁队 10 余次御敌，以死相搏，毙敌 13 人。同年 10 月 14 日，日伪军再度进攻大京，大京抗日壮丁义勇队以寡迎敌，奋起杀敌 4 人，郑宽安等 8 人壮烈牺牲，史称“大京抗日八壮士”。1950 年 2 月，国民党股匪 200 余人登陆大京，大京民兵顽强抵抗，奋力围剿，击退股匪。

千百年来，大京的御外历史留下了丰富多彩的海防文化遗产。人称“海涯屏藩”的大京明代城堡西挹北山，紧锁海口，与南京明城、崇武古城一样历史悠久，为现今福建省保护最完整的古城堡之一。城垣依山而筑，周长 1940 米，万历元年再拓出，城墙以花岗岩乱毛石砌就，内夯硬土，最高达 9.2 米，8 个城墩均为长方块石砌，沿城掘有 900 多米长的护城河，东门为双重城，即瓮城，城上窝铺、敌台、炮位等御敌设备齐全，与外海烽火门、南日山互为表里，结为犄角。如今，大京城堡内外还留存有跨街亭、八角井、旗杆夹柱石等大量海防文化古迹。对研究明代防御倭寇侵扰，探究当时的历史、军事、文化、建筑内涵，进行爱国主义教育，具有重要意义。1982 年，大京城堡被列入第一批县级文物保护单位。1991 年，被列入第三批省级文物保护单位。2009 年，由霞浦县人民政府向上申报第七批全国重点文物保护单位。自 1984 年开始，多次对大京城堡进行修葺加固。

大京文化在岁月的绵延、嬗递中，逐渐多元丰富，形成的民俗风情颇具特色。大京节俗，沿袭唐宋古制，至宋以后尤盛，并多有创新，诸如元宵节花灯竞赛的“讨烛”、正月二十九日的吃“拗九饭”、农历二月二日的祭龙活动、农历四月八日的“牛歇节”、立夏节气的吃“夏粿”等。“宗者，尊也”的孝悌思想，深深地渗透于节俗活动中，除了清明节、中元节及每逢冬节、除夕的祭祖活动，村中还有正月初五刘姓人家的春祭、农历九月九日林姓人家的秋祭、腊月二十四日张姓人家的冬祭，而周家更是在曾祖父、祖父、父三代的逝世之日都要逐一祭祀，名曰“做忌”。

大京的节俗活动有着鲜明的抗倭御外印记。每逢中秋，便有反映抗倭题材的“铁机台阁”巡游和寓意镇倭太平的“糖塔”展示，其中“糖塔”印制模版被福建省博物馆收藏展出。中秋之夜，还要举办纪念戚家军抗倭摆“空城计”的“曳石”活动，以绳缚石，人坐石上，众人拖动，奔跑于村中千米长街的光滑石板上，隆隆作响，声势浩然，时人头攒动，争相观看。次日，在村外设坛祭奠抗倭御外功臣、祖宗，而寓意倭贼的熟乌贼却是大京独特的坛上祭品。此殊俗自明末开始，村中十甲轮流举办，每甲一岁，规模盛大。

大京境内寺庙堂观祠堂林立，佛教、道教、天主教、基督教四教并存，并有诸多民间信仰，这在一个村子是极罕见的。建于唐初的宝岩寺自明嘉靖年间毁于倭患后，虽几经灾毁，重建后的寺内仍留有唐宋时期的石槽、石柱、础石、石臼等文物，其中的石槽长 3.3 米，分长短两节槽床，为霞浦县内迄今发现最长、最具特色的石槽。马耳山后的法华寺，建于北宋乾德年间（963—968），宋代理学家朱熹到此留下“地别九重天，碧水丹山青世界；门当三益友，苍松翠竹白梅花”的佳句。该联现已逐字成为县域佛教南禅五宗之一临济宗下的支提寺系法师法号的延续名称。

临海的大京极信仰妈祖，每逢农历三月二十三日妈祖诞辰，村中盛行祈福妈祖的“走水步沙”活动，时妈祖銮舆由八名壮汉抬出天后宫，八名童男童女引路，数百名信众跟随，队伍每到一个澳口，妈祖銮舆便被抬着冲入海水中疾走颠轿，浪花四溅，煞是好看。每到农历八月十六日，大京村民都要举行一年一度盛大的城隍爷巡游“驮枷还愿”活动，成百上千的村民身穿红白衣裤，肩架“囚枷”，跟随着八抬城隍爷銮舆巡游村内外，意为“还愿”，还邀戏班演出，时十里八乡、外地游人蜂拥而至，争相观看。这一传统民俗是大京村的独特民俗，自洪武年间始延续至今，成为闽东地区最为盛大的节俗活动之一。

大京素有重教兴学之风，自宋代创私塾始，经民国时期兴乡塾、设初小、办公立小学，至新中国成立后开办初级师范学校、九年一贯制学校，教书育人独秀南乡。日本侵华战争期间，大京创办“战时民众学校”，进行抗日教学，校董会主任周锡茂于学校大厅题写对联：“大海望台澎，恨倭寇虎咽狼吞，此日野心犹未已；金城坚武汉，愿诸生节衣缩食，他年凯唱定堪期。”

随着大京教育事业的发展，一代代学子科场折桂脱颖而出，孕育了郑明、林元孙、郑君老、周廉、林隶、郑鱶、郑鹏等众多名人。宋至清代，科第蝉联，簪缨奕叶，仅林、郑两族就出了进士7人、举人8人，有秀才、武将各上百人，在外仕宦30多人。其中，郑君老17岁时考得进士，著有《五经解疑》《梅壑集》，逝后被谥为“靖节先生”；明代郑宪官居晚年以一己之力修成《福宁志》；清末郑鹏为官清廉，离任之际湖北利川县父老为之立“去思碑”，宁德市纪委将其收录《闽东古代廉政人物》一书。今逢盛世，实施全民教育，多人考入清华大学、北京大学等重点大学，获得硕士、博士学位的有50多人，其中有中国科学院植物研究所研究员、同济大学教授、航天部火箭研究所专家和诸多厅处级领导、文教科技精英、经济能人。

约定俗成的大京方言，成为大京悠久文化的特质，作为闽江下游旧福州府“十邑”的共通语。大京方言有44个韵母、7个声调，与有39个韵母、4个声调的普通话相比，大京方言更加鲜活、古朴，独有的熟语、成语、谚语、俚语、歇后语生动隽永，且深受古汉语的浸润，如你称汝，他称伊，吃称食，脸称面，黑称乌，锅称鼎，绳称索，怕称惊，图章称印，筷子称箸，房子称厝，与大京人对话，仿佛进入了时间隧道。

旅游到大京，“吃”当居首位。大京海域处闽东渔场中心，西接中国大黄鱼产卵之地官井洋，有鱼、贝、甲壳、藻类等传统水产资源380余种，唐代就使用渔网捕鱼，宋代多“扈业”，明代兴“渔箔”，清末民国初期常见渔具有定置网等10余种，故《闽书》对此地有“鱼盐螺蛤之属，不贾而足，虽荒岁不饥”之说。这里毗邻晚熟荔枝、龙眼生产基地，民间小吃有肉糕、蛎包、婆菠粿、拗九粥等，是美食家的天堂。

大京天泽地润，宜农宜渔，自古以农为本，靠天吃饭，旱涝台风频繁。1966年9月3日的超强台风，数百年榕树被连根拔起，学校课桌被抛上安福岭，房屋、渔船、农作物损毁无数。新中国成立后，相继修建岭头、对面山阁、黄土溪水库，植造连片成带沿海防护林，建立长春镇首个海带养殖场、盐场，开办县级国营茶场，精细加工的元宵茶被称为“中国第一早茶”。改革开放后，首开海峡西岸与台湾船民开展小额贸易的先河，调整产业结构，改农耕为主为牧海为先，海水捕捞、养殖并重，试养节孔扇贝和发展外海网箱养殖获成功，建立国家级鲍鱼养殖基地，发展的200多公顷海带、紫菜养殖场，是霞浦获得“中国海带之乡”“中国紫菜之乡”称号的重要因素。进入21世纪，大京人再次将目光投向大海，完成滨海景观的村道硬化和输电线路的架设。2005年，大京海滩被霞浦县人民政府列为县域八大景点之一。2007年，福宁海湾被列为福建省第七批省级风景名胜区。2011 年，国家斥资 4 亿余元开发大京临海风电场，惠及大京，自此大京进入跳跃式发展时期。大京绚丽多彩的生态人文景观相继展现在中央电视台《走遍中国》、东南卫视《神州发现》节目中。2014 年，大京成为霞浦县“国际滩涂摄影胜地”重要摄影点之一。2016 年，大京旅游景区被纳入霞浦县“旅游产业建设年”重点建设项目，景区规划总面积 17.94 平方千米，目标定位是打造以滨海滩岛、古城堡、农家风俗为主题的 AAAAA 级海滨休闲娱乐旅游景区。

海阔纳万物，山远断九穹。如今，大京正从封闭沉寂的古老渔村变为聚四方之气的宝地，为子孙，为后代，许下大美山海，绘就锦绣家园。

福建省文物保护单位大京城堡平面略图

大京村情

她有一座古老的大城堡，凭借这座坚固的城池，曾抵御倭寇，保住一方安宁。她是全县人口最多的一个建制村，明清时期许多在这里屯田戍兵的官兵留了下来。她有宽阔的沙滩、众多的岛屿，滨海风光无限，游客纷至沓来。她有广袤的山场，开办了一家国有茶场。她有强劲的海风，创办了一座大型风力发电厂。她有丰富的山海资源，耕山牧海，全村人均收入高于霞浦县平均水平。她就是闻名遐迩的大京村。

大京，区位独特，地貌多样，有城以濒；大京，人口众多，重教崇学，民风淳朴；大京，经济昌盛，社会繁荣，天泽地润。

◉ 区位　交通

方位　大京村是福建省宁德市霞浦县长春镇属下的行政村，位于福建闽东沿海霞浦县东冲半岛东北部。背倚群山，面向大海，坐拥平川，素有“福宁千户”“海涯屏藩”之称。地理坐标介于北纬 26° 42′ 08″ ~26° 42′ 19″、东经 120° 05′ 47″ ~120° 05′ 55″ 之间，距长春镇人民政府所在地 13 千米，距霞

大京主村

大京全景

浦县城 41 千米，距省会福州 200 千米。

地域 2017 年，大京行政村总面积 327.71 平方千米。陆地东濒东海，西邻长溪，南连小京、法华，北接积石，东北与蜘蛛网交界，西北与长春接壤，东至西 5.5 千米，南至北 6.5 千米，面积 17.71 平方千米。海域位于东海南部、闽东渔场中部，东北自蜘蛛网岗老鼠坑尾起向东延伸 50 千米，西南自小京北斗岗鼻起向东延伸 50 千米，面积 310 平方千米，是陆地面积的 17.5 倍，约占霞浦县外海面积的 1.06%。

交通 大京依山面海，水陆交通发达。陆路县域内可接沈海高速公路、福（州）温（州）铁路，区内有乡间公路 5 条，全长 29.2 千米，均按农村四级公路标准建设，片石路基，水泥路面。其中，大京—畚箕湾公路，长 5 千米，路面宽 6 米，与省道沙间线的霞间段三级公路衔接；大京—斗米公路，至窑后 2 千米，至蜘蛛网 5 千米，至斗米 7 千米；大京—丹湾公路，至溪边城 1 千米，至港里 2 千米，至丹湾 4.2 千米；牛洗头—大京茶场公路，长 3 千米；牛洗头—海尾公路，至大京风电场 3 千米，至海尾 10 千米。

海路北上至后港 23 海里，至三沙 19 海里，至福鼎沙埕 56 海里，至温州 112 海里，至上海 392 海里；南下至浮鹰 14 海里，至宁德 44 海里，至福州 85 海里，至厦门 217 海里，至广州 650 海里；东出至东引 26.33 海里，至台湾基隆港 126 海里。

◉ 建置沿革

村名由来 大京原为花零村。隋末唐初时期，洋垱平地洪水纵横，潘姓、陈姓、聂姓、沈姓、白姓、卢姓、罗姓等姓氏先祖先后散居在潘头顶、陈家岗、陈厝岭、聂路乾、沈厝岚、白洋里、卢厝墩、罗汉墩等高地。唐至北宋熙宁年间（1068—1077），村民多散居在各山坳和海滨。北宋元丰元年（1078），林姓先祖居龙岩山下，取名“南阳庄”，郑姓先祖居保老山，王姓先祖居王山头。据清乾隆《福宁府志》和清代《林氏族谱》记载，元丰六年，取名“南金”，又因地处大南地域，亦称“大金”。1940年，改称“大京”。

村庄建置 西晋太康三年（282），始设温麻县，大金地属温麻县域。

隋开皇九年（589），温麻县并入原丰县，大金属原丰县辖地。唐武德六年（623），温麻县改置长溪县，大金划归长溪县辖地。同年，长溪县移治连江，改称连江县，大金归入连江县辖地，属招贤下里辖区。北宋元丰四年（1081），连江县招贤下里改属长溪县，大金重归长溪县辖地。南宋淳熙九年（1182），长溪县设劝儒、灵霍、永东、安东四乡，下辖二十二里，大金属安东乡招贤里辖地。元代，县（州）治下设坊，乡、里下设都，大金为安东乡招贤里五十二都。明弘治二年（1489），福宁州本部设三乡十四里，都、图调为五十三都五十八图，大金为安东乡招贤里五十二都一图。清乾隆四年（1739），保留大金五十二都一图，下辖大金、小金、师公澳、崎榭四村。1912年，全县设10个自治区，大金属大南区管辖。1936—1937年，实施分区设署，全县改划4个区，辖40联保、394保、4035甲，大金设“大小海斗窑”联保，辖大金、小金、海尾、斗米、窑后，属第三区管辖。1938年，改“大小海斗窑”联保为大金联保，属第三区管辖。1939年，从第三区分设第四区，保留大金联保，属第四区管辖。1940年，实施新县制，“大金”改称“大京”。全县撤销联保，改置8个镇13个乡，下设314保，大京闾峡联保合并设京闾镇，辖大京京北、京南、京东、京西4保和斗米、界石、北斗、小闾、闾澳、闾峡、罗浮、西宫、法华、赤沙、浮鹰、文澳12保，属第四区管辖。1941年，全县改设3个区，京闾镇归第三区管辖。翌年，撤销3个区建置，另置大南区，京闾镇归大南区管辖。1943年，撤销大南区，全县设7个乡镇、99保、2126甲，大京归大南镇管辖。1945年3月，整编保甲，调整区划，全县改设11个乡镇、121保、1917甲，大京属长京乡管辖。

1950年，设大京乡，属第二区管辖。1956年，第二区改称长春区，大京乡属长春区管辖。1958年，撤销长春区成立长春人民公社，大京乡改称大京生产大队，属长春人民公社管辖。1961年，长春人民公社复为长春区，大京改为小公社建制。1966年，长春区再改为长春人民公社，大京再改为生产大队。1984 年，长春人民公社改为长春乡，大京改为行政村。1991 年，撤销长春乡改建长春镇，大京仍为行政村，隶属长春镇管辖。

所辖村组 唐至宋代，大金行政区划无考。原散居各山头的姓氏先祖相继聚居形成村落，在南金山东北一带的斗米、海尾、蜘蛛网、外网、界石、窑后、宝岩、西溪里、宝仑坑、马坪、王螺墓、虎坑、四箩洋、摇山洞、法华、土桥、林洋、天望里、大京楼、半岭、挂井、小金、北斗、丹湾、港里、溪边城、坡城里 27 个村落的村民均以大金人氏自称。元代至清乾隆三年（1738），大金为五十二都一图建制，城堡内按街巷设太平、朝天、厚福、兴仁、丰储、云龙、迎恩等 11 个境，城堡外围 27 个村落依然称村。清乾隆四年，保留大金五十二都一图，图下建置大金、小金、师公澳、崎榭 4 个主村，大主村设 7 个境。1912 年，区以下设村，村行政区划重新划分。斗米村辖斗米、海尾；界石村辖界石、蜘蛛网、外网；大金村辖大金、窑后、宝岩、西溪里、宝仑坑、丹湾、港里、溪边城、坡城里；小金村辖小金、北斗、挂井、林洋。半岭、土桥、法华、摇山洞、天望里、大京楼、塔后等村划归法华村；四箩洋、虎坑、马坪、王螺墓等村划归长溪村。1936—1939 年，大金设联保，联保以下设 11 保、110 甲。小金保、斗米保、海尾保、窑后保等隶属大金联保管辖。1940 年，大京主村下设京北、京南、京东、京西 4 保，连同斗米等 12 保，隶属京闾镇管辖。

1950 年，大京设乡，下设 6 个初级社、36 个互助组。1958 年开办大京茶场后，宝

丹湾村

窑后村

岩、西溪里、宝仑坑3个村落划归大京茶场独立管辖。同年，大京乡改为生产大队，下设6个片、33个生产队、2个渔业队。1961年，大京改设小公社，下设6个生产大队、33个生产队、2个渔业队。1966年，大京复为生产大队，下设6个片、33个生产队、2个渔业队。1984年始，大京改为行政村建制，下辖大京主村和窑后、坡城里、溪边城、丹湾4个自然村，共设33个村民小组。

人口民族 明代，大金设福宁卫守御千户所，含筑城守城军户，常住人口1200多户6000余人，超过当时县城人口，被称为福宁南乡第一村。明崇祯十七年（1644），社会动乱，将士受难，大金千户所军户举家外迁200余户1000多人，境内常住人口减至1000户5000人。清康熙元年（1662），朝廷动用武力划界移民，大金城堡内及海边村落被内迁人口700余户3500多人，境内仅余散居大金山头村落住户300多户1500多人。康熙二十二年始，朝廷下诏开界，回迁400余户2000多人。此后，江浙、闽南一带人口流入大金400余户2000多人。民国时期，境内常住人口1160户5800余人。20世纪60年代，境内常住人口1186户5930人。20世纪70年代，境内常住人口1250户6100多人。改革开放以后，大量人口因就学、就业、务工、经商而外迁，散居在霞浦县城及外地的大京籍人口700多户3000多人。据统计，2015年大京村常住人口2115户7536

人，主要为汉族，另有畲族、回族、京族、黎族、布依族 5 个少数民族，其中畲族 56 人、回族 3 人、京族 1 人、黎族 1 人、布依族 1 人，少数民族人口主要为外地嫁入本村人口。大京村常住总人口数，历居全县行政村人口数之冠，为霞浦县第一人口大村。

大京村户数、人口数变动情况表

表 1

时间	户数（户）	人口数（人）	管理单位
明代	约 1200	约 6000	11 个境
明末清初	1000	5000	11 个境
清康熙元年（1662）	约 300	约 1500	11 个境
清康熙二十二年（1683）	约 700	约 3500	11 个境
清雍正至宣统年间（1723—1911）	约 1100	约 5500	11 个境
民国时期	1160	约 5800	4 个保
20 世纪 60 年代	1186	5930	33 个生产队 2 个渔业队
20 世纪 70 年代	1250	约 6100	33 个生产队 2 个渔业队
1980 年	1336	6550（不含外迁）	33 个村民小组
1990 年	1382	6980（不含外迁）	33 个村民小组
2010 年	1850	7295（不含外迁）	33 个村民小组
2015 年	2115	7536（不含外迁）	33 个村民小组

◉ 自然环境

地形地貌 大京境内为沿海丘陵地形，地势西北高东南低，呈三级阶梯状分布。西北部由低山、丘陵、盆谷组成，以山地为主，丘陵、盆谷次之，海拔多在 200 米左右。东南部由低山、丘陵、盆谷、平原和海洋组成，海洋面积最大，平原次之，平原海拔在 10 ~ 15 米之间。

山脉 大京山脉，史称南金山、大金山，属太姥山山脉西南支脉。自霞浦柏洋目海尖延伸下来，经上万山、杨梅岭、兔耳山、大洪山、高罗山，接下浒山、东冲山，由东冲口入海。自大洪山始，山脉基本与海岸线平行，呈东北向西南走势。山脉之北为棋盘山，东偏南走向，经海尾大山坡至海尾角入海；山脉中部为潘头顶，东偏南走向，经风帽山、狮头岗至闾头尾入海。大京山脉形同腾龙，各支脉状如龙爪，爪尖伸至海尾角、闾头尾海边，构成界石澳、斗米澳、窑后澳、大京澳、丹湾澳、小京澳、小闾澳、闾峡澳等诸多港湾。

八仙岩

龙岩峰

龙岩山脉

山峰

境内群山环抱，峰峦矗立，似龙似凤，似狮似龟，似莲花似笔架，千姿百态，栩栩如生。

潘头顶 位于村西偏南方，系大京山脉主峰，海拔387.8米。登上山顶，有“山高人为峰、一览众山小”之感。远眺东海，四礵列岛、浮鹰岛、西洋岛星罗棋布。

八仙子山 又称八仙岩、八星岩，海拔287米。位于村西偏南方，距畚箕湾公路分叉口不足1千米。山峰相对平缓，八块巨石并立连绵300余米，宛如八位仙人伫立之状，因此得名。山坳处有古刹白鹤庵。

凤髻山 位于村西中峰、保老二山之后，因形似凤髻而得名。登峰眺望，滨海沙垅状如书册，洋垱中峰、保老两座小山如同落洋之凤，东向沙垅，齐头并进，浮现“双凤衔书”之奇观。

龙岩山 耸立于村之正南，高峻突兀，时常云雾缭绕，海拔262米。山顶双峰状如巨龙双角直插云霄，又如双剑倒立，故又称剑岩山、双剑岩。山腰有洞称仙洞，洞壁平坦光滑似刀削，相传有仙人修炼于此，洞中石床、石桌、石灶、石锅一应俱全。

烟墩山 亦称烽火台，距村南3千米，为龙岩山脉分支，海拔141米。西北与斗米烽火台对峙，东南与间峡烟墩峰呼应，为明清时期抗倭寇设烽火传信息之地。

笔架山 村东海面岛屿，面积1.92平方千米，岛岸线6.23千米，火山岩构造，中峰海拔207.7米。三峰并排，形同笔架，耸立在海上。岛屿四周怪石、岩礁、崖洞形象各异。山顶巨石裸露，山麓植被茂密，有世界珍稀树种桫椤。

龟山 位处村北天瓢山麓，山体如同面向东海之巨龟，城墙绕龟颈而建，龟背峰顶有唐贞观年间（627—649）建的玄天大帝宫，与南港龟山相对，实为巨龟下海胜景。

狮球山 位处村北天瓢山之巅，海拔200余米，南与龙岩山对峙。左右山势形如巨

笔架山

狮球山

狮，中峰一巨石矗立在岩壁上，方形，边长 10 余米，人称“狮球”，由两块小石支撑，人可匍匐进退。摇之，巨石可动，形成“三狮抢球”之奇观。

米磨山 位处村西北岭头，东连积石岭，西接莲花山，南濒岭头水库，北邻下岭仔，海拔 237 米。山形似米磨，“磨”前蓄水，山水相融，令人心旷神怡。

莲花山 东南距村 5 千米，地域面积 2 平方千米，海拔 200 余米，为大京茶场所在地。山中藏盘地，盘地矗山峰，东南为米磨山，东北为虎头山，西北为炮头丘，西南为尖峰岗，周边众山拥簇，形同并蒂莲花。

天瓢山 横亘村北，海拔 283.3 米，因形同瓜瓢而得名。山上有巨榕，繁茂蓊郁。

马耳头 位处安福岭和积石岭之巅，两峰耸起状如马耳。

山岭

大京城堡地处平原，三面环山，六岭透迤，豁然天开。峰因山而矗，岭依山而成。

斗米岭 自东门外窑后岗，经老鼠坑，往蜘蛛网岗，直至斗米村，全长约 3 千米，最高处海拔 150 米。岭道时而平坦，时而陡斜，或由石块铺设，或为土路，宽度不规则，建造时间无考。

北门岭 位于村北，自城堡北门外依天瓢山山麓拓建，通达佛塔岭、岭头洋官道，为抗倭时期军事上的隐蔽通道。岭脚另拓一条跑马道，直至龟山玄天大帝宫观战台。

佛塔岭 位于村西北，又称积石岭，自城堡西门至积石村，全长约 5.2 千米，通高罗、五路亭，直至县城，系历代驻城将士调防、学子进京科举必经之道，亦称官道岭。岭道陡坡处砌石阶，平缓处钉块石。岭中段植榕树、设佛堂，因此得名“佛塔岭”。

安福岭 位于村西，出城堡西门 1 千米处盘山拓建。可通达莲花山、长溪、长春。

佛塔岭

大京洋

岭宽2米，陡处砌石阶，缓处钉块石，岭边植榕树，岭脚建齐天大圣宫庙。近代，因建公路，石岭多处被毁。

罗浮岭 位于村西南，自乌坑里溪尾拓建，至法华村，全长4.2千米，宽约1.5米，因通罗浮村，故名“罗浮岭”。临大京段为石岭，临法华段多为土岭。

闾峡岭 位于村南，从港里开始依烟墩山拓建，至闾峡村，全长4.5千米，岭宽2米，块石铺就。因通闾峡村，故名“闾峡岭”。后因修建丹湾公路，多段岭道被损毁。

平原 平原地处海湾，为沙土沉积或人工围垦而成，海拔10～15米。地面平坦开阔，微向海边倾斜，东至沙垅，西、北、南分别与山脚接壤，面积200公顷，占陆地总面积的11.29%。地表土由中细砂、粉砂、亚黏土、淤泥等组成，适宜种植双季稻、甘薯、蔬菜。平原主要分咸田洋、里洋、城后洋、破雷下洋等几处洋面，其中咸田洋系人工围垦塘田，有新塘、布袋塘、蒲草塘、破塘、旧塘、人命塘、三角塘、南角塘、下塘等。

平原水田中突起的土墩，高度不同，大小不一。主要有港墩、十八墩、卢厝墩、长洿墩、罗汉墩、陈桥巷墩、金萱墩、喜鹊墩等。

土壤

土地面积1771.5公顷，其中山地、耕地面积1571.2公顷。土壤共有3个大类、8个亚类。

红壤类 红壤类土壤面积1264.7公顷，占土地总面积的71.39%，主要分布于低山和丘陵地带。红壤类土壤中，又有红壤、粗骨性红壤、红土3个亚类，其中红壤面积

558 公顷，土层厚度 1.2 米左右，土色呈红色或淡红色，质地较黏重，多为团块状；粗骨性红壤面积 446.7 公顷，所处地势坡度大，土壤湿度低，常有基岩裸露，质地粗糙，土层 0.2 ~ 0.7 米，土色浅淡；红土面积 260 公顷，心土呈红色或黄红色，土层 0.16 ~ 0.8 米，为块状或团块状结构。

潮土 潮土类土壤面积 43.3 公顷，主要分布在溪流两岸和沙垅中。潮土类土壤有潮土、沙土 2 个亚类，其中潮土面积 3.3 公顷，主要分布在溪流两岸，质地沙壤—中壤，土色为黄色、灰黄色，土层 0.2 米；沙土面积 40 公顷，主要分布在沙垅及周边，质地沙壤，呈状粒结构，土色呈灰黄色，土层 0.5 米。

水稻土 水稻土类土壤面积 263.1 公顷，主要分布在山垄、盆谷和平原地带。水稻土类有渗透型水稻土、潜育型水稻土、潴育型水稻土 3 个亚类，其中渗透型水稻土面积 30 公顷，多分布在山岗排田和山垄梯田，环境条件差，质地沙壤，淀浆明显；潜育型水稻土面积 33.3 公顷，主要分布在山垄和盆谷，地势低洼，长期浸水，土体糜烂，无明显层次，水温低，土性冷；潴育型水稻土面积 199.8 公顷，主要分布在平原，地势平坦，地下水位高，受地下水和地表水的双重作用，氧化还原交替进行，土壤发育良好，土质绵软，土色乌黑。

水系 境内无大江大河径流，水源尚不丰沛，但山涧沟壑、平川洼地蕴藏大量孔隙潜水。经拦溪筑坝，挖涔开井，既可灌溉田地，又可保民众食用。

地表水

境内地表水主要为溪沟水，包括溪流、山塘、塘涔、水库、港道之水。

黄土溪 源自莲花山，上游汇聚五涧之水而成溪，沿西北—东南方向流程 2 千米，转为南偏西流至溪头里，流程 5 千米。自溪头里起，称长溪，转为西北流向，绕出背溪塘，由水尾宫入海。

宫子溪 又称宫后溪，位于村东，源自天瓢山，东南流向。流经窑后岗宫子山后，再流向大京沙滩东北角溪仔里入海。

北门溪 位于村北，源自天瓢山，经北门后山塘，沿北门岭山涧流至北门城外，由城堡北边涵洞流入大京城，经城隍庙西、柴桥头，转西流入南城下排洪沟，出涵洞口至城南护城河。

城后溪 源自天瓢山，经岭头洋水库、佛塔坑，自北向南流。至岭脚边，转东流入城西护城河。

坑基溪 源自黄土溪，经牛洗头隧洞，居高临下，自西向东流。至坑基里、陈桥巷溪，转向溪边城西，并入大溪入海。

平潭溪 源自八仙岩，自西向东流，经白岩、平潭汇入大溪。

乌坑里溪 流程7千米，又称长坑。源于潘头顶，依山势向北流。至乌坑里溪上游，转西向东流，经西贝里，入大溪入海。该溪上游有一瀑布，悬百米而直泻，惊险壮观。瀑布下方有一龙潭，水色蓝绿，深不可测。

罗浮岭溪 源自潘头顶，流程 4 千米，自罗浮岭头，依山势东北流向，至岭脚，汇入大溪。

鹭洋溪 源自龙岩山，汇各山涧水成溪，因沿溪白鹭密集而得名。溪流流入大溪交汇处，有一淡水湖，人称“湖垱”。农历八月大潮，海水入湖，咸淡水交融，为螃蟹繁殖的天然场所。

大溪 全长 900 余米，溪阔 15 ～ 30 米，流域面积 8.5 平方千米。中上游称小溪，汇集坑基溪、平潭溪、乌坑里溪、罗浮岭溪、鹭洋溪五溪之水，自西向东流，至南港入海。

丹湾溪 源于法华水库，全长 6 千米，自源头开始流向东北方向，经挂井、林洋，至丹湾澳入海。

积石溪 源自天瓢山，经五里牌、王贯底，南向北流，至溪尾入海。

老鼠坑溪 源自天瓢山，东南流向，至老鼠坑尾入海。老鼠坑尾溪流潮流交错，异常湍急，两岸基岩峭壁高数十米，地势险要。

南港 原名南角里，东至海，西连大溪、小溪，南邻龟头山石岩，北接沙垅，港口底部延伸一条虎尾状石带，实为天然港道。民国以前，南港上游建有千米土堤，堤身单薄低矮，但在当时也能起到一定的防洪作用。1952 年冬，海面突起风暴，港道堆沙成埠，溪流不得排泄，船只不能进出。月余，积水漫过土堤，淹没稻田千余亩。其间，县长李岳决定从南边的龟头山石岩中间炸开一条新港道疏通溪流。新建港道长 30 米，宽 20 米。1963 年，整修旧堤 1.8 千米，堤高 4.8 ～ 5.5 米，与南港新堤连接。由于新港道炸开的深度不足，台风季节排水不畅，大船不能入港。1972 年，进行第二次炸道，拓宽加深港道。之后三年，内港港道取直，续修海堤，堤岸多为土堤，每逢农历八月大潮或台风季节，山洪西泄，海水东托，局部堤岸崩裂。2010—2016 年，先后两次修建海堤 1000 余米，加厚加高堤身。迎水坡面砌块石，堤顶浆砌条石。

塘湾

明代，大金千户所实行屯田制，抽兵丁开垦境内田地。为抗旱保灌，屯田兵及村人先后开挖塘湾蓄水。塘湾分布在各洋面田边，形状各异，大小不等，单个水域面积在1000 ～ 1500 平方米之间，蓄水量 3000 ～ 4500 立方米。这些塘湾，涝时蓄水，旱时戽水浇灌，是重要的水利设施。

水利湾　位于城堡西门东侧，面积约 800 平方米，深 2 米，灌溉油坊一带农田。1958 年岭头水库建成后，此湾失去作用被填平。

东漈湾　位于东门瓮城外，灌溉东门一带农田，因位置居东，故称“东漈湾”。后湾面缩小，蓄水浅。

长湾　观音堂郑氏宗祠东面曾开挖相邻两湾，因呈长方形状，故得名。此湾灌溉下塘一带农田，后因淤泥堆积，湾内可植茭笋。

妈祖湾　位于龟山天后宫正下方洋面，泉脉丰富，湾水充沛，被喻为妈祖娘娘洗衣池，故名“妈祖湾”。

三板道头湾　东邻沙垅，因位处三板道头而得名。此湾灌溉下沙一带农田。

花鹭湾　位于坡城里，灌溉咸井洋一带农田，因湾边常年花鹭成群而得名。20 世纪 60 年代废，后被填平建房。

牛角湾　位处保老山西垅头里，因状如牛角而得名。20 世纪 80 年代废，后被填平作田地。

麒麟湾　位于城西陈桥巷路旁，呈三角形状。现仍存，面积较前缩小。

虾苗湾　位于罗浮岭溪下游溪边。罗湖、赤沙村鱼贩挑虾苗途经此湾，必在湾旁歇脚，并将虾苗放入湾中过水。过水后的虾苗鲜亮如初，故此湾称为“虾苗湾”。

山塘　北门后山塘，又称对面山阁山塘，位于狮球山北，所在流域为坑里溪溪流，1957 年由村民投工投劳所建。山塘坝体为均质土坝，坝高 8 米，坝顶长 35 米、宽 2.5 米，为开敞式宽顶堰溢洪道。坝址以上集雨面积 0.3 平方千米，有效蓄水量 5.5 万立方米，设计灌溉面积 150 亩，有效灌溉面积 100 亩。

水库

岭头水库　位于岭头洋，以民办公助形式建造，1957 年 9 月开工，1958 年 5 月竣工。水库枢纽工程由大坝、溢洪道、放水涵洞三大建筑物组成。大坝坝体为均质土坝，坝高15 米，坝顶长 72 米，宽 3 米，另设浆砌石挡墙，高 1 米，宽 0.6 米。大坝左岸设明渠式溢洪道，长 16.9 米，底宽 5.3 米，坡比 11.8‰。放水涵洞为浆砌块石涵洞，洞呈矩形，断面宽 0.3 米，高 0.3 米，长 65 米，坡度为 0.2%。水库所在流域为岭头溪流域，溪道长 0.89 千米，坝址以上集雨面积 0.36 平方千米，有效库容量 16.4 万立方米，设计灌溉面积 600 亩，有效灌溉面积 450 亩。水库经 50 多年运行，存在大坝渗漏、溢洪道勾缝脱落、放水涵洞砂浆老化腐蚀等安全隐患，2012 年 10 月，宁德市水利局投资 200 多万元进行除险加固。岭头水库是以灌溉为主的小（2）型水库。库区还是游人游览、游泳、垂钓的好去处。

黄土溪水库　位于村西北，以民办公助形式建造，1973 年 6 月开工，1975 年 5 月竣工。所纳溪流为黄土溪支流，主溪道长 3.25 千米，坝址以上集雨面积 2.8 平方千米，有效库容 85 万立方米，设计灌溉面积 3000 亩，有效灌溉面积 2500 亩，是一座以灌溉为主，结合防洪、饮用等综合效益的小（2）型水库。水库大坝为土质坝，坝高 28 米，坝顶长 65 米，宽 5.9 米。坝顶防浪墙长 150 米，高 1 米，为浆砌条石结构，水泥砂浆勾缝。迎水坡为干砌块石护坡，坝顶下方 2 米起水泥砂浆塞缝。溢洪道位于大坝右岸，为正槽开敞式无闸过流，全长 61.2 米。输水涵洞位于大坝左岸，形式为浆砌石无压箱涵，宽 0.8 米、高 1.2 米、长 142 米。经 30 多年运行，水库存在渗漏等安全隐患。2013 年，宁德市水利局投资 200 多万元进行除险加固。库区上游溪道绵长，峡谷曲折，峰回路转，山清水秀，是游览观光之景区。

黄土溪水库

地下水

境内属丘陵地貌，地下水主要为孔隙型潜水及基岩裂隙潜水，含水层浅，适宜建井取水。境内低山，溪短径流量小。月余不雨，溪涧干涸，旱情发生。明至清代，境内挖掘无数水井，从而形成家庭住户有人饮水井，田间地头有农用水井，大片农田有水利塘洿的状况。

农用水井　明清时期，在田边掘井 36 口。水满戽之，水浅吊之，均用提水方式浇灌旱田。

饮用水井　晋至唐代，境内各姓氏祖先散居高地，用毛竹劈爿引取岩基裂隙潜水饮用。宋至元代，人口相应向平原地带聚集，局部村落开始寻找泉源掘井。明代，置千户所，人口数千，主要街巷、亭阁周边建有公用水井 10 余口。明代中叶至清代，独家院内陆续建井，数量百余，各具特色。

植被

新中国成立前，境内林地按姓氏管辖，原生态的植被以常绿乔木为主。1958 年“大跃进”运动中，村人砍伐林木烧炭炼钢铁，森林资源受到极大破坏，仅在少数僻地留下数量极少的原生或次生天然植被。

景山生态林保护区　又称后门山林区。位于天瓢山南侧，海拔 20 ～ 210 米，面积 26.67 公顷。区域内土地肥沃、水源充足，被视为风水宝地。古时，槐树、苦槠遍布山

景山生态林保护区

岗，常有飞禽走兽出没，村民难以入内。1958 年，经伐林烧炭炼钢后，树木荡然无存。1963 年，村集体垦山种植水蜜桃、芙蓉李、枇杷等果树，收入颇丰。1975 年后，实行封山育林，在山上改植樟树、桉树、柳树等树种。经多年精心管护，林区已树高林密，郁郁葱葱。

沙垅防护林区 沙垅，位于村前，东濒鸭池荡港，西临村庄田园，南连南港，北接窑后，东西宽 170 米，南北长 2500 米，面积 40 公顷，海拔 15 ~ 20 米。自古以来，沙垅杂草无法固沙，狂风一起，沙尘飞舞，掩盖田园，阻塞港道，是为沙害。村人极力抗风治沙，曾在沙垅上试种龙舌兰、剑麻、杂竹，均无法生长。1984 年，县林业局派技术员指导植树，采用营养砖培育木麻黄造林技术，获得成功。此后，每年种植木麻黄 4 万 ~5 万株。至 1988 年春，40 公顷的沙垅木麻黄，郁闭成林，一片葱绿，形成一道绿色屏障以镇沙害。同年，参加福建省沿海防护林体系建设第一次工作会议的专家、学者 100 多人到沙垅观摩，《福建林业》《霞浦报》等媒体对此作了专题报道。

古榕树 明代，境内筑城修岭时遍植榕树。清咸丰三年（1853）的超强台风，境内榕树荡然无存。清光绪年间（1875—1908），村人陆续补植，恢复原貌。1966 年“9・3”超强台风，境内榕树再次遭劫，毁损过半。现存省、市挂牌保护的古榕树近 20 株，分布在西门、北门、西城墙、南城墙和岭边，树龄 130 ~ 220 年，胸围 3.8 ~ 7 米，树高 12 ~ 15 米，气根 3 ~ 5 米，冠幅 18 ~ 25 米，虬枝横逸，蓊郁葱茏。

植物资源 境内土地广阔，植物资源丰富，种类繁多，有人为种植，有天然野生，或食用，或药用，或工业用，或绿化。

谷属有稻、甘薯、麦、豆等，其中豆类品种较多，有黑豆、白豆、黄豆、绿豆、扁豆、豇豆、蚕豆、豌豆等诸多品种，且品质优良。蔬属除大众菜外，还有蕹菜、芥蓝、茼蒿、萝卜、苋菜等，其中种于红壤土的萝卜，肉质细嫩，口感清甜。瓜属有丝瓜、冬瓜、南瓜、西瓜等，其中大京晚熟西瓜种于沙地，日照充足，瓜瓤沙脆，多汁甘甜，远近闻名。果属有水蜜桃、芙蓉李、龙眼、甘蔗、金橘、番石榴等，其中水蜜桃个头大、果质嫩、汁液多，清甜爽口；甘蔗产量为霞浦之最，尤其是下山垅甘蔗，皮薄质脆汁多，含糖量高，甜味足；番石榴质量、数量居霞浦首位，个头大，肉质多，红瓢、白瓢、黄瓢皆有。花属有牡丹、山菊、玫瑰、茉莉、鸡冠花、凤仙花、杜鹃、百合、白玉兰等，其中野生山菊，性冷，花蕾摘取焙干可入药，沏当茶饮清热解毒。木属有桫椤、樟树、桧树、榕树、桐树、楠树，其中生长于笔架山的桫椤，为世界珍稀树种。竹属有箓竹、柔竹、黄竹、毛竹等，其中箓竹高 6 ~ 10 米，节长皮薄，是制作精细竹器的上等材料。药属有石斛、车前、天门冬、山栀子、金银花、百合、南风藤、芦竹、天青地白、蜈蚣草、夏枯草、一粒珠、何首乌、白头翁、益母草、五加皮等，其中野生石斛最为珍贵，益胃液，解温毒，除烦退热，药用功效大。海藻类有紫菜、海带、石花菜，其中海带、紫菜养殖 200 多公顷，是霞浦成为“中国海带之乡”“中国紫菜之乡”的重要因素。

气候　大京属中亚热带季风性湿润气候区。1952—2016 年，年均春夏秋冬季节的持续时间分别为 89 天、127 天、81 天、68 天。全年春、夏两季降雨量居多，东北风、西南风居多，具有明显的季风性气候特点。累年平均日照时数为 1819 小时，年最多日照时数出现在 1963 年为 2319.8 小时，年最少日照时数出现在 1970 年为 1637.7 小时。累计月均日照时数，最多的是 7 月 285.9 小时，最少的是 2 月 84.7 小时。气温主要受海洋性气候影响，累年平均气温为 19.1℃，最高年份为 1998 年 20.3℃，最低年份为 1983 年 18.2℃。最热月份 7 月平均温度 28.7℃，最冷月份 1 月平均温度 9.8℃。极端最高气温出现在 2003 年 7 月 4 日为 40.1℃，极端最低气温出现在 1998 年 12 月 23 日为 −2.7℃。年均无霜期为 300 天。雨量充沛，累年平均降雨量为 1415.7 毫米，其中 3—9 月降雨量占全年的 81%。累年年最大降雨量出现在 2006 年为 2297.9 毫米，最小降雨量出现在 2003 年为 770.7 毫米。

区域累年平均相对湿度为 79.2%，日最小相对湿度出现在 2008 年 12 月 9 日为 12%。夏半年，平均相对湿度为 82%，最大是 6 月为 84.8%；冬半年，平均相对湿度为 75.6%，最小是 10 月为 73.3%。风向变换具有明显的季风性气候特点。冬季以东北风为主，夏季以西南风居多。累年平均风速为 1.7 米 / 秒，其中 8—10 月平均风速为 2.0 ~ 2.1 米 / 秒。累年极大风速为 30.5 米 / 秒，出现在 2009 年 8 月 9 日。

自然灾害　5—10 月，境内台风天气频繁，有影响的台风平均达 3 次，风力多数在 8 级以上，并伴随暴雨。台风登陆前为东北风，登陆后转西南风。史上有记载的超强台风有 2 次，破坏性极大。清咸丰三年（1853）六月的超强台风，为千百年所罕见。时早稻即将开镰，强台风风向由北转南，又由南转北，连刮 18 天，人称“十八台”。其间，船只倾覆，民房倒塌，低洼地淹没，高坡地流失，庄稼几乎绝收。台风过后又干旱百余日，田野一片荒芜，造成史无前例的大饥荒。因台风遇难和灾荒饿死的人数达百余人。1966 年的“9·3”超强台风，百年榕树被连根拔起，学校、商店、亭阁及民房倒塌百余座千余间，巨风卷起桌椅、床板等家具在空中狂舞，场面触目惊心。台风还引发海啸，数十艘渔船脱锚断缆，被冲至观音堂边，下塘至咸井洋被淹没，变成一片汪洋。

1952—2016 年，年均暴雨日数为 3.4 ~ 5.2 天，日最大暴雨量为 150 ~ 370 毫米。7—9 月台风、雷雨季节，平均暴雨日数为 2.2 天；5—6 月梅雨季节，平均暴雨日数为 1.1 天；其他雨季平均暴雨日数约为 0.8 天。1952 年前，南港未开通，每有台风伴随强降水，加上大潮水顶托，咸井洋一带千余亩农作物便受淹，或减半收成，或颗粒无收。境内旱情以小旱居多，大旱和特旱平均三年一遇。以夏旱最多，秋旱次之，春旱最少。1952—2016 年，出现大旱 8 次，其中特旱 5 次，分别是 1955 年夏秋季大旱 70 天，1957 年夏秋季大旱 90 天，1961 年夏秋季大旱 107 天，1967 年夏秋季大旱 150 天，1968 年夏秋季大旱 180 天。

◉ 大京海域

岸线岛屿 大京海域位于东海南部，闽东渔场中部，总面积 310 平方千米。海岸线长 15.5 千米，其中陆地岸线 8.5 千米，岛屿岸线 7 千米。陆地岸线呈东北—西南走向，与地质构造线一致。沿岸线村落有窑后、大京、坡城里、溪边城、港里、丹湾。陆地岸线主要由沙岸和基岩海岸组成。沙岸平缓，向海倾斜，呈月牙形。基岩海岸岬角突出、岸线曲折，构成诸多天然港湾和澳口，地理形势独特。海域有笔架山、屿仔岛、鞋屿、长尾屿、长中屿、斗屿、岐屿、浸屿、下尾屿 9 座大小岛屿。岛屿岸线环绕岛屿，属基岩海岸，其中笔架山岛屿岸线长 1.2 千米。

港湾澳口

鸭池荡港 史称“鸭池荡”，位于村东，笔架山岛西。东北至西南长 4.5 千米，东西宽 2 千米，面积 9 平方千米。西岸中部为沙岸，岸线较平直；西岸东北、西南段为基岩海岸，坡度较陡。水深 2 ~ 40 米，潮水落差 2.5 米，海底为泥沙。港内岛礁少，风浪小，水流缓慢，曾是东海舰队集训的舰艇抛锚地，如今是海带养殖区和游人捕鱼、垂钓区。

窑后澳 位于窑后村东偏北，东南连鸭池荡港，澳阔 200 多米，可泊船只。

鸭池荡港

窑后澳

澳仔里 位于大京沙滩东北角，东北方向紧邻窑后村，俗称“东门外澳仔里”，面积 0.04 平方千米，澳内可泊船。周边岸礁旁可安放目鱼笼诱捕目鱼。

大京澳 位于村东，澳口长 3000 余米，水深 2 ～ 10 米，坡缓。除澳西中部 200 多米处浪大潮急，被称为“裂崩沙”地带外，其他区域均可行船、垂钓、嬉水、游泳，是天然的泊船澳口和优良的海滨浴场。

港里澳 大京沙滩东南山边，进南港港道内生一澳，故称“港里澳”，面积 0.03 平方千米。退潮时船只离水停泊岸边，涨潮时船只才可浮动，是船只避风的最佳场所。

丹湾澳 位于丹湾村前，东连鸭池荡港，西接丹湾沙滩，南临丹湾鼻岬角，北依烟墩山基岩海岸，东西宽 180 米，南北长 300 米，面积 0.05 平方千米。澳前有天然石堆防浪堤，长 170 余米。

岬角

窑后角 位处鸭池荡港北偏东，为天瓢山东南延伸部，状如狮尾，又称“石狮尾角”。地势西高东低，延伸百余米，高处海拔 25 米，由火山岩构成。

丹湾角 位处鸭池荡港南偏西，为龙岩山东南延伸部，状似龟头，地势西高东低，延伸 100 余米，高处海拔 20 米，由花岗岩构成。

丹湾澳

沙滩

鹅卵石滩

沙滩

大京沙滩 位于村东，与海岸线平行，呈新月形，西高东低，滩长 3 千米，退潮时滩宽 0.5 千米，面积 1.5 平方千米，滩前水位 2 ~ 10 米。沙滩开阔平缓，滩面金黄灿亮，沙质晶莹剔透。“此地莹沙细如尘，轻车驶过了无痕。”是处，蓝天白云，碧水金沙，垅丘绿树，风光旖旎，是绝佳的滨海浴场。随着大京声名远播，慕名而来的游客逐年增多，沙滩旅游已成为大京的一项新兴产业。

窑后鹅卵石滩 位于大京沙滩东北侧，西高东低，东北至西南 100 余米，岸边至海 300 余米，面积 0.3 平方千米。海滩布满天然五色鹅卵石，石中有山水、草卉、虫鱼等花纹，大小各异，晶莹润滑。脚踩卵石，“咔嚓”作响；拾起观赏，爱不释手。

丹湾沙滩 位于大京沙滩西南侧，北至南 100 余米，岸边至海 200 余米，西高东低，呈月牙形。滩中细沙晶莹洁润，柔软如绵毯。

岛屿

笔架山岛 三峰矗立于海面，中峰、东峰、西峰海拔分别为 207.7 米、148 米、155 米。岛北偏东有鞋屿、长尾屿、长中屿、斗屿、岐屿、大京屿仔等众屿罗列，岛南与浸屿、下尾屿遥遥相对，岛东偏北内生菜湾里澳，岛西为鸭池荡港。据史书载，明嘉靖四年（1525）四月和明万历三十年（1602）闰二月二十日，笔架山两次出现海市蜃楼奇观：山前突现一山，山内有台榭人物往来之状，形体变化不一，持续 5 ~ 6 小时。

大京屿仔 位于笔架山岛北偏东，海拔 33 米，岛屿面积 0.02 平方千米。

覆鼎岛 位于笔架山岛南，山体呈半球形，状如锅背，故称“覆鼎岛”。海拔 10 余米，面积不足 100 平方米，岛旁是船只出入航线。

礁石

礁石 海域内有未定名的明礁、暗礁、干出礁 30 多个，皆由花岗岩或火山岩构成，沿基岩海岸和笔架山岛屿边沿分布。2015—2016 年，霞浦县海洋与渔业局分别在笔架山岛附近实施两期人工鱼礁项目。一期投入资金 450 万元，置有船礁 6 艘，“GJH001” 96 个，“GJH002” 96 个，礁区用海面积 16 万平方米；二期投入资金 300 万元，置有船礁 8 艘，“GJH001” 112 个，礁区用海面积 10 万平方米。

潮汐 日夜 24 小时潮水两涨两落，日夜涨落共四潮水。农历初一至十五日，月由晦而弦而圆，十六日至三十日，月由圆而缺而晦。潮水随月亮的圆亏逐渐变化，月圆为大潮，月亏为小潮，以月的盈亏可识潮之大小。

海水

水质 近岸海区属天然海区，周边无工业污染源，水质特优。海水一般呈天蓝色，透明度 3 ~ 5 米，最大透明度为 19.4 米。在 40 米等深线内，海水透明度和水色受季节、降水、刮风、潮汐和生物密度等因素影响较大。台风暴雨季节，透明度明显降低。

水温 海区海水年平均水温变动范围为 18.8 ~ 21.1℃，月平均水温 10 ~ 29℃。一般 5—9 月属夏季性水温，表层水温高于底层；11 月至翌年 3 月属冬季性水温，底层水温高于表层；4 月、10 月处于夏冬性水温的转折期，水温变化呈抛物线形升降。大潮时水温低，小潮时水温高。

盐度 海区海水盐度为28.11‰～30.47‰，从表层向底层递增，水平幅度差值达0.88‰～4‰。日间涨潮时盐度逐渐升高，落潮逐渐降低。盐度7月最高，最高值为34.3‰；10月最低，最低值为26.38‰。水深60米以上的海域，属高盐海域。

◉ 村务管理

中共村委 大金属闽东苏区基点村。1934年年底，闽东苏区遭受国民党重兵“清剿”，革命形势十分严峻。1935年12月，中共闽东特委委员施霖、闽东苏维埃政府秘书长张少廉到大金附近的斗米、界石村，分别以教书和出家为掩护，开展秘密革命活动。计划在大金沿海发展中共党组织，开辟新区，建立游击基地，打通海上交通路线。1947年11月，中共城工部霞浦工委成立。1948年8月，建立中共城工部南乡党组织，负责人周玉明。同年10—12月，先后发展本村郑进觞、刘庆修、刘庆燕、刘忠贵、李阿大、陈昌拔、陈昌传、陈兴福、林常意、林木康、林志顺、林在群、林长茂、林伯明、戴在钦、戴庆忠、魏兴宝、黄登钦18人加入中国共产党，并组建中共大京地下党组织，郑进觞、戴庆忠为负责人。

1952年2月，成立中共大京乡支部委员会，书记为林常意。1958年，成立长春人民公社，大京乡改为大京生产大队，中共大京乡支部委员会改为中共大京生产大队支部委员会，书记为林常意。1961年5月，长春人民公社改为长春区，大京生产大队改为大京公社，中共大京生产大队支部委员会改为中共大京公社支部委员会，书记为黄步涛。1966年10月，长春区改为长春人民公社，大京公社改为大京生产大队，中共大京公社支部委员会改为中共大京生产大队支部委员会，书记为辛祖坚。1974年7月，撤销中共大京生产大队支部委员会，成立中共大京生产大队总支委员会，下辖中共大京生产大队东门支部委员会、西门支部委员会、中街支部委员会、丹湾支部委员会，总支书记为郑宜河。1984年始，长春人民公社改为长春乡（后又改为长春镇），大京生产大队改为大京村，中共大京生产大队总支委员会改为中共大京村总支委员会，总支书记为郑宜河。1988年7月后，总支书记分别为林在后、郑永海、林志平、林作行、郑宜赠、徐位华、吴言生。至2016年年底，中共大京村总支委员会共有正式党员108名，预备党员3名。

村民委员会 1950年6月，废除保甲制，实行民主建政。同年10月，成立大京乡人民政府。1951年5月，大京乡完成土地改革工作，率先召开第一届乡人民代表大会，选举林居芳为乡长，林在禄、刘庆燕、冯锡传为副乡长。1954 年 5 月，召开第二届乡人民代表大会，选举刘秋银为乡长，冯锡传为副乡长。1957 年 5 月，召开第三届乡人民代表大会，选举林应芳为乡长。1958 年，撤销大京乡人民政府，改设大京生产大队管理委员会，大队长为黄步涛。1961 年 5 月，撤销大京生产大队管理委员会，改设大京公社管理委员会，社长为戴在银。1966 年 10 月，撤销大京公社管理委员会，复设大京生产大队管理委员会，大队长为黄应基。1984 年，撤销大京生产大队管理委员会，改设大京村民委员会，郑永海、王昌利、刘丽群、林淞、林志启、郑爱武 6 人先后当选为大京村民委员会主任。

民主选举　新中国成立初期，开展民主建政，设大京乡，乡长、副乡长、委员由人民代表大会差额选举产生，每届 3 年，选举时间为 5 月。选举前，以初级社为单位选举产生人民代表，由人民代表联合推荐乡政府组成人员提交区政府审定。选举时，候选人坐台上，背向代表，每人背后放木斗，以豆粒为选票。赞成的，将豆粒投入木斗；不赞成的，不投。投豆结束，当场清点，公开宣布选举结果。1958 年后，所设的生产大队或小公社班子成员，由生产大队或小公社推荐上报长春人民公社或区政府审定后，提交初级社或由生产队代表举手表决通过。

1984 年，设村民委员会。1985 年 10 月，进行第一届村民委员会选举，规定每届任期 3 年，村民委员会主任、副主任、委员由具有选举权的村民实行差额选举产生，可连选连任。选举前，村组建选举委员会负责选举工作，进行选民登记，分发选民证，召开村民代表会议，推荐村民委员会主任、副主任、委员人选，报长春乡（镇）政府审核。选举前两天，公布候选人名单。选举当日，村设投票中心站，下设投票点，组织发动选民投票。投票结束，当场验票、计票，公布村民委员会主任、副主任、委员当选人员名单。随后，建立村民委员会工作机构，制定村民自治制度，成立村务监督小组。

1987 年 11 月 24 日《中华人民共和国村民委员会组织法（试行）》和 1998 年 11 月 4 日《中华人民共和国村民委员会组织法》颁布实施后，村民委员会选举工作日臻完善，为实行村民自治打下坚实的组织基础。

村务公开　实行村务公开是维护村民根本利益的体现，是完善村民自治的重要内容，是推进农村改革、发展、稳定的必然要求，是促进农村党风廉政建设的有效途径。自 1985 年开始，大京村民委员会重视村务公开，做到公开内容全面化：经济社会发展规划、年度工作计划及执行情况；年度财务收支、集体资产经营、集体经济收益及使用情况；村级项目筹资以及招投标、承包建设情况；征地及补偿费发放情况；救灾救济、扶贫助残、拥军优属、社会捐赠等款物发放使用情况；上级下拨专款和补助经费收支情况；村干部工资、补贴以及公务活动开支情况；村民建房申报、审批情况；计划生育政策落实情况；村民医保、社保办理情况。公开时间及时化：村民关注的热点事项按周公开，一般村务事项按季公开，紧要事项随时公开。公开形式多样化：固定公开栏、入户通知书、村务公开会议、有线广播、互联网等形式。公开程序规范化：先由村民委员会提出公开方案，提交村务监督小组审定，再提交村党组织、村民委员会联席会议讨论确定后公开。公开期间，注重收集村民反映意见，及时提出处理整改意见并向村民反馈。公开后，材料统一归档、备查。

村规民约 是全体村民共同约定、共同遵守、相互约束的行为规范。随着农村体制变更和三年一届的村民委员会换届选举以及形势任务的发展变化，村规民约亦随之不断修改完善。

附：大京村规民约三字歌[①]

新农村 民主体 搞规划 智慧集
护城堡 修路网 保沙滩 治溪堤
常绿化 优生态 改水厕 弃垃圾
整环境 强保障 建新村 办景区
大农业 靠科技 谋发展 抓时机
拓市场 集信息 调结构 莫迟疑
耕山海 农牧渔 种养加 有效益
工贸旅 “三产”旺 百业兴 激活力
好村民 爱家乡 讲文明 守法纪
勤致富 持家俭 黄赌毒 定远离
济贫困 相扶持 和为贵 明事理
顾大局 多建言 村规约 永牢记

① 张作利撰。

基础设施

明代，兴建城堡、街亭、护城河、千户所、校场、烽火台，拓建山岭6条，修建塘湾8个，凿建农用水井36口、饮用水井100余口。民国以前，兴建南港上游千米土堤。1952年，开凿南港港道。1957年，建对面山阁山塘。1958年，建岭头水库。1956年，整修旧海堤1.8千米。1972年，改造南港港道，续建海堤，平整塘田。1975年，新建黄土溪水库、畚箕湾至大京公路、牛洗头至茶场公路。1986—1995年，以公办民助形式建小学教学楼2座。2008年，实施国家农业综合开发项目，投资470万元，新建机耕路11条、排水渠5.6千米。2010—2016年，拓宽改造畚箕湾至大京公路，新建大京至斗米公路、大京至丹湾公路、牛洗头至蜘蛛网公路、港里大桥；除险加固岭头水库、黄土溪水库、对面山阁山塘；拓宽衬砌海堤1.8千米；实施小区给排水工程、路网硬化和护城河主干段清淤工程；新建村委楼、文化服务中心1座，装修老年人活动场所1处；完成《霞浦东冲半岛风景名胜区大京景区详细规划》修编工作，建设景区山门、停车场、专用道路，全面整治沙滩、防护林带生态环境。

按照新农村建设规划要求，20世纪90年代开始，大京村民走出城堡，在城外周边开发建设住宅新区。

别墅群 位于窑后岗，面临大海，2003年3月动工，2005年5月竣工，斥资2000万元，建成8幢别墅，占地8160平方米，建筑面积4180平方米，俗称“八座楼”。别墅布局统一，格式一致，屋顶盖桃红琉璃瓦，通道铺五彩鹅卵石。

庭院式民房 位于城堡西南部，2000年始，按一户一宅标准建成庭院式民房200余座，形成新村，并拓展新的商业集中点。

金阳小区 位于城堡西部，系造福工程项目区。2013年，按统一征地、统一规划、

拓宽畚箕湾段公路

金阳小区

统一设计、统一建设模式，投资3000多万元，建成92座房屋，占地1.87公顷，建筑面积2.79万平方米，小区给排水、路网、绿化等基础设施完善。

其他

民兵武装 1949年5月，中国人民解放军挺进浙南，乘胜南下。中共城工部霞浦工委在柘荣上泥村召开会议，根据浙南党组织指示，决定扩大游击武装，配合解放军63师189团解放霞浦。1949年6月初，中共城工部大京地下党组织决定成立霞浦人民游击队大京分队，周玉明、郑进觞、刘庆修、刘庆燕、刘忠贵、李阿大、陈昌拔、陈昌传、陈兴福、林常意、林木康、林志顺、林在群、林长茂、林伯明、戴在钦、戴庆忠、魏兴宝、刘长贵、肖宽信、林加贵、刘庆美、黄登钦等30人为游击队队员，确定郑进觞、戴庆忠为大京游击分队负责人。7月，刚解放的霞浦县城形势紧张，大京游击分队奉命入城协助霞浦人民游击队护城。12月，大京游击分队改称大京民兵分队，继续开展剿匪斗争和支前工作。

1950年3月，建立大京乡民兵中队，下辖分队、小队，开展剿匪、减租活动。1953年3月，实行普通民兵制，设立大京乡民兵队。1954年，大京被列为霞浦县边防基点村，依靠民兵组织实行沿海联防。1958年8月，县委号召大办民兵师，大京生产大队设民兵营，下辖连排班。1961年5月，改称大京公社民兵营。1966年10月，复称大京生产大队民兵营。1984年，改称大京村民兵营。1949—2016年的60多年间，大京民兵在剿匪反特、护渔护航、岗哨执勤、军民联防、抢险救灾、对台宣传等方面做了大量工作，取得优异成绩，多次得到上级表彰。

农民协会 1950年1月，大京乡在全县率先成立农民协会，简称“农会”，主任林木桐，副主任高亦友、郑永清、林常意、林居芳。自此开始，以农会为主，组织开展废除保甲制度、封建土地制度和减租、反霸、剿匪、支前等工作。1954年年底，农会撤销。

青年团 1952年12月，成立中国新民主主义共青团大京乡支部委员会，书记戴在钦。1957年9月，改称中国共产主义青年团大京乡支部委员会。1958年，改称中国共产主义青年团大京生产大队支部委员会。1961年5月，改称中国共产主义青年团大京公社支部委员会。1966年10月，复称中国共产主义青年团大京生产大队支部委员会。1974年7月，撤销中国共产主义青年团大京生产大队支部委员会，成立中国共产主义青年团大京生产大队总支委员会。1984年5月，改称中国共产主义青年团大京村总支部委员会。

妇女联合会 1952年12月，成立大京乡民主妇女代表会，主任为陈赛玉。1957年12月，改称大京乡妇女联合会。1958年，改称大京生产大队妇女联合会。1961年5月，改称大京公社妇女联合会。1966年10月，复称大京生产大队妇女联合会。1985年1月，改称大京村妇女代表会。

商人联合会 1949年12月，大京成立商人联合会。1951年年初，大京商人联合会改称大京工商业联合会。1953年，县工商业联合会成立，大京工商业联合会改称霞浦县工商业联合会大京办事处。“文化大革命”期间，县工商业联合会停止活动，大京办事处随之撤销。

贫下中农协会 1964年12月，霞浦县贫下中农协会代表会筹备委员会成立。随后，大京建立贫下中农协会，肖宽惠任主任。1968年9月开始，大京小学由贫下中农协会组织实行贫下中农管理学校。“文化大革命”结束，大京贫下中农协会撤销。

供销合作社 1952年10月，大京建立供销合作社，隶属长春供销社，下设百货、日杂、京杂、水产、肉类、食品、农资等商店10余个。1985年始，个体商店大量增加，供销合作社通过承包方式，参与市场竞争。

粮库 明代，实行屯田戍兵制，城堡内设粮库，位于米仓园。清至民国时期，粮食由私营粮商或囤户经营。1952年6月，政府设大京粮库，隶属长春粮站。2003年6月取消粮食征购政策后，大京粮库撤销。

◉ 村域经济

大京，从600年前的明代至21世纪，始终保持优越的发展空间和强劲的发展势头。

插秧

大棚蔬菜

百业兴盛，如火如荼，经济繁荣，蒸蒸日上。据统计，2016 年境内生产总值 31164 万元，农民人均收入 1.92 万元。

第一产业

种植业 明代实行屯田制时，境内农业得以开发，平原水田种植双季稻。明万历年间（1573—1620），引种甘薯，粮食生产规模扩大。清康熙元年（1662）始，实行迁界政策，境内被封锁 20 年，田园荒芜。

新中国成立后，境内土地总面积 1771.5 公顷，可耕地面积 372.98 公顷。可耕地中，水田 263.13 公顷，旱地 25.07 公顷，山地 84.78 公顷。其中，水田：平原洋面占 2/3，低山梯田占 1/3；旱地：东沿沙垅、西南北沿山脚成带状分布，平原洋面高出部分成点状分布；山地：主要分布在低山丘陵地带。

种植业以粮食作物为主，经济作物、蔬菜为辅。平原水田，可“一年三熟”：春夏季播种早、晚稻，田埂套种黄豆；秋收结束后冬种小麦、蚕豆、马铃薯、油菜、榨菜、花菜、白菜。山田气温低、水质冷，一年只种一季水稻，俗称“单季稻”。旱地可“一年两熟”：夏初种甘薯，冬收后园地复种上述冬种作物及蔬菜。1976 年前，冬种规模最大的是油菜，年均种植 133.3 公顷，开春时，田地一片金黄。1981 年后，冬种规模最大的是榨菜，年均种植 120 公顷，开春时，田地一片碧绿。2016 年，种植业产值达 730 万元。

林业 明代始，境内山林分为族有山林、公有山林、个人山林、无主山林等。族有山林、公有山林采用全封、半封、轮封形式进行封育管理。1951 年土地改革后，重新分配山林，颁发土地证。明确山场权属后，各山主对疏林地、采伐迹地实行封山育林。1956 年林木入社后，山林权属统归集体所有。1958 年“大跃进”运动中，大砍林木烧

山林

大京茶场

机械采茶

炭炼钢铁，封山育林被废止，山头林木基本被砍光。1961年，开展林权调整，除已由人民公社组织改造的林地外，其余划归生产大队或生产队所有，进行人工营造幼林和封育管理。1975年后，村集体营造后门山景山林400余亩，实行封闭式管护。1981年，开展林权“三定”①，实行生产责任制，鼓励和推动农户个人造林。1984年后，村集体营造沙垅沿海防护林600亩，落实林业“两山”② 政策，推动造林工作全面开展。2000年后，实行专业队造林，有效提升林地绿化率，优化生态资源。

茶业 民国以前，境内无茶园。新中国成立后，曲街头生产队在陈厝岭垦荒种茶几十亩，后荒废。1958年5月，成立大京茶场，在宝岩寺内经营茶园120公顷。1959年4月，场部迁至莲花山。同年，设凤溪洋分场。1963年，大京茶场扩建茶叶初制厂。1975年，创办闽东农垦系统第一家茶叶精制厂，年可加工茶叶250吨。1991年，茶园面积扩大至169.7公顷。同年，引进无锡毫茶和杭州西湖龙井茶制作工艺，并种植特早高香茶树（“元宵茶”树）33.3公顷。2003年，茶场被福建省农业厅认定为无公害农产品茶叶基地。2005年后，茶场连续被评为农业产业化市级龙头企业。2008年，茶场的“大京”牌莲花翠芽和“元宵”牌元宵茶双双荣获第十五届中国（上海）国际茶文化节暨茶业博览会中国名茶评比金奖。2015年，元宵茶产品被农业部优质农产品开发服务中心列入“2015年度全国名优特新农产品目录”。

2016年，大京茶场利用品种优势，加工生产的无公害绿色食品特种绿茶系列有元宵茶、元宵绿、莲花翠芽、福宁龙井、福宁毫茶。这些品牌茶叶，在国内名茶评比中屡获

① “三定”指稳定山权林权，划定自留山，确定林业生产责任制。
② “两山”指自留山、责任山。

大京甘蔗

西瓜丰收

殊荣。茶场共有茶园面积 200 多公顷，年产优质茶叶 40 多吨，产值 3200 多万元。

果业 唐宋时期，境内已开始栽种果树。明代，果树种类增至 20 余种。清康熙元年至二十一年划界移民时，果园荒芜。清代中期，果业复苏。清后期至民国时期，枇杷、杨梅、桃子、李子、梨、番石榴等，成为境内大宗水果。1950—1960 年，水果种植面积逐年递增。1966 年开始，推行砍树返耕政策，限制个人种果。1972 年，强调发展多种经营，果业又得到恢复和发展。1980 年，开始实行家庭联产承包责任制，大量种植西瓜、甘蔗。

全村水果生产呈三大特点：一是规模发展，“林戴帽”①，“果穿腰”②；二是质优量多，“三月枇杷黄，四月杨梅嫩，五月桃李满街巷”；三是晚熟价高，“六月过了七月梨，八月西瓜正当时”。

渔业 大京海域宽阔，地理条件优越，海产资源丰富，生态型捕捞业的延续，规范化养殖业的拓展，高科技育苗项目的研发，名优特水产品的生产，进一步推动了大京渔业的发展。

海水捕捞 境内结网捕鱼，始于唐宋，民国时期较为兴盛。新中国成立后，捕捞业体制从个体户向集体所有制转变。中共十一届三中全会后，又由集体所有制向个体户转变。渔网从纱线网向尼龙丝网改进，渔船从小木船向大马力钢质船演变，捕捞范围从近海区向深海区延伸，捕捞方式由简单型向多元型过渡。主要生产方式有：

围罾 民国初期兴起。根据鱼类体形大小而设置罾网孔目大小，网目最大的是黄瓜罾，鳀罾次之，白金罾最小。围罾时，需用一大一小船只，大的叫“罾母”，小的称“牵脚”，两船左右牵罾围而合之，即能捕获鱼类。民国后期，境内拥有罾船 13 对。

① “林戴帽”指在山顶植树。
② “果穿腰”指在山腰种果。

对舸　捕捞时用大小相等的两艘船，作业方式与围罾相同。1953 年，窑后自然村设对舸船 1 对，每艘载重 10 余吨，属当时最大的渔船。

流连　民国前已推行。新中国成立后，禁止个人生产，改为渔业社、生产队统一经营。1973—1984 年，由生产队购置渔船渔具出海作业，共有流连船只 30 余艘。连的种类有鲳鱼连、乌贼连、蠘连等，下纲以石子或铅子为坠，上纲用绳子与浮标相接。连的网目宽度，按不同鱼类在海中的深度而设。上方网目宽八指，专捕鲳鱼；中部网目宽五指，可捕黄瓜鱼、白鳓、海鳗、带鱼、鲨鱼、蠘等；底部网目宽三指，仅捕小杂鱼。作业时，一人在船前抓连的上纲、浮标，一人在船后抓连的下纲、坠子，按船只行进速度，依次将连网抛向海面。坠子带连网坠入海底，浮标系连网悬于海面，随流拖行，各种鱼类，触而网之。若黄瓜鱼群触之，连与鱼同时浮出海面，一片金光。

敲鼓　1956 年春夏汛时传入，随即掀起敲鼓热。敲鼓作业与围罾作业基本相同，只是放罾后，在多艘船体上用木头不断敲打，敲打的震动及声响导致海中石首鱼类脑部震荡，使之口吐鱼胶浮于海面而捕之。敲鼓后，海面浮鱼遍布，捕捞产量陡增，但严重破坏石首鱼类资源，至 1964 年被禁止。

放钓　每年农历二月至五月，用墨鱼切片为饵，可钓鳗鱼；农历六月至八月，用白金为饵，可钓白鳓；农历九月至翌年一月，用泥鳅或带鱼切片为饵，可钓带鱼。至海区时，估海水之深浅，视天气之寒暖，定钓绳之长短，以钓系绳穿饵而下。鱼吞饵，即可捕之。

缦艚　用毛竹系石块镇于海底，俗称“打楸”。插入海底的毛竹，俗称“楸档”。系于“楸档”而浮出海面的竹筒，俗称“浮筒”。“浮筒”作为系缦钩缦的标识。缦艚的缦孔小，可捕虾苗，亦可捕带鱼、目鱼、杂鱼等。退潮时，将缦系于楸档，俗称“系缦”。涨潮时，海水流动，缦口张开，任凭鱼虾贯入。下一次退潮时收缦，俗称“钩缦”，收取缦内的虾苗和小杂鱼。收缦之后再系缦钩缦，一日两潮水，收获两次。1957 年，渔业社在北礵岛安营扎寨，开办缦艚 2 对，规模甚大，收获颇丰。

下笼　即放置篾笼捕乌贼。笼为竹条所制，圆柱形，长 1.8 米，中空。两头盖笼盖，笼盖直径 0.6 米，用竹篾制成斗笠形，顶部尖且朝笼内，留一小进口。清明后，在笼内放压笼石，横向放置海底捕获乌贼。乌贼湾内的乌贼最多，是下笼的最佳场所。乌贼倒泳，见笼中空，倒退而入，后身触碰笼口竹尖而不能出。潮退时，取笼即可收获。

拔沙缦　一般由 6 人组合操作。2 人站在沙滩上，抓住缦纲一端绳索。2 人上竹筏，1 人摇橹，1 人放缦，绕半圈至沙滩另一端，由沙滩上另外 2 人接住另一端缦纲绳索，后 6 人合力将沙缦拔至沙滩上，可捕获鱼虾。

十八樘　用 18 根竹（木）杆固定渔网的上纲和下纲，每根竹（木）杆左右纲间距 2 米，上下纲间距 1.5 米，下纲系瓷坠。作业时，1 人站在沙滩的一侧抓住渔网的一端绳索，1 人站在沙滩的另一侧等候接应，1 人携渔网蹚水出海放网，返回后将渔网绳索的另一端交给沙滩上的接应者。后 3 人合力拖网至沙滩，有鱼虾收获。

截港　港口设置固定网，落潮时截住港道出海鱼群退路。由于此时水浅，用网罩住鱼群，唾手可得。

讨岐　退潮后，岛屿基岩礁石露出海面，可在礁石上挖取岐蛎、岐乳、岐菜、岐戟、壳菜、辣螺、刺螺、锅贝、虎戟等海产品，涨潮时不可作业。

水产养殖　分淡水、海水养殖两部分。

淡水养殖　养殖区为岭头洋水库、黄土溪水库。自 1980 年开始，先后在两库区投放鲢鱼、草鱼、鲤鱼苗种，水养面积 26.6 公顷，年产量 15 吨。

海水养殖　种类繁多，有贝类、藻类、虾类、鱼类，重点养殖项目有：

海带养殖。1958 年，长春人民公社在大京开办第一家海带养殖场，从大连购回海带苗，首批养殖海带 13.3 公顷，次年收获海带干品 51.6 吨。1960 年，养殖面积扩大至 20 公顷，翌年收获海带干品 205.5 吨。当时，海带苗绳用竹篾夹稻草所制，浮标使用毛竹，因耗材大、成本高且产量低而停止养殖。1993 年，恢复海带养殖，并改进生产工具，降低生产成本，提高单位产量。同时，以家庭为单位生产，养殖面积逐步扩大。至 2005 年，养殖面积达 186.6 公顷，成为闻名省内外的“海带之村”。2016 年，生产海带干品

海带收获

1.05万吨，产值3500多万元。

牡蛎养殖。取牡蛎壳钻孔，用尼龙丝绳穿孔结成串，每壳间距3厘米，每串长约1.2米。海带收成后，将牡蛎壳串系于海带楸架上，让其自然生长。海带分苗养殖时，牡蛎可收成。海带楸架既可养殖海带又可养殖牡蛎，一举两得。大京海域浮游生物多，有利于牡蛎生长，所产牡蛎颗粒肥大，市场供不应求。2016年，养殖牡蛎80公顷，产量4000多吨，产值500多万元。

对虾养殖。2000年始，开发对虾养殖池塘12口，水养面积16.7公顷。之后，不断更新养殖技术，每年两季收成。2016年，收获对虾450吨，产值1600万元。

科技育苗 境内拥有高科技育苗单位3家，年输送优质苗种5300万头（尾、粒），年产值8000万元。繁育的主要苗种有：

皱纹盘鲍苗种繁育 2008年，霞浦县东海远信种苗有限公司在东门外建场，首期建鲍鱼育苗室2500平方米。2012年，与国家海洋局研究所、中国农业大学生物学院合作，开发培育皱纹盘鲍优质杂交品种。2016年，扩建标准化育苗室3360平方米，年培育优质鲍鱼苗种2000万粒，产值1000万元。

半滑舌鳎良种繁育 2010年，福建省新海鑫水产科技有限公司等4家企业引进新技术，率先在南港边开发半滑舌鳎养殖场，水养面积13.3公顷。2013年，新海鑫公司与中国科学院海洋研究所、福建省水产研究所合作，建育苗池110口3327.5平方米、亲本培育池60口1080平方米，引进各类优质亲本3万条，年育半滑舌鳎良种300万尾，包括3家养殖场养殖项目，年创产值2000多万元。

耐高温刺参苗种繁育 2008年10月，霞浦县一鸣海洋食品有限责任公司在大京村东建养殖场，占地6公顷，先后引进厦门大学耐高温“西氏鲍”、中国科学院海洋研究所耐高温“大蛟鲆鱼”苗种繁育项目，获得成功。2011年始，与厦门大学海洋与地球学院联合研发耐高温刺参苗种繁育项目，年产耐高温刺参苗种3000万头，产值5000万元。该项目的研发，填补了福建耐高温刺参苗种项目的空白，打破福建刺参苗种长期依赖外地供苗的局面。

名优特水产品 境内主要名优特水产品有：

贝壳类 牡蛎（又称岐蛎）、贻贝（又称淡菜、壳菜、乌投）、斗笠贝（又称覆鼎、锅贝）、扇贝、鲍鱼、角螺、蛎螺、辣螺、刺螺、黄螺、石鳖（又称岐猫鼻）。

甲壳类 龙虾、九节虾、黄虾、红虾、白虾、东方对虾、长毛对虾、康虾、草虾、梭子蟹、花蠘、虎鲟、胡蟹、虾蛄。

淡菜

黄丹螺

青蟳

梭子蟹

鱼类　大黄鱼（又称黄瓜鱼）、小黄鱼（又称胖梅、白梅、黄梅丁）、黄丹、真鲷、石斑鱼、草鱼、蟳鱼、白鲫鱼、鲚鱼、马鲛、乌鲳、白鲳、长脚鲳、鲳板、鲥鱼、青鳞、龙头鱼、乌丁、海鳗、鲐、鲙鱼、虎鱼、鲈鱼、带鱼、龙利鱼、淡水鳗、泥鳅、黄鳝、鲈鳗 、埃及胡子鲶。

藻类　海带、小球藻、螺旋藻、紫菜、黄藻、甲藻、扁藻、发菜、海苔、绿藻、龙须菜。

两栖类　石蛙、牛蛙、林蛙。

其他　乌贼、章鱼、海参、海蜈蚣、海蜇。

第二产业

新兴产业　大京风力资源丰富。2010 年 9 月，县政府引进风力发电项目，在天瓢山兴建大京风电场，总投资 4 亿余元，共安装明阳 MY1.5-77 机型风力发电机 28 台，轮毂高 75 米，叶轮直径为 77.1 米，装机总容量 42 兆瓦，配套建设 110 千伏升压变电所 1 座，安装 42 兆伏安主变压器 1 台。通过自动化控制，将发出的电能汇集送至升压站，经 110 千伏主变升压后送至小沙变电所与电网连接。自 2014 年始，年均发电 7000 万千瓦时，年均销售额 4373 万元。

大京风电场

第三产业

加工业 唐宋至民国时期，境内经济属于自给半自给经济。为满足生活需求，村民在漫长的历史长河中，发展了诸多原生态的手工加工业。

碾米坊 新中国成立前，设私人碾米坊 20 余家。碾米设备有土砻、风箱、舂臼、米筛、糠筛、簸箕等。碾米工序分砻、箱、筛、舂、簸。“砻”，俗称砻谷。先把稻谷倒入土砻斗内，土砻转动后稻谷被碾压为谷壳、糙米、糠的混合物。“箱”，俗称箱谷壳。将碾压的混合物倒入风箱斗内，借助风力，扬出谷壳和糠，余下糙米。“筛”，俗称筛米。将糙米倒入米筛反复筛，筛下糠末，上留糙米。“舂”，俗称舂米。将糙米放进石臼用石锤锤打，达到一定精白度后，用糠筛筛，筛下细糠，上留白米。“簸”，俗称簸米。用簸箕簸去混留在白米中的杂物。经此五道工序后，即成可食用大米。新中国成立初期，溪南人引进半自动化设备，开办大京绥丰碾米厂。20 世纪 60 年代始，大京村集体购进碾米机，用电机带动碾米，替代了传统的手工碾米。

米粉坊 米粉，俗称“炊粉”。明清时期，村内有私人米粉坊 10 余家。制作米粉设备有米磨、锅灶、炊床、石臼、压架。制作工序为浸、磨、煮、搓、蒸、捶、压、炊。“浸”，选用带硬性的早籼米，用水浸泡 3 小时。“磨”，将浸透水的米磨成米浆，预留 1/5 备用，其余装袋压干水分。“煮”，把预留的米浆煮成糊状。“搓”，将冷却后的糊状米浆和压干的米浆混合，搓揉均匀，制成一个个小的圆桶状米团。“蒸”，将米团放入炊床蒸至六七分熟。“捶”，将蒸后的米团放入石臼捶打，使其更加细嫩。“压”，将捶打后的米团放入底部有孔镜的圆桶内，运用压架杠杆压力，把米团压成粉

米粉作坊

榨油

丝，并逐一分卷成盘。“炊”，将成盘米粉放入炊床蒸熟，即为米粉成品。20 世纪 80 年代，村民引进磨浆机、电蒸笼、米粉机，通过电力带动器械加工米粉，取代传统的手工制作工序。

糍粑坊　明代始，家家户户逢年过节制糍粑。糍粑制作主要有浸、蒸、捶、印四道工序。“浸”，取香味浓、黏性强的粳米，用黄碱水[①]浸泡2小时，使其变成黄色。“蒸”，将浸透的粳米放入蒸笼蒸熟。“捶”，将蒸熟的粳米放在石臼里捶捣成米团，或再蒸、再捶一次，使之更加细嫩。“印”，用刻有花纹图案的模印，将米团印成一块块糍粑成品。糍粑可蒸、煮、煎、炒，可当主食又可当点心。尤其是碱水制作的糍粑，色黄味香，再用碱水浸泡，可长期保存不易变质。21 世纪初，为满足大京旅游市场需求，开办糍粑作坊数家。村民购置设备，在保留传统工艺的基础上，进行机械制糍，年产糍粑 40 万块，产值 200 多万元。

油坊　明代始，城堡西门护城河边设牛力榨油坊 2 家，年加工油菜籽 50 多吨，产油约 18 吨。油坊设备繁多，有柴火灶、虾鼎、炊床、石磨、碾盘、榨架等。各种设备粗大，但制作工艺精巧，主要流程为一炒、二碾、三蒸、四榨。“炒”，用柴火灶生火，将油菜籽炒黄。“碾”，将炒后的油菜籽放入石磨，用牛拉磨反复碾压。“蒸”，将碾碎的油菜籽末放入炊床蒸熟后，用稻草将油菜籽末分包成直径 30 厘米、厚 5 厘米的圆饼。“榨”，将圆饼一块块地竖放在圆形木槽的榨架内，槽内两头用若干木块夹住，再往木块

① 将猴梨柴树枝烧成灰，加水过滤后即为黄碱水。

缝中楔尖木块捶打，使之挤压圆饼榨出油。第一次榨干后，将油渣再次碾、蒸、包装、挤榨。每50千克油菜籽，一般首次出油约十三四千克，二次出油三四千克。20世纪90年代，食用油逐渐取代菜籽油，油坊废。

酒坊　大京酿酒，历史悠久，多为村民自酿自饮。1956年，设大京酒库，为公私合营霞浦酒厂车间。1960年，粮食供应紧张，大京酒库废。2016年，有酒坊10余家，制各种米酒供市场之需。酿酒原料为糯米。将糯米浸水10小时，放入炊床蒸熟为糯米饭，待降温后与酒粬搅拌均匀，放入大酒盆压实，并在糯米饭当中做个凹形小窝，以观察出酿情况。天冷时，酒盆上方需遮盖稻草或棉絮保温。待小窝溢出酿后，将这些糯米饭倒入酒坛，并按一定比例加入清水，水多则酒淡，水少则酒酽，然后密封坛口发酵月余，米酒便生成。若要制红米酒，改用红粬搅拌糯米饭，加入凉开水发酵。若要制重酿酒，则用米酒作水，加入糯米饭中发酵。若要制过夏酒，就把米酒装入酒坛，封堵坛口，用谷壳在坛底燃烧20小时，使坛中酒的水蒸气逐步排除，酒质得以提升，夏天存放不变质。若要制大滋大补的羊老酒、牛老酒、鸡老酒，在制作过夏酒的酒坛中相应放入羊肉、牛肉、鸡肉即可。

盐场　明清时期便开始制盐。盐场一般选在下塘、秀才塘等临近海边地面，并在地面开挖小渠引入海水。首先造盐田。盐田为规则块状，块块相连，连成一片，如同平原中的水田一般。每块盐田面积约10平方米，田面磨平，灰浆抹底，沿边设坎，供晒卤水用。另建长方形盐坎，长度不限，宽度0.5米，坎面压平，灰浆抹底，坎边留坎，坎坎并列。制盐共分晒沙、制卤、晒盐三道工序。“晒沙”，将海沙在坎面上摊薄摊匀，用海水扬洒沙面，晒干后再扬洒，反复多次，直至沙面呈现白花花的盐晶。“制卤”，将晒干的沙子装入底部有孔的大木桶，倒入海水滤沙子，滤出的水称卤水。“晒盐”，将卤水倒在盐田上晒干，就成白花花的海盐。制盐利润丰厚，民国时期官府不让私营，设盐兵严格管理。

商贸业　商贸业发展较早，宋代就出现持“盐引”专营食盐的盐商。明代始，本地成为福宁南乡政治、军事、经济、文化、卫生、教育中心，“商家注挹，颇见繁荣”。

市集　明嘉靖至万历年间（1522—1620），福宁共有城关、大金、赤岸、三沙、浒屿、沙冶、洪江、闾峡八市集，其中大金市集最为繁荣，俨然商埠。清康熙年间（1662—1722），受划界移民影响，经济衰败，大金市集取消。至清乾隆年间（1736—1795），大金市集恢复发展。民国初期，大金市集已发展成为南乡水产品、农副产品的重要集散地。1990年，大京市集居南乡十大市集之首。

市场　民国前，城堡内多占街占亭为市，仅柴竹、炭薪、猪仔等行业在城外设交易场所。民国初期，下店里商人郑如高在大金、下浒、东冲、长春、涵江、沙蛤等地开办高昇号商铺，其中大金有8间批发部，主要经营闽北的香菇、木耳、笋干等特产，经营福州和台湾地区的布匹、棉花、煤油、火柴、糖、烟、酒、瓷器制品，从业人员百余人。1984年，建大京市场，占地450平方米。

商店　新中国成立前，除东门头、西门外打铁店外，城内下街、中心街、曲街头、仓口街的街道两旁商店林立，有私人银行3家、台货批发店8家、京杂店16家、水产店6家、米粉店13家、豆腐店3家、糕饼店3家、药材店5家、布店5家、裁缝店10家、弹棉店1家、卦坛道坛3家、吹鼓班2家、五金店2家、客栈1家，商贸业繁荣。1957年始，私营商店按行业改组成供销商业门市部、公私合营门市部、合作商店门市部后，商业网点锐减。1980年后，有个体商店近百家。

对台贸易　大金港与台湾基隆港一水相隔，两岸渔民常在同一海区作业，开展贸易具有优越条件。民国时期，境内有郑如高的高昇号，杜允斌、杜允孝兄弟的杜裕成号，周锡潘的宝隆号等商船开展对台贸易，将茶叶、笋干、木耳、香菇、花生、蛎干和洋葱等销往台湾，再将台湾的布匹、糖、烟、酒及本地稀缺的京杂等物品运回销售。新中国成立后，停止贸易往来。1990年，通过完善对台经济贸易管理体制，促进了大京对台贸易的进一步发展。

旅游业　大京三面环山，东面临海，山清水秀，岛雄礁奇。这里，有笔架山、龙岩山、沙垅岗、沙滩、卵石滩、鸭池荡等自然景观；有古城堡、古民居、古街亭、古寺庙等人文景点；有明代的抗倭历史；有历代的文人佳话；有螃蟹、对虾、鲍鱼、海参、海螺等特色海鲜；有捕鱼、垂钓、划船、游泳、烧烤、赛车等娱乐项目。这些，都是极为宝贵的生态旅游资源。至20世纪90年代，大京这片未开发的旅游处女地才引起世人关注，随后专家、学者、游客纷至沓来。21世纪始，大京旅游业形成规模，年接待国内外游客近50万人次。2016年，市、县人民政府对大京景区进行全面规划，加大投资，完善吃住行游娱购配套设施，极力将景区打造成为“福建夏威夷”“闽东北戴河”。

◉ 村民生活

人均收入　民国及以前，多数村民靠租种田地谋生，人均年收入粮食理104斤左右。1956 年，人均口粮 221 千克，人均收入 46 元。1970 年，人均口粮 232 千克，人均收入 61 元。1978 年，人均口粮 244 千克，人均收入 75 元。1985 年，人均口粮 296.5 千克，人均收入 502 元。1995 年，人均收入 2280 元。2005 年，人均收入 4488 元。2010 年，人均收入 8058 元。2013 年，人均收入 14261 元。2016 年，人均收入 19200 元，是 1985 年的 38.25 倍，是 1995 年的 8.42 倍。

人均支出 民国及以前，多数村民收不抵支，民谚道："镰刀挂上壁，腹肚贴背脊。" 2000 年，人均支出 2454 元，其中：经营费用 633 元，占 25.8%；生产性固定资产支出 7 元，占 0.29%；税费支出 19 元，占 0.77%；生产消费支出 1527 元，占 62.22%；财产性支出 10 元，占 0.41%；转移性支出 258 元，占 10.51%。2005 年，人均支出 2973 元，其中：经营费用支出 321 元，占 10.8%；生产性固定资产支出 13 元，占 0.44%；生活消费支出 2420 元，占 81.4%；转移性支出 219 元，占 7.36%。2010 年，人均支出 6429 元，其中：经营费用支出 1017 元，占 15.82%；生产性固定资产支出 35 元，占 0.54%；生活费用支出 4888 元，占 76.03%；转移性支出 489 元，占 7.61%。2016 年，人均支出 16415 元，其中：经营费用支出 4293 元，占 26.15%；生产性固定资产支出 122 元，占 0.74%；生活消费支出 10725 元，占 65.34%；转移性支出 1275 元，占 7.77%。

消费结构

民国及以前，商品经济发展缓慢，大京基本处于自给半自给经济状态，消费结构简单。1938 年，村民人均生活消费支出为国币 37.21 元，其中：食品 30.7 元，占 82.5%；衣着 1.86 元，占 5%；居住 0.47 元，占 1.26%；燃料 1.16 元，占 3.12%；杂物 3.02 元，占 8.12%。1985 年，人均生活消费支出 329 元，其中：食品占 67.5%，衣着占 6.4%，居住占 7.6%，设备占 7%，医疗保健品占 4.2%，交通通信占 3%，文化服务占 2.1%，其他商品和服务占 2.2%。1995 年，人均消费支出 1530 元，其中食品占 68.4%，衣着占 4.9%，居住占 6.92%，设备用品占 3.72%，医疗保健占 3.5%，交通通信占 5.5%，文教娱乐占 5.7%，其他商品服务占 1.36%。2005 年，人均消费支出 2420 元，其中：食品占 53.76%，衣着占 5.66%，居住占 9.3%，设备用品占 5.6%，医疗保健占 4.3%，交通通信占 7%，文教娱乐占 12.4%，其他商品服务占 1.98%。2016 年，人均消费支出 10725 元，其中食品占 46.12%，衣着占 6.65%，居住占 16.31%，设备用品占 6.5%，医疗保健占 5.5%，交通通信占 9.12%，文教娱乐占 7.7%，其他商品服务占 2.1%。人均消费从温饱型向小康型转变，主要体现在食品消费大幅降低，衣着、居住、家具、交通通信、医疗保健、文教娱

民国衣饰

乐消费明显提升。

衣饰 民国及以前，富人穿长衫马褂，头戴礼帽。普通村民穿土布衣、粗布衣，颜色单调、款式简易。男式上衣开襟，女式为大襟喇叭式齐膝大袖衫。男女均穿无门襟长裤，俗称“平裤”，裤腰宽大，裤头对折，用布条或麻绳系上即可。农民出门戴斗笠，上山穿草鞋，下地打赤脚，身着粗布衫。渔民出海身着左开襟渔衣，穿紧裤头、大裤管、双口袋且用薯囊染色的“薯囊裤”。节日时，儿童方能穿上一件用“洋布”制作的衣裳。二十世纪五六十年代，布匹实行供给制，一家数人年供布仅几米，由于布匹紧张，只好用麻布添补。妇女将苎皮制成麻丝，再织麻布制衣裳。麻布衣粗糙生硬，布面孔隙大，冬天不保暖，只宜夏天穿。麻布常用薯囊等植物的根茎熬出汤汁染成靛青、赤红等颜色。靛青色制衣裳，赤红色制布袋等，红布袋还是女儿出嫁的压箱底之物。

20 世纪 70 年代后，计划供给布量增加，布料品种增多，尤其是用咔叽布、的确良、尼龙布等布料制成的衣饰亮丽耐穿。20 世纪 80 年代，制衣行业兴起，服饰多样。20 世纪 90 年代，推行成衣，制衣行业萧条。西服、春秋衫、夹克衫、蝙蝠衫、牛仔衣、迷彩服、运动服、T 恤衫、风雪衣流行。塑料鞋、皮鞋取代了传统的木屐、布胶鞋、解放鞋。

食物 民国及以前，大多数村民缺田少地，靠租种地主田地养家糊口，食物紧缺，常受饥饿。新中国成立后，实现“耕者有其田”，村民温饱基本得到保障。1981 年以前，稻谷除征购外，剩余部分加工成米出售，换回现金补贴生活开支，村民仍以番薯为主食。番薯初夏栽插，深秋收获，可鲜食，亦可切丝晒干储存。1982 年以后，实行家庭联产承包责任制，水稻推广小株密植，产量提高，村民主食为大米、番薯参半。国家取消粮食征购后，村民主食逐步从番薯过渡到大米。

大京地处海区，“靠海吃海”，村民餐桌上素以海鲜为主。1980 年以前，冰箱冰柜少有，交通不发达，每逢发海鱼货多时，人们便买下批量鱼虾晒成干货，或用盐腌制贮藏，有黄瓜鱼干、乌贼干、鳗鱼鲞、虾米蚵和腌虾苗、腌带柳、腌白金以及咸白鳓、咸带鱼等。除海鲜外，也佐以自产自销的猪肉、禽蛋、蔬菜等。21 世纪始，山海联动开发，食物极为丰富，村民饮食习惯逐步从吃饱向吃好、吃健康方面转化。

居住 民国及以前，村民住房大多为砖木、土木结构平房，有少数楼房或草房，人均住房面积 6.5 平方米。建筑材料就地取材，多用黄土、石块、壳灰、三合土和砖、瓦、木头，有的还用毛竹代替木头。城堡内寸土寸金，房屋密集，四厢、五厢、六厢大厝皆有前落后落，一厝住七八户、十余户人家。城堡外村落土地相对宽余，一般单家独户建房。1951 年，原居住草房的赤贫户分得房屋，居住条件有所改善。1980—1990 年，部分旧房翻新改建，人均住房面积 10.5 平方米。1991—2010 年，建造砖混结构房屋 300 余座，人均住房面积 25 平方米，且室内装修也讲究。2013 年，按统一征地、统一规划、统一建设模式，投入 3000 多万元，新建庭院式民居 102 座，人均住房面积提升至 40 平方米。

自 1995 年始，村民在霞浦县城及全国各大中小城市购买商品房或独立建房达 800 余套（座）。生产在农村、生活在城市，成为新时期农民进城的新方式、新时尚。

旧民居

新民居

出行 新中国成立初期，村民陆路去外村，去县城，须翻山越岭，极其艰辛。走海路，要顺应风向，要摇橹划桨，受天气因素等限制，十分不便。1958 年，沙闾线国防公路途经畚箕湾，村民外出到畚箕湾后，便可沿公路步行。20 世纪 70 年代中期，修建畚箕湾至大京公路，但未通班车，少数人以自行车代步。20 世纪 80 年代初期，霞浦至大京班车开通，出行的交通问题得以解决。20 世纪 90 年代，自然村通公路、田间修机耕路，三轮车、摩托车、拖拉机、农用车兴起。21 世纪后，路面硬化，小汽车进入普通家庭。与此同时，海上交通条件也日臻完善，从借助风力行驶的小帆船，发展到机帆船、大马力铁壳船，由水路南下北上更为便捷。

用品 民国及以前，富裕人家拥有描龙画凤大床、箱笼支架式大床，一般农户则用长凳铺木板为床；富裕人家侧重厅堂几案、交椅摆设，一般农户的小厅堂只摆简易桌椅。20 世纪 70 年代后，新婚夫妇时兴打造床架、沙发、立柜等组合式家具。20 世纪 90 年代，现代家具流行，生活用品丰富新颖。灶具从原有的土灶发展至煤炭灶、液化气灶、电炊具等。2000 年，每百户拥有洗衣机 18 台、自行车 20 辆、摩托车 5 辆、固定电话 26 部、移动电话 7 部、彩色电视机 42 台、计算机 1 台。2005 年，每百户拥有洗衣机 43 台、电冰箱 2 台、空调 5 台、抽油烟机 10 台、热水器 31 台、自行车 25 辆、摩托车 10 辆、固定电话 35 部、移动电话 60 部、彩色电视机 101 台、计算机 3 台。2015 年，每百户拥有洗衣机 85 台、电冰箱 90 台、空调 85 台、微波炉 15 台、热水器 120 台、抽油烟机 95 台、自行车 10 辆、摩托车 25 辆、汽车 10 辆、移动电话 250 部、彩色电视机 160 台、计算机 30 台。

医疗卫生 清末至民国时期，西医传入大京。1947 年，林永乐在大京村开设福音诊所。1952—1957 年，大京村建联合诊所。1958 年，成立大京保健站，隶属长春公社保健院。1970 年始，推行合作医疗制度，成立大京合作医疗站。1984 年，大京合作医疗站改为大京卫生所。1997 年，成立长春中心卫生院大京分院和门诊部。2003 年后，恢复卫生所建制。

新中国成立前，村内人畜同居，厨厕相连，蚊、蝇、臭虫多，天花、霍乱、流脑时有发生，麻疹、疥等疾病几乎无人幸免。1944 年，大京、溪南一带爆发流行性脑膜炎，死者达 500 余人。当时，医疗条件差，许多流行性疾病难以预防和治疗。

新中国成立后，通过政府引导部门宣传，村民逐步树立卫生防疫观念，形成良好的卫生习俗。除夕、中秋佳节，家家户户大扫除。端午节，多用艾叶、菖蒲、雄黄祛秽避瘟。夏季，用野艾熏蚊、鱼葛杀蛆，采集山鸡椒、鱼腥草泡茶饮用以防暑降温。平时，用明矾沉淀和消毒井水。加之村医疗部门施行防疫措施，使一些流行性疾病得到有效控制。

2005年始，推行农村合作医疗保险，村民参合率100%。2010年始，实施村卫生所标准化建设，落实“海云工程”配套设备，医疗卫生条件进一步改善。同时，实施省“美丽乡村”建设项目，改水改厕，整治环境和卫生死角，卫生防疫水平进一步提高。

社会保障 2016年，全村城乡居民基本养老保险参保人数2792人；享受农村居民最低生活保障95户160人；办理残疾人证133人，其中一级残疾每人每月补助150元，二级残疾每人每月补助100元；五保供养82户85人，每人每月政府补助598元，医保社保缴费全免；新建集中供养的老年院“大京幸福园”1所，供养老年人32人，水电费用由村民委员会支付。

家庭结构 2015年，大京村户籍总户数2115户，人口7536人，户均人口3.56人。三口之家与四口之家1066户，占总户数的50.40%，其中：三口之家511户，占总户数的24.16%；四口之家555户，占总户数的26.24%。九口和十口之家各存1户。与1990年第四次全国人口普查统计的户均人口5人相比，大京村户均人口数逐年减少，总体呈现由大家庭向小家庭转变的趋势。

◉ 文化　教育

教育事业

私塾乡塾 大京教育可上溯至北宋时期，当时主要是郑、林两家先祖仕人，为官晚年告老还乡在家中教授本族子弟。北宋景德二年（1005），郑明举李迪榜进士，曾官授浙江松阳县县令，晚年回乡卜居南金，以诗礼化及乡人。北宋中叶，林氏始祖徙居大金剑岩山下龙溪之畔，设私塾，教授子弟。林氏三世祖林隶于南宋乾道五年（1169）登己丑科郑侨榜进士，授太学博士、晋江令，诗礼传家。南宋淳祐元年（1241），林元孙中辛丑科进士，授宣义郎，为官20年，晚年辞禄还乡以诗礼教化乡人。南宋咸淳年间（1265—1274），翰林学士林仲明辞禄归田，建东山书院授学。郑君老17岁登进士，因宋末政治腐败，终身不仕，在家竭力授学。元泰定年间（1324—1328），进士林镛归故里，在东山书院授学。明代，郑轙学务躬行，深于自得，曾拜韩信同之门，后归乡创

立守约斋书院，遗址在天后宫左侧书堂内。郑鹏，清雍正癸卯年（1723）举人，博学多才，尤精真草书法，曾任湖北利川县知县，卸任还乡，设怀谦斋于后街，俗称“后街书堂”，亲自教授子侄后辈，郑辉等十八学子皆为郑鹏门生。

清至民国时期，境内先后办起乡塾教学。乡塾由塾师自办，曾步贵乡塾设在许厝里，林三光乡塾设在杜厝里，周锡茂乡塾设在巷里街刘厝里。乡塾男女同班，但女生很少。当时林三光乡塾有三位女学生，分别为辛月莲、陈赛花、林清秀。

史上，林氏家族划出一片水田作“秀才田”，俗称“秀才塘”，将每年收成的稻谷作为教育经费，用于补助族内读书人。当时的私塾，族内都划出一定资产予以扶持；乡塾，村里也给予补助，如划一片山地的收益充做学资等。

学前教育 民国及以前，学前教育几乎空白。1958 年，为响应“社社办园、队队办班”的号召，大京中心小学创办附属幼儿班。1960 年，幼儿班停办。1975 年，复办幼儿班，后因师资配备未能到位而停办。1980 年 9 月，大京小学再办附属幼儿班，开始只招收 1 个学前班，后扩大招收 4 ~ 5 岁儿童，在班儿童 100 多人。2010 年 9 月，幼儿班扩大为大、中、小 3 个班，在班儿童 110 人。

小学教育 1917 年，成立大金国民学校，为县立初级小学。1934 年，国民学校聘请吴怀奇为教师，有学生 20 人，并开办夜班，主要教成年人学常用字、打算盘。1935 年，创办霞浦县国民大金中心小学（公立），校长吴立田，校董周锡茂、郑锡磷。日本侵华战争全面爆发后的 1939 年，创办“战时民众学校”，校董会主任周锡茂感于时事，撰“大海望台澎，恨倭寇虎咽狼吞，此日野心犹未已。金城坚武汉，愿诸生节衣缩食，他年凯唱定堪期”对联一副挂于学校大厅。同时，创作校歌《满江红》(调寄岳飞《满江红》词)。1940 年，学校实行“管、教、养、卫一体”的六年制教育，生员增加，校舍也从育贤宫扩大至仓口街杜允孝厝、关公亭楼上。之后，校舍统一搬至康元宫。当时，有北京籍女教师黄超英，随丈夫林椿到霞浦，在大京中心小学任教，主持创办“妇女班”，招收妇女学生 40 人。

1950 年，霞浦县国民大京中心小学改为霞浦县大京中心小学。1959 年 10 月，大京中心小学移至长春，大京仍设完全小学，实行六年制教学。1980 年，实行五年制教学，小学毕业由学区统考升学。其间，小学教育普及，大京下辖的自然村也办起初级小学，有港里小学、溪边城小学、丹湾小学、窑后小学、大京茶场小学等。1988—1995 年，掀起群众集资办学热潮，先后修建新校舍 2 座，改善办学条件。2001 年 3 月，大京小学创办校刊《金沙》，每月一期，4个版面，3年后停刊。2001—2002年度，大京小学获霞浦县第八届“文明学校”称号。2016年，大京小学有在校生146人，教职工10人，校舍占地9014平方米，建筑面积4000多平方米，成为一所新农村一流小学。新中国成立后，大京小学共培育小学毕业生3600多人。

初中教育 1964年9月，大京村在全县率先创办农业初中，学制两年半，办学地点设在米仓园，后迁至农场，又迁到仓口街许氏大厝。1969年春季，撤销大京农业初中，开办大京初中班，招收第66届、第67届、第68届小学毕业生入学，俗称“老三届”初中班。1970年9月，初中班改春季招生为秋季招生，招收第69届、第70届小学毕业生，学制三年，学生毕业通过统考，可被录取到霞浦二中、霞浦五中就读高中。1973年，初中学制改为两年制。1975年，初中学制恢复三年制。1982年，初中班招收初一、初二年级学生。学生完成初二年级学业，通过全区统考，可被录取到霞浦五中就读初三年级。1984年9月，初中班增设初三年级。1996—2005年，初中班每个年级有3个教学班，每班45人。

2004年9月，大京小学、初中班合并升格为霞浦县大京九年一贯制学校，由县教育局直接管理。2009年7月，大京学校初中班撤销，小学毕业生直接进入霞浦五中就读初中。新中国成立后，大京学校共培育初中毕业生2400多人。

大京人才辈出。宋至清代，登进士7名，中举人8名，出贡生、廪生、庠生89名。新中国成立后，全村有高中毕业生1600多人。考入大专及本科院校的有800多人，其中获学士学位的有500多人、硕士学位的有45人、博士学位的有8人；在政府机关、军队、企事业单位担任科（营）级职务的有150多人、处（团）级职务的有30人、厅（师）级职务的有6人；在企事业单位被评为中级职称的有260多人，高级职称的有30多人。如，同济大学电气工程系教授郑朝科，中国科学院生态环境研究中心研究员黄振管，中国船舶重工集团公司第七一一研究所教授级高级工程师郑进标，福建省交通建设质量安全监督局总工程师、教授级高级工程师、桥隧领域专家林作雷，辽宁省工信委副主任、现代自动化领域专家、博士生导师陈汝义，国土资源部地质矿产领域专家、教授级高级工程师、研究员陈世忠博士，清华大学毕业生、北京航天动力研究所主任设计师、火箭动力研究专家郑孟伟博士，中国科学院上海应用物理研究所的核能应用研究专家林作康博士，北京大学毕业生、天体物理专业博士郑逸，刑事诉讼法专业博士林子坚，等等。

文化事业　1930 年，村中创办“儒家班”剧团，后停办。1946 年，成立大京业余剧团，为县内唯一的民间剧团，冠名“古事班”。发起者是郑志临、林云祥，参演者有刘金祥、黄步富、周锡松等 10 多人。演出地点设在街道交汇的开阔处或街亭中，没有具体而完整的演出剧目，仅选取戏曲中的若干精彩片段拼凑而成，目的在于农闲时娱乐。1949 年 6 月，“古事班”解散。1953 年，蔡永法、周锡昌等人成立大京“儒家班”业余剧团，有演职员 30 多人。《花烛之夜》《五虎口》《彩云归》等新剧不断出炉，赢得观众认可。同时，剧团走向县内各地演出。1959 年国庆十周年之际，剧团《麒麟献瑞》剧目，在县礼堂的庆典演出比赛中拔得头筹，名声大噪。“文化大革命”期间，“儒家班”停办。20 世纪 80 年代初，大京“儒家班”复办。1985 年，以首演《十五贯》轰动全县，同年端午节献演《白蛇传》，各地观众纷纷赶到大京观看演出。此后，“儒家班”正名为“大京业余闽剧团”，新编《八仙过海》等 10 多个剧目，演出范围扩大到全省各地。

大京，民间文化人才颇多。有走向世界推介中国最美滩涂（霞浦）摄影作品的中国摄影家协会会员郑德雄，有全省闻名的书法家辛德翔、徐卫灼，有在《芙蓉》《福建文

闽剧表演

学》等期刊发表中长篇小说的林华标，有热心搜集家乡历史、传说故事、民风乡情、民谣俚语的郑孟光，还有诸多新闻工作者、木匠诗人、农妇诗人、草根画师、农民歌手，形成一批又一批备受世人关注的文化群体。

大京，文体活动内容丰富。2000年始，兴建文化服务中心，开办农家书屋，藏书1.2万多册。文化活动有摄影作品展、书画展、元宵猜灯谜、民歌演唱会、楹联竞赛等项目。同时，新建操场3个，篮球场2个，台球、乒乓球室10个。体育健身活动主要有拳术、棍棒术、篮球、台球、乒乓球、羽毛球、钓鱼、游泳、放风筝、广场舞、象棋、三三棋、桥牌、趣味扑克、曳石等项目。

大京城堡

大京城堡是明代福建东南沿海的一座抗倭千户所城，位居万安、莆禧、崇武等福建全省 12 个千户所之首。历经明洪武、永乐、万历三个时期的修建，形成了现存的规模，历经 600 多年风雨，依然巍然耸立在这块土地上，彰显出迷人的魅力。据《明史》记载，元末明初，福建沿海屡遭海盗、倭寇侵扰，百姓深受其害。朱元璋即位后，连续派使者到日本，以恢复两国关系，更重要的是为了消弭倭患。但由于日本处于分裂对抗状态，几次派使都毫无结果，倭寇侵扰日渐繁复，北起山东，南到福建。明洪武二十年（1387），朱元璋复令周德兴到福建经略军务，委以防倭重任。大金是入闽北口海上要道，周德兴选择此地，调兵筑城垒堡，设置守御千户所。东南沿海抗倭历史长达 200 余年，大京古城堡，就是闽东人民抗击倭寇抵御外侮的见证。

大京城堡历尽沧桑、恢宏古朴，已成为爱国主义教育基地和福建省文物保护单位。

◉ 城堡建造

城堡选址　城堡的选址有一个传说：大金东北有龟山，西北有凤山，两山之间一片沃野。凤为落洋凤，龟为出海龟，两地皆是吉祥地。有一户大族人家恐土地被征建堡，私下买通主办官朱以环挪址移建。朱以环便决定“只围龟山，不围凤山”，遂留下凤山弃建。后事发，朱以环被周德兴处以剥皮胀粗糠之酷刑。

大金地处闽东南沿海，上通江浙，下达闽粤，为北上南下的必经之地。这里山脉高耸延绵，犹如屏障，可阻海上来敌；山下地势平坦开阔，可屯兵布阵；村前澳口水深港宽，可泊战船。境内平畴沃野，物产丰富，能够源源不断地提供军需给养，因而成为兵家的必争之地。加之山脚平地上，突兀隆起一座小山包曰龟山，若能在此处围寨建堡，将观察台和指挥台设在龟山之上，可居高临下观察敌情和指挥作战。此山还与近海处的笔架山岛相对峙，可使陆海两头军事活动遥相呼应。因而在此建堡，进可出击海上来犯之敌，守可据寨堡以御，退则便于伺机撤往后山，进退回旋余地大，实乃屯兵御敌最佳选择，具有重大的军事意义和战略意义。因而，并无传说中“只围龟

西北古城墙

城堡修建图

鸟瞰大京城堡

山，不围凤山”的“贿址”之说。

城堡始建 元末，倭寇频繁侵扰中国东南沿海，明初愈加猖獗，闽东南沿海尤甚，百姓深受其害。其间，倭寇屡屡入侵大金，抢劫财物，烧毁房屋，残杀民众，无恶不作。元延祐四年（1317），巡检司刘参将巡逻大金海域时，因船只触礁，遭倭寇围攻。双方激战数小时，元军将士死伤30余人。刘参将只身逃回大金。明洪武三年（1370），倭寇多次入侵南乡一带，大金屡遭抢掠，损失惨重。此后，倭寇侵扰愈加频繁，国势安全受到严重威胁。当朝对此极为重视，在东南沿海一带构建工事，部署兵力，以抵御剿灭来犯之敌。据《明史》记载，帝谓德兴：“福建功业未竟，卿虽老，尚勉为朕行。”洪武二十年，江夏侯周德兴执行朱元璋“高筑墙”战略，到东南沿海督建御倭工事，在闽相视要害，置巡司，设立福建沿海五卫十二所，训练属卫军士，并选定在今霞浦县东冲半岛外海一侧的大京村建造闽东沿海最早的城堡——大金千户所城。时从各处调集军丁5000余人，历时一年多，建成大金城堡。

城堡周长1940米，工程规模浩大。东城墙底宽7.3米，顶宽6米，高5.2米；南城墙底宽 5.3 米，顶宽 4 米，高 5.3 米；西城墙底宽 5.4 米，顶宽 4.1 米，高 6.2 米；北城墙底宽 6.3 米，顶宽 4 米，高 5 米。城堡东西南北各辟一门，北门是全城第一雄关，设在龟山玄天大帝宫后，并在此处专门开拓一条通道通往北门岭，直达岭头洋官道，作为城堡中人员进退的隐蔽通道。在龟山脚下的城垣中另辟一处涵洞，高 1.9 米、宽 1.5 米、深 12 米，涵洞从城内通向城外的后山涧，洞口装有门扉，主要用作军事通道，还兼有排水防洪的功能。

城堡改建 明永乐年间（1403—1424），倭寇侵扰愈发频繁，为加强防守和抵御，永乐十五年，御史韩瑜、都指挥使周谷祥下令改建城堡，增强守御功能。经改建后，将城墙增高近 1 米，城墙顶面用毛石铺设马道，环设窝铺、哨台、炮位和墙眼，设垛口 383 个。东、西、南 3 个城门改为瓮城，亦称“双重城”，瓮城面宽 3.82 米，进深 10.93 米。来犯之敌一旦进入瓮城，可紧闭前后两门，瓮中捉鳖，在狭小的地段里将敌歼灭，阻止敌人进城。东门面临海口，是对付海上来敌的第一道关卡，东门的瓮城作用更加突出。有民歌唱道：“城东壁垒设机关，双门紧闭固金汤。敌寇胆敢侵圣地，瓮中捉鳖时正当。”同时，还在城外沿城墙旁凿出一条宽 3 米多、深 2 米的护城河，新增一道沟壑防线，使得城堡更加壁垒森严，坚不可摧。城堡还与海上的烽火门、南日山等水寨遥相呼应，组成一道陆海一体化的防御体系。

城堡拓建 原建的城堡纯粹出于军事目的，军队驻扎城中，民众散居城外。明嘉靖

瓮城今景

中后期，倭寇侵扰更加猖獗，虽有城堡，但因城池窄小，军守城中而民不能入内，城外民众得不到有效保护。迫于局势，为保护民众生命财产安全，明万历元年（1573），州庠生郑炎、林应龙、郑友士、郑守道等人上书，迫切请求福宁卫当局，拓建大金城堡，让民众入城居住。时福宁分守道徐竹峰亲临大金，现场考察后采纳拓城住民的意见，官府颁发《帮城给帖》同意拓城，令州守刘介龄实施这项决策。是年年底，开始拓城。拓建城池耗资巨大，除官府拨发公帑外，民间还募财数千两以资助。次年春末，因淫雨连绵，新甃初垒，石肉未黏，多处城墙崩塌。徐竹峰又亲临现场察看，将灾情报请抚按，还率部属官员义捐俸禄若干两以助筑城。经军民勠力同心，于同年农历十一月拓城告竣。向西拓城 400 多米，向南拓与旧城接合，共拓城 800 多米，增设窝铺 6 个、敌台 2 个。同时，废原西、南两瓮城，将两瓮城改建为拱形城门。改建后的西城门面阔 3.65 米，进深 11.05 米；南城门面阔 4.2 米，进深 10.87 米。城墙总周长 2815 米（现存规模）。通过拓城，新增城内土地面积 9.3 公顷，拓城后城堡总面积为 35.3 公顷。

城堡拓建用地，系动员民众自愿捐地。拓城结束后，民众按捐地股份分得城内土地，陆续搬进城内建房居住。至此，城堡建设基本完备，成为一个军民合驻共用的城堡。正如《续大金所拓西南城碑记》所述："拓大金，固所以巩福宁之藩屏也；巩福宁，固所以执全闽之喉舌也。""咸焕然就绪，诸事完备，璞玉并包，纵横往来，楼橹之闪闪，真足以寒贼胆矣。"此后，大金城堡成为威震海疆、扼守要塞的八闽沿海第一堡。

城堡东北墙残垣

城堡荒废 清代，大金城堡逐渐丧失军事防御功能，驻防军队也由明代的千户所降为寨讯。清康熙元年（1662），清廷动用武力划界移民，大金百姓多被迁入界内，此地只余一座空城堡。至康熙二十二年开界后，百姓方陆续重返城堡内居住，此时被废弃20多年的城堡，已是满目疮痍，一片荒芜。北门一线的城墙多处凹陷崩塌，城内房舍断壁残垣，四处杂草丛生。回迁后，民众对城堡修建亦不以为然，不加维修保护，甚至有人在城墙顶上垦荒种植，有的随意拆除城墙石自用。居住在东门街、南城下、西门兜、后街、巷里街、北门街一带的民众，还在这些地段的城墙上栽种榕树，以便夏日纳凉。城墙从此成了人们休闲、玩耍的地方。

附1：帮城给帖

福宁州为拆堡附城事，据五二都城首郑炎、林应龙、郑友士等造报，认帮大金所城西隅，各户姓名、丈尺数目文册到州。批此案照先为前事，蒙本道批据布，本州申议郑友士等告帮大金所城缘由，蒙批，仰州议报依据，蒙已经查议勘估，申详去后，续蒙本道案验前事，奉提督军门刘批，据本道呈据本州申祥议估，帮拓大金所城合用工料、银两数目缘由，奉批依据动支前银发，指挥同知沈柱、指挥佥事王勋轮往该所，会同千户丁升监督拓造。限年终报完该道，并守备海防官仍不时查点，课并务令坚固永为一方保障，则各官亦有永誉于将来矣。完日册报缴奉，此依奉备案到州及据郑炎等取各人户姓名、认状、应造墙垣丈尺数目文册前来合就给照，同工督造为此帖。仰本生照依事理，即将印发去分派过各人户，认帮西城一百二十丈查照册名文数，严督各户依期一齐兴工，催并各匠作日逐成造，务要高厚坚固，定限完报，以便春汛防守，敢有恃懒不出工，食踸造及匠作人等不行用心坚筑生事，勒取多价者，许指名呈禀，以凭拿究问罪，申解本道处治。仍听本州海防州判邱不时查点课，并其一应搬运石块等项。各军应合力助工，共图落成毋分彼此。各生务在任怨任劳，同心共济，毋得受直怠事，徇私废公，以致苟简低薄、虚冒工食，误事自取罪谴不便须至帖者。

计开 印发各户认过墙数文册二本

右给帖付生员郑炎、郑友士、林应龙、郑守道准此

万历元年十二月十三日给

附 2：续大金所拓西南城碑记[①]

明广东廉州通判吴亜州人

大金，为福宁卫守御千户所。其城之者，本朝洪武初江夏侯周德兴为防倭计也。城虽延袤故窄甚，军在城中民顾居外，已非域民之体，且民自筑堡别于城，重寇压之，守或不支而反为城害，尤非举事之宜。迩岁励勦屡患，当事者或议增城而徙域军，或议毁堡而反敺民。图揆竭情而安攘鲜效，此何以故？坐在事，远于体而举匪其宜，盖两失之也。

我守分藩伯竹峰徐公镇莅兹土，洞若观火，始檄州守刘君介龄察体度宜拓城居焉。始则庠生郑生炎、林生应龙、郑生友士暨守道辈请西拓，城中军格以宜南，则几为道旁之舍，公亲至载定，徇两便以从事。顾为费巨，乃发公帑，羡及募民间财各若干两资之。继则新甃初垒，石肉未粘，会天淫雨，颓者强半，则几为中道之画。公亲持决断，帅诸属以从事，顾为费重，乃请抚按，及捐本道俸各若干两益之。遂经始于万历元年腊月戊申，告成于次年夏月辛未。为西拓者，城一百二十余丈，为南拓者称是合之。城凡二百四十丈余，为垛者三百八十余，为窝铺者六，为敌台者二，为城门者二，为城壕、堑道者缘之。咸焕然就绪，诸事完备，璞玉并包，纵横往来，楼橹之闪闪，真足以寒贼胆矣。

君子谓是举也，名画者二：得体而不谬也，协宜而不舛也；强任者二：定议而不摇也，振颓而不废也；成功者一：制变而不匮也。语曰："桃李不言，下自成蹊。"公顾恂恂，不动声色而成城，其是之谓乎？抑公之功尤有未易及者。拓大金，固所以巩福宁之藩屏也；巩福宁，固所以执全闽之喉舌也。国初，取闽由海道进，而自福宁之北以达晋安之南，固建瓴破竹之势也。此而巩则咸巩矣，此而扼则咸扼矣。使公计安，剿辽则必朝河川，古北口而阜之障也，保金山后则必黄河套受降。城而峻之，防也，此举诚足以当之，则岂奥谍之绩，隅方之略已哉！特人未易尽职之耳。

公，湖广黄冈人，讳时可，别号竹峰，嘉靖乙丑进士。由留曹陟今官，镇莅所施，肃静平恕，靡不怀服，而拓城特其最巨，诸所禀弄而受成者。州守为

① 原载民国《霞浦县志·城市志》。

刘君介龄，北路守备为方君伯，州同知为李君稷守，判官为邱君思高，为麾使为张君本、沈君柱，例得备书于左。

附 3：大京城堡北门考 ①

大凡介绍大京城堡时，都说只设东、西、南三个城门，如《闽东文化大观园》、福建省人民政府 1991 年 3 月公布的“大京城堡福建省级文物保护单位”碑文、《大京古城记》碑文等，还有媒体介绍：“北边依山不设门。”笔者生为大京人，对于大京城堡“三个城门说”始终存疑。既然没有北门，为什么会有“北门顶、北门街、北门岭”这些实实在在的地名？如此绵长的纯为战争所设置的城堡为什么不设北门？

周锡喜老先生是大京老一代名匠，他对古建筑和大京山川名胜颇有研究，他撰写的《筑城》叙述道：“寨山是落洋的凤，玄帝宫山是出海的龟，凤主吉祥，龟为长寿。造城时把玄帝宫山（原名龟山）围入城内，造了四个城门，东西是瓮城，外造方门，内造拱门，所谓的双重城，是模仿福宁州城的格局。北门在玄帝宫后。北门外拓一条路往北门岭，通达岭头洋之官道。成为进退调兵隐蔽的捷径。玄帝宫山作为观战台，凭借其居高临下之势，把地面、海上尽收眼底，是再好不过之所在。”周老先生描述的应该是洪武二十年（1387）江夏侯周德兴督建的城池（未包括后来拓宽城池的范围），是最早的城池，已经有四个城门，并明确了北门的位置。

笔者从大京《林氏族谱》中发现有明嘉靖年间州庠生林应龙撰写的《城所神庙志》云：“大金千户所居五十二都濒海，旧为西臼巡检司。洪武二十年丁卯改千户所。江夏侯周德兴始筑城池，周围五百八十二丈，高二丈一尺，厚一丈，东西南北各一门。”《林氏族谱》记录了古老的大京城堡设有四个城门，可见初建城堡时就设有北门。

暮春的一天，笔者和几位老乡去实地考察，一探究竟。在北门街询访了几位老人，说北门在城堡东北角的玄帝宫山上，早年还一个人吊死在北门里，不

① 作者：刘成伯，原载《福宁文化》2016 年第 73 期。

知什么时候门倒了，但存遗址。“学大寨”时，城门石也被挖去修“大寨田”了。二老乐意做向导，带领我们抵达北城，这里是山坡地，一层层梯式地块，有石砌墙基，据说这里最先是明代军队的营区。再向上走几十米，就来到玄帝宫山脚下。这里是个小峡谷，一段城墙横亘在这里。有一个保存完好石砌门，向导说这还不是北门，是涵洞。涵洞口高 1.9 米、宽 1.5 米、深 12 米，通向后山，清澈的山水从洞道潺潺流出。涵洞口边墙上有两个石门臼，可以推断这涵洞曾经装有门扉。城堡的设计者在这里设涵洞，除了排水防洪外另有大用。当年北门顶大营区遇到紧急军情需要调遣转移，涵洞也是重要应急通道。涵洞右边有上山的路。站在洞边，仰望玄帝宫山，山坡几乎是 60 度，山高路陡，山路崎岖步履艰难，终于登上龟山之巅。向导说，这就是北门遗址。六百年的风雨摧毁了这段城墙只遗留下残垣。眼前杂草丛中，躺着一堆长满青苔的石块，这就是当年倒塌的城门石。北门居城堡的制高点，是全城第一雄关！可以统览全城。站在这里，真有登上了八达岭、居庸关的感觉。东边是大海，笔架山、屿仔、四礵诸岛历历在目。江夏侯周德兴这位杰出的军事工程家，他当然看好这易守难攻的地势。故而周锡喜老先生说这里是观战台。更确切地说这里曾经是古战场的指挥所。

时光流逝，六百年过去了，大京城堡依然恢宏壮观。今人看到的东门还保持永乐十五年（1417）复砌的那瓮城；西门是万历二年（1574）拓城时建的，南门是九十年代依照万历二年拓城时的格式修建的，都不是瓮城了。唯有那洪武二十年（1387）建的北门历经风雨而崩溃了。后人由于没有看见北门，误以为“北面依山不设门”，故此以讹传讹。见不到北门，不可推论没有北门。是为北门考，算是对“三个城门说”的颠覆吧。

北面水涵

◉ 构建特色

规制高仿 明洪武四年（1371）所建的福宁州城，城墙周长1500米，高6.33米，辟东、西、南、北四门，东北隅穴水门以泄涧水。洪武二十年所建的大金城堡，是比照福宁州城的格局和模仿明代南京石头城的格式而建，所建城墙周长达1940米，比福宁州城城墙长440多米，也辟东、西、南、北四门，城东北角设水涵以泄后山涧水。

明万历元年（1573），拓建城堡，共拓建城墙800多米，城堡总周长2815米，比福宁州城城墙长1315米。

工艺精湛 明洪武二十年（1387）所建的城堡，城墙垒砌夯筑有严格的工序。墙体内外先砌一段毛石后，墙心再填土夯筑，然后再砌毛石，再填土夯筑，如此交替地向上砌筑使之稳定牢固。墙心用黄色含沙的黏土和田土混合逐层夯筑，夯层厚约80～100厘米。所用的毛石规格长0.2～0.5米，厚约0.2米。城门两侧用整齐的条石、块石垒砌，石块采取几何形或凹凸形互相咬合，使之紧密入缝且无明显沟隙。在垒砌石块时，还用熟糯米与石灰搅拌成浆后作为黏合剂，用于缝隙的粘连和勾缝。条形石垒砌时，要将石条横向伸入墙心土内夯筑，使墙壁石与墙心土紧密相连，加大城墙的整体刚度。紧靠城门的两侧城墙，建有登墙踏步台阶，踏步用长1.7米、宽0.3米、厚0.18米的花岗岩条石垒砌。城门门框则用大条石垒砌，并用铁水浇注石缝，更加坚固。

西南古城墙

军民共建 筑城急需大量石料，采取因地制宜办法解决石料紧缺问题：一是开山采石。当地有储量较大的花岗岩石，组织工匠上山开采。二是捐献石料。动员各都、图、保捐献石料，民众响应号召，热情高涨，分别撬起铺路石、码头石和古碑石，由船运、车载、肩扛，源源不断地送往筑城工地。据《林氏族谱》记载，筑城征用周边坟墓石块，不论文武官员还是文人名士，其家族之新旧坟墓只留墓碑，其余石块一律捐出筑城。故明代以前的坟墓一般只留墓碑而没有完整的墓面，就连明代世袭百户刘公之墓也仅存墓碑而已。

拓建西城时，城首郑炎、林应龙、郑友士、郑守道等人主事拓城。各姓族人自愿捐献土地。郑、林两族捐出土地 140 余亩，并拆掉私堡，用私堡石块支持城堡建筑。民间还募集财帛计数千两以助拓城。

◉ 城防设施

城墙设施

始建的城墙 辟东西南北各一门，北门为第一雄关，一条通道直通北门岭，作为城堡中人员进退的隐蔽通道。在龟山脚下的城垣中建一处涵洞，涵洞通向城外后山涧，作为军事专用通道。将围在城内的龟山作为观战台，观察敌情，指挥作战。

改建后的城墙 城墙顶面用毛石铺设马道，环设窝铺、哨台、炮位和墙眼，设垛口

东城墙

383个。在东、西、南3个城门中新筑瓮城，瓮城面宽3.82米，进深10.93米，设转角90度的狭小通道，一旦外敌进入，前后两门紧闭，可聚歼灭敌人于瓮城之中。从城北厚福境至城西、城南，直至东瓮城开辟一条环形跑马道，每隔一段距离，跑马道边的城墙有固定石梯通城顶，与城顶跑马道相接。城外从西城墙旁至南城墙旁开凿一条护城河，新增一道沟壑防线。城堡还与海上的烽火门、南日山等水寨相呼应，建成陆海一体化的防御体系。

拓建的城墙　将西、南两瓮城改建为拱形城门，西城门面阔3.65米，进深11.05米；南城门面阔4.2米，进深10.87米。城墙顶上增设窝铺6个、敌台2个，并在护城河上设置吊桥，更加有利于防守和作战。

城内设施

千户所衙　城内设千户所衙，位于周厝埕，坐北朝南，其范围包括周厝埕、巷里街西段、宫仔弄。东西宽约75米，南北深约60米，占地约4500平方米。衙署大门面向盛丁亭，后衙连接巷里亭。衙署内分正堂、后堂、左右耳房，内设百户所、军器局、镇抚署。至清代，衙署废。

张千户府第　位于巷里街中段千户所衙署后堂，东至横弄，北至宫仔弄，南至巷里街。东西宽19.5米，南北深33米，占地643.5平方米。府第大堂前为天井，天井中央设旗台，东西两侧为厢房，后院为天井、厨房。厢房、厨房后被张千户后裔拆除重建，旗台于清代毁。现存的张千户府第仅为后堂，系汉式砖木结构的六厢两厅大厝，上下两层，计有房间18间。

刘百户府第　位于巷里街中段西侧，有大天井，井旁设宽大台阶，可登上大厅。现已毁。

千户所衙遗址

千户所衙遗址大柱石础

讯地 清代，千户所降为讯，为相当于寨堡一级的军事机构，讯衙所建于城隍庙前的打铁堂地段。现已毁。

兵器仓库 2000年始，陆续发现千户所遗留下来的地下兵器仓库，这些仓库为四方形的地窖，窖四周用石板铺砌，窖长3米、宽约0.9米、高1米。窖内存放的兵器有刀、铲等，还有一些瓷器。截至2016年，分别发现5处兵器仓库，共9窖。

粮草仓库 明成化九年（1473），福宁州判官黄晟在城内北门米仓园地方奉建大金仓，以储存卫军粮草。现已废。

城外设施

护城河 从西经南至东，在三面城墙外掘出一条护城河，河宽3米多、深2米，河水环绕城墙，形成了一道沟壑防线。将西城外的下山岭溪水和横穿城堡的北门溪水引入护城河，护城河水与自然溪流对接，循环流动不涸。南面的护城河还向南开通3个涵洞，发洪水时可向外排洪，天旱时可用于农田灌溉。

河桥 西城门与南城门在护城河上，设吊桥通行。明代，西城门护城河上建石砌孔雀桥，桥系三墩两孔石板桥，长15米，每孔跨度约4米，孔高2米多。南门护城河设步石供人通行。

千户所校场 俗称教场墩，位于城堡西门外保老山南侧，校场呈长方形，长150米，宽100米，占地1.5万平方米，场内设演武厅3间，清代废。

烽燧 千户所在城堡周边设2个烽燧，基本保存下来。一是斗米澳的斗屿烽燧，背山面海，视野开阔，平面成正方形，边长10米，高5米，整体成梯形，顶部为凹形。二是丹湾岗烽燧，高居山头，俯瞰海面和陆地，可全方位观察敌情。丹湾岗烽燧的规

千户所烽燧遗址

模、形状与斗屿烽燧相似。2005 年 3 月 16 日，中央电视台《走遍中国》栏目摄制组在大京拍摄古代军事设施时，专门拍摄烽燧镜头。是时，烽燧点燃薪柴，浓烟滚滚，直冲云霄，周边远近看得清晰，再现了古代烽火报警的真实场面。

下辖寨堡

闾峡寨堡 距大金千户所 10 千米，西北依山，东南临海。明洪武二十年（1387）筑小堡，后因堡内人烟稠密，明嘉靖年间（1522—1566）又拓展扩建。寨堡呈梯形，城墙周长 2800 米，墙高 6.5 米，辟 5 个城门，其中东门 2 个，南门 3 个，南中门为拱门。

外浒寨堡 距大金千户所 20 千米，始建于明嘉靖年间，城墙周长 668 米，城高 5.1 ~ 5.4 米，墙厚 3.1 米。外墙毛石垒砌，墙内有走马道，道高 3.1 米，宽 2 米。辟城门 5 个。

官井洋水寨 距大金千户所 30 千米，始建于明嘉靖二十九年，已废。1985 年，发现官井洋水寨碑，碑正面是《新建官井洋水寨记》，落款时间为明嘉靖己酉年仲冬。背面是《贞珉》，落款时间为嘉靖二十九年。碑文上可看出水寨的基本模式。

◉ 街境布局

境区划分 明万历二年（1574）大金城堡拓建后，城外民众陆续迁入城中居住。城内仍沿用元代的五十二都体制对民众进行管理，并增设二图区划。后又将城内整合分为 11 个境，分别是中境、云龙境、月爿桥境、马弄境、兴仁境、迎恩境、南泉境、厚福境、丰储境、朝天境、太平境，以境为单位进行管理。

街区

从西门进入城堡，迎面是一条长约 900 米、宽约 6 米的大街，大街分下街和上街，为城内中心街。以中心街为干线，两侧分巷弄，周边建房舍。

中心大街 分为下街、前街、中街，东西走向，从西城门至关公亭，全长约 150 米，宽约 6 米。史上沿街民居多为深宅大院，是城内人口稠密、市肆繁华的地段。这里商铺比邻，作坊林立，摊点相接。清晨街市开张时，人来客往，前拥后挤，实为一个袖珍型的商贸中心。周边主要居住郑姓人家。

巷里街 自盛丁亭始，北至巷头顶止，全长 174 米，宽 3.7 米。巷道略呈上坡，多有曲折。居民有刘姓、张姓、肖姓、蔡姓、林姓等人家。

后街

曲街头街

仓口街

后街 仅次于大街的另一条大街，街长 122 米，宽 5.2 米，位于下街北面，与下街平行，两街相距 60 米。这里多建大宅院，是贵族、官宦、乡绅的主要居住区。许多大宅院，前门开在下弄街，后门开在后街，一屋前后跨两街。

曲街头街 位于关公亭至迎恩亭之间，南北走向，全长约 70 米。南端的关公亭与下弄街相连，沿街店铺和摊点林立。迎恩亭的北端街区为居住区，沿街居民多为陈姓、刘姓、周姓、郑姓等族人。

仓口街 从曲街头街直角向东可转至仓口街。仓口街为东西走向，从迎恩亭至北门顶街路口，全长 140 米，宽 5 米。路口为十字街，通向东西南北四城门。这里为居住区，居民以蔡姓、杜姓、许姓、林姓、辛姓族人居多。

北街 又称柴桥街，南起仓口街的丁字路口，向北连接北门顶街，全长 60 米，宽 4.5 米，用块石铺就。主要有辛姓、杨姓、俞姓、林姓等族人居住。

北门顶街 西起康元宫，东接东门街，全长 150 米，宽 3.5 米。街旁植有两株并排的大榕树。树旁为大京小学围墙。街道中心直铺单块石板，两旁为毛石块。徐姓、林姓等族人是街区的主要居民。

东门街 东门街为东西走向，西起城隍庙路口，东至瓮城，全长 445 米，宽 3.5 米。东门街人口稀疏。瓮城边旧为书堂所在地，居民以曾姓为主，还有高姓、卢姓、郑姓等。明代在此处所设的军营，部分被倭寇烧毁，后复建。

环城路 古称马道，东至内城墙边，西经月爿桥至南城街，全长 240 米，宽 3.5 米，为城内军事通道。

南城街 亦称南城下街，东西走向，靠近南城墙，是连接西城门和南城门的城内通道。全长 300 余米，宽 3.3 米。人口密集，居民主要为林姓、黄姓人家。

巷弄

张家弄 位于城堡西门约 30 米处，朝东侧，全长 27 米，宽 1.5 米。是张姓人家的主要聚居地。

王厝弄 位于张家弄北边，郑鹏故居对面，全长 67 米。入口至中段比较狭窄，仅宽 1.2 米，渐进渐宽，后半段加宽至 3.2 米。是王姓人家的主要聚居地。

郑家弄 位于下街西侧，紧邻郑鹏故居。全长 50 米，宽 1.1 米。居民多为郑姓人家。

亭下弄 位于郑家弄斜对面，下街东侧。全长 35 米，宽 1.5 米，有一个曲折弄道。居民多为郑姓人家。

后街弄 又称关公弄，东起关公亭，西至城墙边，全长 146 米，宽 2.5 米。居民多为刘姓人家。

马衙头 由关公亭往东南方向逐渐转向正南方向，直至南城墙，全长 83 米，宽 1.6 米。居民多为林姓人家。

林家弄 位于马衙头中段东侧，全长 70 米，宽 1.6 米。居民多为林姓人家。

街边弄 以西城门为界，紧贴内城墙，直通南城下，是西门通往后街的主要通道，全长 30 米，宽 2.5 米。居民以郑姓人家为主，间杂林姓、黄姓、肖姓等人家。

黄厝弄 位于南城下中段北侧，全长 30 米，宽 1.5 米。居民以黄姓人家居多。

南宫二弄 位于黄厝弄东侧，全长 40 米，宽 2.5 米，居民为杂姓人家。

南宫一弄 位于黄厝弄东侧，全长 68 米，宽 2.5 米，居民为杂姓人家。

后街弄

马衙头

刘家弄　位于巷里街东侧，全长 23.5 米，宽 2.2 米。居民多为刘姓人家。

后巷弄　位于大街北侧，自盛丁亭至泗州文佛庙，全长 50 米，宽 2.3 米。居民多为刘姓、冯姓人家。

横弄　位于曲街头西侧，全长 112 米，宽 1.5 米，呈弧形，连接曲街头与巷里街。居民有郑、陈、刘姓等人家。

宫仔弄　自迎恩亭始，止于大京小学大门，全长 100 米，宽 3.6 米。周边居民有陈姓、周姓、郑姓等人家。

亭后弄　位于学校路东侧，全长 30 米，宽 2.3 米。周边居民有郑姓、林姓等人家。

蔡厝弄　位于仓口街靠近迎恩亭南侧，全长 75 米，宽 2.3 米，多有转折。居民以蔡姓为主，还有吴姓、陈姓等人家。

杜厝弄　位于仓口街北侧，杜氏旧宅边，全长 30 米，宽 1.5 米。居民有杜姓、许姓等人家。

亭边弄　位于仓口亭南边至后头沟，全长约 50 米，宽 1.3 米。居民有林姓、辛姓等人家。

许厝弄　位于仓口亭北边至米仓园之间，全长 67 米，宽 2.5 米。居民为许姓等人家。

辛厝弄　位于仓口亭东侧、许氏老宅对面，从仓口街至后头岭，全长 33 米，宽 2.1 米。居民为许姓、杜姓、蔡姓、辛姓、吴姓等人家。

城隍庙弄　地处北门顶东侧至城隍庙，全长 45 米，宽 3.6 米，从城隍庙西墙过北门溪石板桥后进入城隍庙。居民以林姓为主，亦有徐姓、张姓人家。

南宫路　北自柴桥头南折止于南金门，全长 99 米，宽 4.2 米。此处少有民居。

庙前路　自南宫路至城隍庙，呈弧形，与城隍庙弄相通，全长 80 米，宽 3 米。现无民居。

曾家弄　位于东门街南侧，全长 40 米，宽 2 米。居民多为曾姓人家。

巷头顶　位于学校路西侧，全长 130 米，宽 2.6 米，连接巷里街与学校路。居民有张姓、萧姓、元姓、卢姓等人家。

◉ 其他设施

街亭

街中亭　位于中心大街云龙境，面宽 5 米，进深 16 米，通高约 18 米。跨街而建，巍然挺立。系三进，前后两层，中间三层，悬山顶阁楼式建筑。此亭建造工艺精湛，装饰精美，堪称“霞浦县域第一亭”。1947 年，进行加固。1958 年，此亭被拆，至今只遗亭柱夹石。

关公亭 位于街中亭后，面向新亭下。系悬山顶楼阁式格局。亭分上下两层，楼上神龛中供奉文昌帝君、关圣帝君和魁星等神祇。楼下摆有两条长椅供人歇坐，该亭素有“小宫殿”“小公园”之称，为城内人们交往活动的中心。后被台风摧毁，供销社在亭址上建百货门市部。

盛丁亭 位于迎恩境内，始建于清同治二年（1863），1930 年重修，面宽 5 米，进深 5 米，系对称式四角凉亭。位处闹市区，为中心之亭，四通八达，人来车往。

兴仁亭 又称巷里亭，位于巷里街，面宽 5 米，进深 6 米，通高 6 米多，为四角对称亭。此亭后被台风摧毁，木料四散，现只留亭柱夹石。

戴李亭 位于迎恩境，为当地的戴、李两姓先人共同捐款合建，并以两姓命名。亭已圮，尚存石柱夹石。

迎恩亭 位于曲街头迎恩境，始建于清道光元年（1821）。亭内有钟形古神龛，龛内供玄天大帝，祈愿膜拜的香客不断。此亭经历百年，古香古色，仍矗街中。

仓口亭 位于仓口街朝天境，亭旁店铺相连，市肆兴盛。这是进入东门街的第一亭。建亭年代无考，1942 年重修。此亭牢固美观，历尽沧桑，不曾倾颓，但已破旧，亟须维修。

水井

方盖井 位于厚福境周厝埕内，凿于明成化元年（1465）。井体条石垒砌，正方形井栏，有四角形巨石井盖，故得名。石井盖重约 100 千克，外方内圆，圆口直径约 0.5 米，人可站在井盖边上汲水。

八角井 位于中心大街兴仁境，凿于明嘉靖十七年（1538）。井栏为八角形，内圆，井口直径 2 米，井栏由整石雕錾而成，栏高 0.8 米，井栏壁厚 0.1 米。周边居民到此汲水挑水，洗衣洗菜，自晨至昏，往来不停。人们也借井交往，甚为亲热。逢年过节，尤为热闹。

鲎血井 位于兴仁境，凿于明代。井体块石垒砌，四石拼制而成正方形井栏，井栏边长约 0.8 米，高约 0.7 米。夏季井水冷如冰，冬季井水冒蒸气。因井水湛蓝如鲎血而得名。

八角井

曲街头井　位于曲街头迎恩亭西，井内壁块石垒砌，井栏建造方式与鲎血井相同。

东门井　位于东门街中段左侧，凿于明万历十六年（1588）。井栏为正八边形，外围直径 1.25 米，内口直径 0.9 米，井栏厚 0.25 米，井深 6.2 米。井栏有铭文，但字迹已模糊不清。

李林井　位于仓口街朝天境，凿于明代。井体呈圆形，井栏为八角形，井口直径 1.5 米，井栏高约 0.7 米，井深 3.5 米。泉深水洌，水量丰沛。此井系李、林两姓人家合凿，故用两姓命名，井沿刻“李林井”。

千户府第井　位于兴仁境千户府第后院，井深约 5 米。井体呈圆形，青砖垒砌。井口护栏用铁水混砂浇灌，呈椎体状。始凿于明代，历经600余年，泉流喷涌，从不枯竭。盛夏，井水冰凉；严冬，井水温热冒蒸气。

巷里井　位于巷里街转角处的五雷亭旁，凿于明天顺八年（1464）。井圈条石砌就，正方形，井栏为圆形，井口直径 0.9 米，井深 7 米。

后街弄井　位于后街弄上段左侧，凿于清代。井体块石垒砌，井栏为圆形，井口直径 0.35 米，井深 3.8 米。

书堂弄井　位于书堂弄中段左侧，凿于清代。井体块石垒砌，井栏为正方形，井口边长 0.5 米，井深 3.3 米。

水道　城内辟溪流水道，连接护城河，既使城内外之水循环，又便于城内排涝。北门顶上的水流流入北门街南边水沟，再流入北门溪，后注入十字路的大沟，向东流淌，同东门街下水一同汇入柴桥溪，再向南注入护城河。仓口亭东边下水，由辛厝弄流入后头沟。亭西边下水，与曲街头水汇合后流入后巷弄大沟。巷头顶、巷里街的水向南流到盛丁亭边水沟，后向北再转东，流入后巷弄大沟，径直流向柴桥溪上段后注入北门溪下游。后街下水由虎马将军庙处向北至后街头折向东，流入中街水沟，经月爿桥边的南城下进入大沟。南城下下水汇入南城下大沟，两水合流，从泗洲文佛庙西边的城墙涵洞流入护城河。所有水最终汇合至护城河经朊脏溪而注入大海。

城内街巷及房屋四周自辟下水道，下水道即排水沟，有明沟、暗沟之分，一般宽、深均约 0.6 米。城内排水沟形成网状排水系统，不管下多大的雨，城内积水都可顺畅排出城外，不会形成水洼而淹浸城区。

◉ 城堡管理

军事管理

机构设置 元末明初时，福建沿海屡遭倭寇骚扰，明洪武二十年（1387），当朝下令设置海防巡检司千户所以御敌。江夏侯周德兴在大金奉建“福宁卫大金守御千户所”军事机构，并择要地建筑大金城堡，拨军兵把守御敌。

洪武二十一年，朱元璋命汤和巡视闽粤，要求筑城增兵抵御倭寇。置福建沿海福宁、镇东、平海、永宁、镇海五卫，领大金、定海、梅花、万安、莆禧、崇安、福全、金门、高浦、六鳌、铜山、玄钟十二千户所。大金千户所设 10 个百户所、1 个镇抚署、1 个军器局、1 个杂造局。在城堡西门外设教场，教场周长 500 米，场内设演武厅 3 间。明成化九年（1473），州判官黄晟又在城内北门米仓园处建大金仓，以储存卫军粮草等。大金千户所居福建十二所之首，“执全闽之喉舌，巩福宁之藩屏”，成为福建海防重要屏障。

洪武二十五年，朱元璋命滨海卫所每百户及巡检司各置 2 艘船只。大金千户所置 20 艘船只，巡防周边海域。将城堡内朝天境的龟山两侧辟为军事要地，在北区设 4 个军营、东区设 3 个军营、南区设 3 个军营，初有军兵 1120 人。各百户所官员、所属旗甲以及军户眷属等，分别散居在其他各境中。

官员配备 大金千户所设千户 1 员，副千户 2 员，百户 10 员，镇抚、冠带和总旗各 1 员，旗下属为吏目、小旗若干人。军官均实行世袭制。

附 4：明代大金千户所历任武职官员名录

正千户（正五品）

余春（巴县人）、余亮、余宏、余钦、余滨、余元显、余庆、余世隆、余唐，俱世袭。

张德（巢县人）、张仪（袭伯职）、张观、张凤、张武、张先、张煌、张国宣，俱世袭。

詹荣（六安人）、詹福、詹玉、詹銮、詹熊、詹元吉，俱世袭。

副千户（从五品）

张德山（定远人）、张铭、张源、张文、张英、张田、张逢京、张逢凉、张唐，俱世袭。

高信（由左所正千户降）、高辇，世袭。

百户（正六品）

周亚保（嘉定人）、周胜、周清、周斌、周广、周亮、周伦、周民驿、周国治、周廷爵，俱世袭。

朱斌（江都人）、朱成、朱铭、朱潆、朱桧、朱炫，俱世袭。

李颐（江都人）、李霖、李晏、李敏、李盛，俱世袭。

高贤 、高贵、高瑛、高隆、高升、高凌汉、高华岳、高檩，俱世袭。

李贵美（海丰人）、李英、李聪、李达、李上、李承恩、李一鳌，俱世袭。

易兴（吉水人）、易福、易凤、易春、易忠，俱世袭。

龚智（扬州人）、龚惠、龚昂、龚勋、龚国镇、龚文瀚，俱世袭。

刘春（泰和人）、刘瑛、刘钦、刘信、刘弼国、刘廷琛，俱世袭。

黄聚（东安人）、黄瑄、黄钊、黄澄、黄相、黄焯、黄应玉，俱世袭。

宋聚（庐陵人）、宋贵、宋琏、宋景蒙、宋晖、宋邦彦、宋继勋、宋太麟，俱世袭。

试百户（从六品）

朱熔、朱坤、朱烽，俱世袭。

镇 抚（从六品）

周全（赣县人）、周俊、周裕、周文锭、周宗源，俱世袭。

李英、李晏，世袭。

兵员部署 千户所将大金城堡作为军兵驻扎地和军事设施，城内龟山两侧作为军事要地，配步兵、骑兵和水兵。明永乐十八年（1420）建立烽火门水寨、设置汛地后，福宁卫派出官员 11 人、旗军 990 人驻守；大金千户所也相应派出官员 4 人、旗军 300 人，轮换守卫水寨和汛地，亦称“出海军”。时有兵船 2 艘，一艘泊官澳，一艘泊嵛山。明嘉靖二十九年（1550），增建官井洋水寨，大金千户所派驻官井洋水寨的水师达 200 余人。大金城堡在周边建 2 个烽燧，一个在东边的斗米澳，另一个在西边的丹湾岗。每个烽燧驻守 4 名军兵，负责观察海陆情况，如有敌情，燃薪报警。

明万历十九年（1591），福宁卫招募浙江义乌兵一营，设把总 1 人，官兵 575 人；招募松溪、政和地方兵一营，官兵 1150 人，合计官兵 1725 人。有敌情时，派兵分守大金千户所和下浒堡、闾峡堡、三沙堡、黄岐堡、沙埕堡等。

万历二十年，大金千户所兵员减少，仅余旗兵 804 人。

至清代，千户所军事防务逐渐松弛，福宁卫降为镇台，大金千户所降为寨堡，设守兵 400 余人，下辖的斗米汛，设把总 1 人、外委 1 人、战船 1 艘、战守兵 40 人。

武器装备 明代，千户所的兵器不仅有刀牌、弓箭、枪弩等冷兵器，还有铜铳、铁铳、地雷等各类火炮装备，并设杂造局专管兵器制造和修理。

管辖范围 明代，千户所驻扎大金城堡，城堡成为驻军所在地营垒。千户所下辖高罗、下浒、延亭、车安、西臼等 5 个寨；下辖长门、积石、南山、闾峡、罗浮、赤沙、小南、北山顶、塔尾、下浒、流金、青山、界石、下篢、车安、石湖、关岐 17 个烽燧，这些寨堡与烽燧均由千户所拨兵把守。

清代，大金城堡兼辖县城以南的府前岭、沙塘、渔洋、高罗、积石、闾峡、沙治等汛，整个南乡的军事要塞都属于大金城堡的管辖范围。

出土的明代古炮

出土的明代长矛

屯田戍兵

屯戍制度 明代的卫所兵役制，是将服役的军士与屯田紧密结合起来，是一种寓兵于农，守屯结合的建军制度。士兵及其家属的户籍隶于军府，称为军户。军户子弟世袭为兵，未经准许不得脱离军籍。军户的主要义务，要出一男丁赴卫所当兵，称正军，其他子弟称作丁余或军余。正军服役于卫所，必须带妻同行，以安定生活并生儿育女。军人有房屋、田地，每月有固定月粮。但实际情况是，月粮常常分配不足，行军时才发给口粮，衣装须自备，武器则由国家统一生产和供给。

军士在营，划分守备和屯田两大部分。当时千户所的军丁，三分守城，七分屯田。每个军丁授田一份，由官府供给耕牛、农具和种子，并按份额向其征粮，以供守备军及官吏之需，以达到养兵而不耗国家财力之目的，正如朱元璋所言："吾养兵百万，不费百姓一粒米。"

据多家族谱记载，大金千户所采取"以农养兵"办法，"军丁三分守城，七分屯田"，正所谓"以兵卫农，以农养兵，不坐食于农而农不困"。这些守城将士、屯田之兵，来自四面八方，或携带家眷，或在大金成家立业，繁衍子孙。至今，村民中很大部分是明代军户的后裔。

军户分布 大金千户所有军户1120户，分设10个百户，每112人为一个百户。据多家族谱记载，明洪武十八年（1385）十二月十八日，有蔡、戴、马、曾、朱、郑、陈、王、徐九姓仕宦和军兵随军南下，他们先驻营下浒留金澳，两年后移防大金，分配到各百户中，并立二图十甲。洪武二十八年，福宁卫实行屯田，共分10所88屯，屯田19274亩。大金千户所屯田2处18屯，屯田3800余亩，屯田旗军有140多人。

附5：大金千户所下辖军户的十甲居住处

一甲：蔡邱何（原为蔡奇勋，后改蔡邱何），居迎恩境的曲街头、后福境的北门街。

二甲：戴君铸，居迎恩境中街后巷。

三甲：蔡马陈，居兴仁境的巷里街和界石村。

四甲：曾庄陈，居丰储境的东门街、兴仁境的巷里街、迎恩境的曲街头。

五甲：朱文居，朝天境的仓口街。

六甲：郑卢成，居迎恩境的曲街头、丰储境的东门街。

七甲：陈临，居迎恩境的中街后巷。

八甲：王刘祥，居兴仁境、巷里街。

九甲：黄林盛，居后福境的北门街和下浒留金村。

十甲：林吕周，居迎恩境的曲街头、朝天境的仓口街。

官兵世袭　明代武官世袭，有一套完整的制度，指挥使以下的各级武官，待遇受到相当的保障。武官老疾亡故，其职由子孙袭替，但袭职对象必须经过严格的卫所保勘、抚按审验、中央审核及武选比试等程序，符合要求的方可袭替。大金千户所沿袭这套武官世袭制度。据大京《刘氏宗谱》记载，卫所军官世袭对象的选拔、培养和考核有如下规定：

对象范围　嫡亲关系的子孙才可承袭。如，百户刘瑛亡故，卫所保送其嫡长男刘钦袭职，明弘治十四年（1501）四月，蒙兵部官引奏钦准后袭职，仍授本卫所百户职事，弘治十五年四月到任管事。嫡亲无嗣的，兄弟或侄可承袭。如，百户刘春亡故，无嫡男，刘胜系其亲弟，因患疾亦不堪承袭。刘瑛系刘胜嫡长男，本卫所保送替伯父刘春职，仍授本卫所百户职事，明成化五年（1469）闰二月内到任管事。

对象培养　确定的对象要保送州学校，由学校培养成为能文能武、品学兼优的人才。据《刘氏宗谱》记载："福建监察御史杨批据，舍人刘廷琛告称原系作养武生，系已故世袭百户刘弼国嫡长男，于先年送学作养。见年二十三岁，亦未曾犯奸盗等罪。"

对象考核　承袭对象也要经过考试合格后，方可承袭。如，刘信系嫡长男，本卫所保送赴京替职，蒙钦差内官同五府锦衣卫给事中等官，于安定门外大教场内与福建都司镇海卫指挥高坚对比，得中双收。授本卫所世袭百户。刘弼国系嫡长男，本卫所保送袭职，明万历三年（1575）六月，内蒙钦差内官，同五府锦衣卫给事中等官，于安定门外大教场内与本卫正千户张邦治对比，得中双收。蒙兵部官引奏钦准袭职，授本卫所百户职。福宁卫大金千户所舍人刘廷琛委系已故百户刘弼国嫡长男，因承袭祖职，送赴比试弓马中毕，转逞考校韬钤策论，经送学作养例，该提学道考试韬钤转送复阅弓马定例等第，方可起送袭职。

附6：世袭卫选拾遗

从当地《刘氏宗谱》记载的八世祖刘廷琛武选案例中，可以看出世袭制度是相当严格的。

廷琛，由州、卫、所作为袭职对象送福宁州提学培养武生。明万历十二年因拟承袭职，送赴福州兵备道比试，得本舍马上中五箭，步中两箭，弓马颇熟。弓马试中毕，转送提学道考试韬钤策论，考试之日，误怀银二分仓促入试，被查出，认定是“故违条约，希图作弊，州行学除名，革去衣巾”，取消培养对象资格，羁押待审。此案由福宁卫署卫印官本卫指挥佥事王勋、署所印官本卫前所副千户马权、署伍印官大金千户所百户高凌汉、大金千户所正千户余元显、大金千户所百户宋邦彦等人勘审。大金千户所正千户余元显为保勘官，大金千户所百户宋邦彦为复勘官。

此案调查情况：

一、经州、卫、所勘结明白：实属未明白教规，误怀银二分仓促入试，致蒙革去衣巾，除名不准作养，别无他犯，经重复勘结明白无碍，不影响承袭。

二、查得公子刘廷琛系已故世袭百户刘弼国嫡长亲男，于嘉靖四十二年九月初六日午时所生，斯时大金黄焯百户所军余苏侃妻吴氏在房收生洗养，邻佑康良俵等即亦咸知。刘廷琛现年二十三岁，不系乞异、过继、替越不明人儿，亦未曾犯奸盗等违碍。

三、祖孙八代人从军，世袭百户，沿袭管军管事，忠于职守，为官清正，并无侵借官方钱粮和被告追赃未完结之轻重罪名。

四、本案证人有，族长刘传；收生洗养人军妇苏侃妻吴氏；邻佑康良俵、黄贤，以及刘弼国生前所属旗甲蔡锭、陈桂、老槐 、张七郎等人。

五、本案卷册宗图各到官，州备申到道，逐级上报省、兵部。

本案勘结定论：

一、福建布政使司清军陈某、布政使、巡按福建监察御史杨某、巡按福建监察御史龚某批：该案详查勘福宁卫大金千户所舍人刘廷琛委系已故百户刘弼国嫡长亲男。州、卫已经勘结无违碍，可相应袭职，但仍需按照报送提学道作为袭职培养对象之惯例，经提学道考试韬钤后，转送复核弓马定例等第，候该道试毕，方可起报送袭职。

二、报送袭时，合将本舍原行勘取供图、族长、旗邻、委官人等供结并本所印信官吏结状，申乞查照，造册保送，施行据申到卫卷查相同，照例造册保送袭职。

三、兵部为军职官员事，今填福建伍号勘合文凭一道，给付后项官员收执，前去福建都司比对珠墨字号相同，审问来历明白验无诈伪，差人送赴卫所，依限到于所指衙门挨文凭奏缴。如所执文凭比对字号不同，即时擒拿赴京，当该官吏不行审实就验以致诈伪到任者治以重罪。

将士抚恤褒扬 阵亡军人的眷属仍可继承原有的房屋、田地，每月还有固定月粮供给。

千户所奉命建造的大金城隍庙，属府级城隍庙，由朱元璋御封阵亡将领轮流当值城隍神祇，以此纪念为国捐躯将士，褒扬爱国主义精神，激励将士英勇作战。千户所还将有关山场收入，作为城隍庙祭祀活动的专门经费。

洪武二十一年，千户所在南门外吭脏溪畔的灌木林空地上建一座祭坛，用土夯筑，以石包砌，占地约 3000 平方米，用于祭奠抗倭阵亡将士。千户所还专列留金澳田产收入作为祭祀的活动经费。每年农历十月初一，举行祭祀活动，由城内十甲轮流主祭，以此形成惯例，一直延至民国末期。

村民设坛祭奠抗倭阵亡将士图

第一届大南乡议事会留影

行政管理 自明万历元年（1573）拓建城堡后，城堡既驻军又住民，成为军民共用城堡。此次拓城是民众自捐土地，土地被征用后，官府按面积折成股份，按股份安排民众入城居住。拓城共征用土地 18 股，其中林家 1.5 股、王家 1 股、公地 0.5 股，余下是郑家 15 股，郑家捐地最多，所分股份也最多。拓城竣工后，按股份安排民众陆续进城居住，先后入住的军户、民户共有 1500 户 6000 余人。民众入城居住后，为便于管理，仍沿用元代的五十二都体制，并增设二图进行管理。后又整合分为 11 个境，分别是中境、云龙境、月爿桥境、马弄境、兴仁境、迎恩境、南泉境、厚福境、丰储境、朝天境、太平境。城内军丁、军户自行分为千户所、百户所、旗甲进行管理。未入城仍在城外居住的民户，设都、图、甲进行行政事务管理。

民国时期推行保甲制，保长候选人由区（乡）公所提名，各境代表选举产生；甲长候选人由保长提名，以境为单位组织民户代表选举产生。1940 年，实行大京、闾峡联保，成立京闾镇，辖京北、京南、京东、京西和斗米、界石、北斗、小闾、闾澳、闾峡、罗浮、西宫、法华、赤沙、浮鹰、文澳 16 保，镇公所驻闾峡村。

新中国成立后，废除保甲制，建立大京乡人民政府。1958 年，改设大京大队。1961 年，改设大京公社。1966 年，又改设大京大队。1984 年，设立大京村委会，下辖 32 个村民小组。

民间管理

约政堡长选任 明代，民众入住城堡后，除接受必需的军事、行政管理外，还实行民间自我管理。民间管理人员由约政、堡长组成，其中约政 1 人、堡长 2 人，任期 3 年，后改为 1 年。下一届的约政、堡长人选，由上一届的约政、堡长推荐。约政候选人只从刘、林、郑三大姓氏人中推荐 2 人，上届已当选约政的除外。堡长候选人从其他杂姓人中推荐五六人。候选人条件：一是年满五十岁；二是妻、子俱全，有孙子更好；三是能管事者。选举办法：每年正月初八为选举日，全村成年村民参加选举。以米斗为票箱贴上候选人名字，以蚕豆为选票进行投票，上届的约政、堡长为监选人。谁米斗中的蚕豆数最多谁获选。当选后，在育贤宫或城隍庙宣誓就职。宣誓后，上届约政将黄绢制作的令牌式委任状和印章送给新一届当选的约政。至此，新一届的约政、堡长便可履职上任。约政、堡长既为民众认可也被官府认定。这项制度一直延续至民国期间。

约政堡长职责　约政、堡长职责：一是管理后门山公共森林；二是修理道路、桥梁、宫庙；三是防止城墙石头被偷盗；四是调解乡里间的矛盾纠纷等。乡间有约，每年的选举日，后门山森林可放松管理一日。村人可上山砍树，但只能砍适合制作工具类的树木，如锄头柄、犁木具、船上橹桨等，大树不能砍。此日过后，一切树木都不能砍伐。

御倭抗日纪略　元末倭寇侵扰沿海，至明初愈加猖獗。大金为闽浙海域交通要道，百姓深受其害。其间，倭寇入侵大金，烧毁林氏宗祠。元延祐四年（1317），巡检司刘参将巡逻大金海域时，因船触礁，遭倭寇围攻。双方激战数小时，元军将士死伤 30 多人。刘参将只身逃回大金。

明洪武三年（1370）六月，倭寇入侵南乡，大金遍遭掠夺。洪武三十一年，倭寇掠劫大金，被千户所官兵击退，后倭寇从海路攻陷古县堡，千户吴真率兵奋勇抗击，不幸阵亡。

明永乐八年（1410）十一月，倭寇攻破大金千户所，杀伤军民，劫掠军器粮储。

明正统年间（1436—1449），倭寇攻寨，军民合力迎敌，村民 7 人被杀，焚尸路边，焚毁多座民房。后军民合力迎敌，倭退。

明嘉靖十七年（1538）正月，倭寇掳掠大金等南乡。千户所官兵英勇抗击，消灭倭寇百余人。

嘉靖二十七年三月，都御史朱纨调动兵力围剿双屿港倭寇。六月二十日，敌许栋部窜入福宁，大金指挥使吴真率部反击，于近海内活擒许栋。

嘉靖三十四年四月五日，倭寇入侵大金城外林族居所，烧杀掠抢，烧毁房屋 3 间、藏书楼 1 座，族人在抗击中有 5 人被杀。后城内千户所官兵赶到，倭败退从港里海口逃逸。

嘉靖三十五年十二月，倭寇纠集重兵大举围困大金，分巡道舒春芳调阳山、赖家、柘洋等处军兵及客兵万余人前往堵截，倭寇撤到赤岸，舒春芳领兵在赤岸桥与倭寇激战，不幸全军覆没，舒春芳只身脱离回州城。

嘉靖三十七年，倭寇再侵大金城外郑族私堡，焚毁林、郑两族宗祠。民众奋起抗击，千户所官兵闻讯赶到，倭寇逃离。

嘉靖四十二年十一月三日，倭寇攻破大金千户所辖内的棠源堡。

嘉靖四十三年十二月，倭寇围攻大金千户所城。全堡上下动员，军民一体，奋起反击倭寇。倭败退后又侵犯福安，被屠城。

明隆庆二年（1568）四月二十一日，倭寇2000多人从闾峡水澳登陆，福宁守备参将李超在总兵戚继光指挥下，率大金千户所官兵，围攻水澳，剿杀倭寇。残敌内窜至西路，千户所官兵随李超追至西路将其歼灭。

明万历二十五年（1597），倭寇3000多人入侵大金城堡，因城内守兵不足300人，寡不敌众，官兵从北城门撤退。倭寇放火烧毁东门兵营和建在龟山的书堂，东门街成一片废墟。

新中国成立初期的民兵哨所遗址

万历四十四年，倭寇入侵大金城堡，将城堡焚掠一空。大金城堡组织官兵反击，倭寇退。

1944 年，日伪军入侵京间镇，镇长周锡茂、大南区署指导员杨成禁等 4 人被围，周锡茂走脱，其余被捉。同年，联盟军飞机在大京海面炸沉日本侵略军舰艇 2 艘。

1945 年，日本侵略军残部乘舰艇 2 艘、汽船 10 余艘，在大京的丹湾港登陆，丹湾村的牲畜和粮食被抢一空。是日，两架联盟军飞机侦讯而至，发现目标后，便向港内的日本侵略军舰船投弹轰炸。舰船上的日本侵略军也进行反击，部分日本侵略军登陆上岸，躲入龟山龙宫内，以机枪扫射飞机。两架飞机去而复返，轮番轰炸。只见海面上火光冲天，水柱高耸，舰船上日本侵略军死伤惨重。轰炸 2 个多小时后，在丹湾澳和笔架山石人下海面炸沉日本侵略军舰船 7 艘。

主要战事

夺城大战　明永乐八年（1410）十一月初，倭寇 3000 余人夜袭大金城堡，强力进攻东门不克，后分兵三路，一路佯攻东门，一路攻打南门，一路攻打西门。黎明时，南门失陷，西门又被攻破，倭寇长驱直入城内。正千户余春率守城官兵多面阻击，终因寡不敌众，被迫撤退。一边奋力抗击，一边掩护军户眷属向北门水涵转移，大部队撤向北门岭，大金失陷。余春派百户周亚保快马向福宁卫求援。倭寇在城内沿街抢杀掠夺，火烧东门兵营，洗劫米仓园军粮库和军器局。

次日傍晚，福宁卫调遣各路兵马 5000 多人，由左所千户高启、右所副千户门贵率部赶到北门岭、积石岭一带。午夜时分，发起总攻。军兵在各山头布疑兵，敲锣击鼓迷惑敌人，以重兵夺取北门，并据北门之险与倭寇对抗。选 500 名勇士，偷袭敌营，又分兵两路包抄西南两门，直逼东门，再选 500 名勇士组成敢死队奋力登城，挥刀砍杀占据在城墙上倭寇，迅速夺取城门，并紧闭城门，关门打狗。倭寇乱了阵脚，一部分倭寇架梯企图登城逃脱，前来助战的民众放火烧了敌人的云梯，用石块掷击，用石灰洒向登城的倭寇，倭寇从城墙壁上摔下去，死伤惨重。一部分倭寇满街巷逃窜，军民合力围堵，杀死许多敌人。还有部分倭寇突围逃逸城外。夺城战斗持续到次日中午，共歼敌 1500 余人。

瓮城之战　明嘉靖年间（1522—1566），倭寇数次大举袭扰沿海一带，给大金百姓造成极大危害。嘉靖四十一年五月的一天，东面斗米澳烽燧狼烟突起，据报有倭寇乘船驶向大金。张千户动员备战抗倭，全城进入临战状态，百户齐集北门观察敌情商议战

大金城堡抗倭图

俞大猷血战倭寇图

事，拟订作战方案，摆布“关门打狗”之阵，将士埋伏在城顶雉墙堞和窝铺内，预备弓弩、雷石、火球、火箭、铁铳等，在龟山上架设隐蔽火炮，故意虚掩东瓮城外城门，紧闭内门。当倭寇先遣队直扑东门，涌进瓮城时，立即紧闭门闸，顿时城上鼓角齐鸣，雷石、火球、火箭、铁铳齐发，杀声震天，被困在瓮城中的倭寇鬼哭狼嚎，全部毙命。龟山上隐蔽的火炮向刚靠近城外的倭寇猛烈轰击，倭寇死伤不计其数，残敌抱头鼠窜，撤往海边，千户所官兵乘胜追击，将倭寇全歼于海滩。

闾峡堡保卫战 嘉靖三十五年十二月底，倭寇6000多人进犯大金千户所辖内的闾峡堡，守堡官兵凭借闾峡城堡与倭寇激战一天。战事告急，福宁知州钟一元率军民和大金千户所官兵500多人助战，队伍赶到小金村，与前来助战的傅竹村庠生陈坡带领的乡民会合。钟一元面对强敌英勇无畏，被敌围困后身负重伤，不幸殉难。经军民浴血奋战，终于击退倭寇，陈坡在阻击战中也不幸身亡。

俞大猷抗倭 抗倭名将俞大猷率领军兵协助当地抗倭，在大金千户所辖内的嵛山岛海面，击沉一艘倭寇大船。接着乘胜追击，将其余倭寇大船追至三沙，采用火攻办法，终将倭寇打败。不久，倭寇又纠集1000多人，从闾峡水澳登陆侵犯大金，俞大猷再次率兵，经过激战，倭寇全军覆没。有一次，俞大猷乔装打扮，亲往敌营打探动静。此时，遇见倭寇抢掠回营，正在宰杀牛羊，举办庆功宴会。倭寇面对抢来的大量物资极为高兴，个个开怀喝酒吃肉，没多久都醉倒了。俞大猷看见木栏中还有尚未宰完的牛羊，又见他们正在酣睡，便灵机一动，心生一计，派随从从木栏里抱出一只羊，把羊倒挂在大鼓前。羊被倒挂着，又受了惊吓，便使劲蹬腿，从而将大鼓踢得咚咚响。迷糊中的倭寇，听见鼓声以为敌袭，纷纷拿起武器，不管是谁，见人就砍。在倭寇自相残杀之时，官兵趁机杀进敌营，全歼了这股倭寇。

戚继光抗倭 嘉靖四十一年农历八月一日，戚继光带领8000名士兵，从福鼎抵达福宁，在福宁州城内部署和指挥周边的抗倭斗争。农历八月十五日夜，探马报说，有一大队倭寇正在登陆攻城。此时，调兵回援已经来不及，现有城内士兵又难以抵御倭寇。在此紧要关头，戚继光急中生智，使出妙招。立即召集城内青壮年，将四五十人编成一队，找来一些方形石块，以绳绑石，让每队人员一手拖着石头，一手举着火把，沿着石板街道喊着口号向前迈进。方形石块在石板路上拖曳，发出隆隆声响，犹如战鼓之声。城外倭寇不知何故，速派探子从高处观察，只见城内火光冲天，且人声鼎沸，鼓声争鸣。倭寇以为戚继光早有准备或有埋伏，不敢贸然攻城，遂下令撤兵，州城这才躲过一劫，史称“戚继光智摆空城计”。此后，每逢中秋节晚上，大京等沿海一带的村庄民众，都举行中秋节“曳石”活动，以此纪念戚继光抗倭事迹。

留金护粮 明万历元年（1573）六月，倭寇100余人攻陷北壁东，再攻下浒留金，下浒留金是明洪武十八年（1385）周德兴准备在大金建千户所城时置备的屯田田产，六月正是水稻收割季节，军户们正忙于收割。倭寇进犯，对手无寸铁的军户大开杀戒，并抢夺粮食。军户们手持扁担、镰刀与敌奋战，伤亡惨重。大金千户所闻讯，时任管军管事的百户刘弼国从军民中调集220人分兵两路，分别从水路和陆路急速赶往留金抗击倭寇，经过两个时辰的激战，灭敌50多人，余者逃脱。

抗击日伪 1937年，日伪多次侵扰大金沿海一带，抓人放火，无恶不作。1940年5月，日伪余连干两次入侵大京，不论殷户、商家、农户均遭破门入户，粮食、禽畜、衣饰尽被洗劫。是年，早稻生长良好，日伪扬言要收走一半。大京民众闻讯群情激愤，挑选20～40岁的男丁组成壮丁队誓死保卫劳动果实。早稻收成时，村民自愿按早稻收成的10%上缴，购买梭镖300余杆，板槽2门，步枪7支，用于御敌。1941年7月14日，日伪头目林义和纠集占据在四礵列岛、浮鹰等岛屿的日伪600余人，调集大炮2门、轻重机枪24挺，分乘14艘汽艇大举进攻大京。大京壮丁队经过10余次拼搏毙敌13人，缴获轻机枪1挺，步枪17支。同年10月12日，日伪再次进攻大京，壮丁队奋勇抗敌，杀敌4人，击退土匪。10月14日，壮丁队准备出击时，因有内奸指引路线，土匪早已占据制高点麦园岗，并架起机枪向东门瓮城一带地面射击，壮丁队牺牲8人。幸长春区和沙江区联防队驰援，敌逃。事后，村民自发捐钱为战死的郑志备、郑宽安、郑锡类、郑锡銮、郑朝翰、林品秩、蔡高燕、游阿龙 8 名勇士收尸安葬，并募集钱粮安抚其家属。

◉ 城堡保护

申报文物保护单位 大京城堡是明代闽东南沿海建造时间最早、规格最高、规模最大的一座城堡。20 世纪 80 年代后，各级政府十分重视大京城堡的保护工作。1982 年 11 月，被列入霞浦县第一批县级文物保护单位。1991 年 3 月，被列入福建省第三批省级文物保护单位。2009 年，霞浦县人民政府以“霞政函 48 号文件”申报要求将大京城堡列入第七批全国重点文物保护单位。

大京城堡上的百年古榕

编制修复规划 大京城堡已历经600余载，由于风雨侵蚀，年久失修，加之一些缺乏文物保护意识的村民随意拆除城墙石头等，使大部分墙体受到不同程度的毁坏，其中南城墙的中段及北城墙损坏较为严重，这些城墙的半边墙体毛石被拆除，城墙芯的夯土层被辟为菜地，墙顶上的马道、毛石墁地不复存在，城墙外侧的一些雉堞已经消失，亟须修复和保护。2015年，聘请广州市翰瑞文物保护设计研究中心人员，为城堡的维修和保护进行总体规划。经专家精心勘察和策划，编制完成《大京城堡——城墙维修保护设计方案》。

实施维护计划 自1984年开始，对东、南、西城门及局部城墙进行修葺。1984—1987年，福建省文化厅文博处先后拨款9万元，对东、西两城门及700米城墙加以修缮。后，县人民政府拨款3万元，对南城门外的护城河进行砌堤加固。1991—2016年，县人民政府先后拨款17万元修复南城门、修理南门至东门城墙800米。

城堡开发利用 大京城堡属于非常珍贵的历史文物，对研究中国明代筑城技术、城堡文化、古代的军事设施和军事活动以及当地民众的生产生活、民俗风情等具有重要的史学价值。

2007年11月，福建省人民政府将大京城堡列为福建省国防教育基地，突出抗倭、抗日的历史内容，进行革命传统教育和爱国主义教育。

大京城堡与大京沙滩是大京地标式景物，改革开放后，城堡和沙滩被列入大京旅游的重要项目，还建起配套的旅游度假村。这里山水相连，古榕成荫；古今交融，人文荟萃；民风淳朴，风光无限，吸引着八方游客前来观光旅游，度假休闲。

文物古迹

千百年来，大京儿女用自己的智慧和双手创造了文明，留下了诸多文物古迹，现存省级文物保护单位1个，县级文物保护单位5个，以及第三次全国文物普查不可移动文物登记点多处。此外，还有家藏文物以及已湮灭的古迹。特别是明代东南沿海抗倭斗争留下的文物古迹，见证了大京人民英勇顽强，抵御外侮的家国情怀。这是研究明史的珍贵资料，也是发展旅游业的宝贵资源。

大京村志

大京文物遗迹上溯至唐，下至明清，星罗棋布，它们也许不是最亮的星，但每一颗都是深邃的。

◉ 省级文物保护单位

大京城堡 始建于明洪武二十年（1387），是闽东沿海第一座守御千户所城堡，历经600多年，保存较为完好。1991年，被列入福建省第三批省级文物保护单位。（参见“大京城堡”类目）

◉ 县级文物保护单位

宝岩寺 位于莲花山山坳，距大京村约3千米。因寺周边春绿茶树，夏熟稻谷，秋收山果，冬藏冰雪。有诗云：“地避人入静，对月可参禅。”

据清光绪《福宁府志》载，该寺“唐天宝二年建，废址尚存”，尔后重建。南宋乾道九年（1173），里人进士林隶省亲返故里宝岩山祭扫祖茔，见宝岩寺庙窄小，便出资扩建，并舍田地50亩为寺产。明嘉靖年间（1522—1566），毁于倭寇。民国《霞浦县志》载，清光绪年间（1875—1908），太姥山寺僧京志，病中梦神示：“霞浦大金有宝岩寺遗址，亟往修之。”遂抱病来寻，果于废址中找到刻有“宝岩”二字的残碑。遂盖茅房栖身谋建寺。因难募款，只好返回。途遇闾峡乡绅何大维，他愿献巨资建寺。此后，两人开始重建寺庙。先建前座，后又扩建，建成大座三落，系砖木结构双层翘角悬山顶建筑，中厅为大雄宝殿，左右回廊。两边僻榭为钟鼓楼。僧舍、膳厅一应俱全。“向之榛芜满目者，今崭然一新矣。”

解放后，寺僧被遣散。大京建茶场时，古寺被拆。1993 年，郑成干、郑赛娇、女尼法脱等人协商重建。重建后的寺院，占地约 2000 平方米，正中是大雄宝殿殿堂，佛龛供奉释迦牟尼及诸佛。两边僻榭为僧舍和厨房。后在右边又建一座两层翘角钢混结构殿堂。

寺中现存一尊长约 1.5 米、宽约 0.6 米的“铸钟碑”，上刻捐铸者姓名，落款为 :“大清时光绪廿三岁在丁酉年仲夏吉旦立。”所铸铁钟已佚。还有旧石磨盘、石碓臼、鼓形石柱盘。寺前水田中散落部分宋代八角形、瓜楞形、棱形石柱残段和石槽，其中一个石槽长 3.3 米，宽 0.8 米，高 0.62 米，分长短两节槽床，为霞浦县所发现的最长的石槽，槽侧刻两行楷书，书曰 :“嘉祐元年住持合供。”2006 年，被列为霞浦县第二批县级文物保护单位。

宝岩寺石柱残段

法华寺 位于马耳山之麓，是霞浦县南乡的一座著名古刹。寺中有千年古井、天马饮水池、宋代莲花柱础石和古石缸、石阶等。周边还有宋、明时期的墓塔群、书院遗址、旗杆石、古桥，民国时期所植的八月桂花香馥郁。虽处深山老林，香客游人络绎不绝。

明万历《福宁州志》、清光绪《福宁府志》均有记载，北宋乾德二年（964）建，原名“灵瑞寺”。北宋治平元年（1064），祖师智源和尚领众僧精修《妙法莲华经》，参学受益者甚众，故敕名“法华寺”。南宋庆元五年（1199），理学大师朱熹到此游览，并为寺撰联曰：“地别九重天，碧水丹山青世界；门当三益友，苍松翠竹白梅花。”其联语文字，被当地佛教的临济宗门派当作行第序号而世代沿袭。明万历十三年（1585）再修，清乾隆十五年（1750）释若明重建，清光绪五年（1879）释天全重建头门。据民国《霞浦县志》载：“本县浮鹰岛林国茂与弟国祥在此读书（具体时间不详）时，曾默祷于佛：‘如能发达，愿捐地建寺，捐田作寺产。’发迹后，兄为国子助教，弟为镇北将军。他们慨然践诺，舍良田三百亩扩建寺院和充作寺产，建三浮图和桥道。”今寺门仍存有刻石，曰“浮鹰山助教林国茂及男棐果建造石阶”，天王殿大门上仍悬有林国祥将军亲书的“妙法莲华”匾额。元代初期，里人进士林仲明的同僚辞官出家法华寺，林仲明捐田地33亩作寺产。

1923年，仿宋代建筑规貌重建全寺，凿寺前放生池，种植荷花。1941年，该寺成为周边五县佛教界的重要会址。1958年后，寺被占用。1980年收回寺产复为禅寺后，住持释世度重修。1986年后，改建观音楼，辟小花圃，翻修大雄宝殿、化身塔、西归堂等，并从缅甸迎进一尊白玉观音，还增建斋堂、香积厨、僧舍、客房。修建一条长2.5千米的水泥公路，连接沙吕线公路。

新修建后，寺前铺设29级台阶，石枋山门楼。放生池内置3米高的汉白玉观音立像。前为天王殿，系八扇两层砖木悬山顶结构。左右为钟鼓楼。后为大雄宝殿，系八扇砖木歇山顶结构。左侧建有配套楼房，右侧建有花圃，花圃之外为往生楼，楼外山坡建海会塔。这些殿楼庄严古朴、富丽堂皇。2006年，被列为霞浦县第二批县级文物保护单位。

宝仑寺 亦称“宝伦寺”，位于大京村西北隅，居莲花山坳，坐北朝南，所毗的宝仑坑村因寺而得名。

明万历《福宁州志》载：“宝伦寺，在五十二都，宋乾兴元年建。寺圮，田散于民。”民国《霞浦县志》载，明永乐十七年（1419）重建，时因久雨不晴，山体滑坡，又圮。明万历年间（1573—1620），再建。解放后，寺僧被遣散，寺被当地宝仑坑村占用。1988 年，收回寺产，因年久失修，楼宇破损，四周荒芜。释世静入主后筹资重建，两年后建起一座新寺院，并塑佛住僧恢复佛事活动。寺旁建一条长 2 千米的公路，连接霞闾线公路。

寺庙规模雄伟，殿宇巍峨。前座为天王殿，占地 800 多平方米，六扇两进，砖木双重飞檐歇山顶结构。两侧是纵向对称的钟鼓楼和厢房。后座为大雄宝殿，占地 410 平方米，地基抬高约 3 米，左右两条 19 级台阶登大殿，六扇两进，砖木双重飞檐歇山顶结构。大殿中供释迦牟尼佛，旁供文殊、普贤菩萨，两边端坐十八罗汉。大雄宝殿两侧是僧舍、斋堂和积膳厨。寺西建三层六角攒尖顶海会塔。

寺中尚留部分古迹文物，寺旁有清乾隆四十九年（1784）住持释奇清建的比丘释钦德墓；山门两侧有“乾隆已未年立，当山住持太辛”刻石；寺后有古井，井口有直径约 1 米、高 0.5 米的圆形整石井台；还有 1 口清代圆形石水缸，1 个清代木刻鱼形云板，2 块宋代莲花柱础石。2006 年，被列为霞浦县第二批县级文物保护单位。

城隍庙　城隍是中国民间信奉守护城池之神，大京的城隍属府级，称“威灵公”，极为少有。

城隍庙

大京的城隍庙位于北门山麓，背枕龟山，庙前古堡、古榕环抱。始建于明洪武二十一年（1388），清康熙四年（1665）重建，清乾隆年间（1736—1795）举人郑鹏用公田田租和民众捐款扩建庙下殿。清同治三年至五年（1864—1866）重修，1934 年又修。城隍庙建筑面积 400 平方米，庙内重梁叠拱，屋面挑拱翘角。庙前正门墙侧有“大京所城隍庙”直式牌匾。下殿为戏台，中殿为观众厅，厅两边供女众看戏，楼上走马楼供儿童看戏。庙前大门墙上有大小墙壁灰塑，塑造许多经典人物和景物。大门内有画师画作，大厅墙壁上有诸多工笔画像，走马楼两边绘有阎罗十殿图像。解放后，城隍庙被粮站借用，庙内外诸多珍贵艺术品被毁坏。“文化大革命”期间，部分神像被破坏。

2002 年，经村人捐资，各方募款，共投资 100 多万元，在原址上重建城隍庙。当年动工，翌年竣工，建成一座宽 24 米，深 45 米，建筑面积 1100 平方米的悬山顶式大殿堂，为全县最大的城隍庙之一。

庙整体为三进三大殿，第一殿和第三殿均为砖混结构；第二殿为砖木结构。第一殿大门前竖两尊石狮，门前设九级台阶。大门上建半悬出檐门楼，门额题“大京所城隍庙”，下题“御封威灵公”。第一进是戏台。第二进为大厅，可容纳观众数百人。第三进是主神殿，主殿正中銮舆上祀软身城隍神像一尊，两边有八尊护将侍卫，銮舆横眉题“蹈德翰红公生明”，联曰：“举念时明明白白，毋欺了自己；到头处是是非非，曾放过谁人。”銮舆背面神台祀泥塑城隍神像一尊，左右侍阴阳文武判官。主殿后有阴井一口，是处置“犯人”之井。主殿大厅两侧设“监房”两间，系羁押“犯人”所用。大厅两侧祀泥塑“黑白无常”“牛头马面”“衙役”“鬼吏”等诸多“阴神”。大厅左侧停放“神舆”一顶，供城隍爷巡游乘用。此舆是郑家文字辈族人聘请能工巧匠制作的，护手架上刻“云龙境”三个字，是霞浦县年代最古老、工艺最精湛的神轿之一。大厅内有一个古香炉，落款为“咸丰十一年众弟子同叩”。庙后左侧有古井，井口直径 1 米多。现大京城隍庙沿袭古时神节活动，已成为霞浦县民俗文化的亮点。2006 年，被列为霞浦县第二批县级文物保护单位。

天后宫 始建于明洪武三十年（1397），由村中周姓、林姓、朱姓族人共建，位于龟山之麓，坐北朝南，面朝笔架山，门前榕树四时荫蔽。宫庙规模宏大，内设戏台、女房、神龛，占地 300 平方米。戏台上方有八角藻井，柱头、斗拱、栏腰板刻绘龙凤花卉图案。神龛中供奉妈祖坐像，前立护卫神金、柳将军。因受 1966 年“9・3”强台风袭击，又遭“文化大革命”时期破坏，宫庙毁圮。

改革开放后，热心人士募捐重建，建成一座石木结构的封闭式院落，占地80平方米，重塑神像。2006年，因宫殿偏小，首事郑克友、郑秀茶、郑巧云、林志油、肖笃良等人筹资60多万元扩建，建成建筑面积288平方米的两进砖木结构宫殿，后殿面宽12米，进深24米，建筑面积144平方米。后又完成前殿墙体垒砌，并请大京画师郑德宽在神龛后墙彩绘双龙抢珠、双凤朝阳、八仙过海以及民俗绘画等。大门上的“天后宫”匾额，由村人、县书法协会会员徐卫灼题写。两边有信士林作新敬送的“水德配天，海国慈航并济；母仪称后，桑榆俎豆重光”对联。宫庙分上、下两落，中为天井。宫殿神龛中端坐软身妈祖神像，“顺风耳”“千里眼”护卫左右。殿堂两旁陈列迎神兵器和衔头牌等。右边停放一顶妈祖巡街乘坐的神轿。宫庙前铺设30多级石台阶，取名“隆兴路”，由吴兴春、吴兴国兄弟捐造。宫中留存一个清咸丰十一年（1861）本地弟子赠送的古香炉。2006年，被列为霞浦县第二批县级文物保护单位。

◉ 第三次全国文物普查不可移动文物登记点

玄天大帝宫　坐落于城东北面龟山，因玄天大帝宫建在其上，该山亦称“玄帝宫山”。宫前古城环抱，阡陌纵横。始建于清乾隆年间（1736—1795），前后两落，中为天井，砖木结构，占地约60平方米。宫前大门八字墙，两边灰塑框匾，左框是鹬蚌相争图，俗语云：“伸头容易缩头难，正是渔翁得利时。”右框是螃蟹爬行图，俗语云：“常将冷眼观螃蟹，看它横行到几时。”大殿神龛内端坐玄天大帝软身雕像，威灵显赫。“文化大革命”期间，神像被毁，宫庙被拆，只余空地。

玄天大帝宫

20 世纪 80 年代后，在原址上扩建石木结构的汉式硬山顶宫庙，占地约 100 平方米。2000 年，又改建为悬山顶式砖木结构大宫殿，占地 180 平方米。门额有“玄天大帝”金字匾，门联曰 :“入庙行香称公伯 ; 出门做事敬老贤。”宫墙旁为环廊，廊柱林立。宫殿神龛中供玄天大帝。有一顶制作精美的神轿，供玄天大帝出巡乘坐。大门前立旗杆，旗杆座石题刻“黄永右、郑德宇敬献”。宫前有善玄岭，长 172 米。村人李光贵捐款在岭上建造 168 级石台阶，方便人们通行。

华严寺 原名白鹤堂，位于八仙岩东南面白岩山腰，距大京村约 2 千米。寺院背枕白岩山，远眺东海，是入禅修持之佳境。传常法师 19 岁时在白鹤堂出家。

清光绪二十一年（1895），由闾峡村何云莲创建，作为道教真修之所，初名“白鹤堂”，俗称“白岩堂”。1951 年，该堂道徒先后皈依佛教，改称“白鹤庵”。1958 年，庵堂被大京村林场占用。1979 年，归还庵堂，但因年久失修，破损不堪。1980 年，住持释庆朋入主后，逐年加以整修。2015 年，修建一条长 1.5 千米、宽 5 米的简易公路连接霞闾线公路。2016 年，经省民族与宗教事务厅批复，更名为华严寺。

华严寺

白鹤庵是一座组合式旧殿堂。中为大雄宝殿，坐北向南，系砖木结构四扇楼房，殿堂龛中供释迦牟尼佛等。两旁偏房作僧舍、客堂和斋堂、香积厨。殿前走廊宽敞，两端梁上悬挂钟鼓。廊前为天井，天井两侧为厢房。

2003 年，新建大雄宝殿和山门，山门中悬“白鹤庵”匾。门联曰 :“十方来，十方去，十方共成十方事 ; 万年舍，万年施，万年同结万年缘。”山门楼内，居中为大雄宝殿，坐东向西，占地 179 平方米。

城后岭泗洲文佛庙 始建于明代初期。大京城后岭官道，为古往今来必经之道，半岭石窟下建有泗洲文佛庙，占地 10 平方米，庙为青石砌就，庙下泉水长流。庙左有棵百年榕树，可休憩纳凉，信众进庙焚香祷拜，祈求仕途、财运、功名和平安等。乡人笃信泗洲文佛，明清时期境内还建有南城下泗洲文佛庙、佛塔岭泗洲文佛庙、后巷弄泗洲文佛庙、仓口亭泗洲文佛庙。每逢农历六月初一佛诞日，信众摆放素食、水果、糖、鲜花等供品，焚香祈愿。

◉ 古桥

孔雀桥 亦称朱雀桥、金虹桥，位于西城门口、护城河上，明嘉靖年间（1522—1566）建。桥旁立有建桥碑，20 世纪 50 年代，村民用此碑作为锤打稻草的垫底石，致使碑上刻字被磨灭。桥系三墩两孔石桥，桥孔呈四角形，每孔跨度近 4 米，孔高 2 米多，每孔桥面铺盖 3 块长方形石板，石板长 4.53 米，宽 0.6 米，厚 0.4 米，每块石板重约 3 吨。据分析，当时制桥工具简陋，该石板有可能是用船只运载至工地后，再利用河水的浮力将石板安装到桥墩上。原来桥下通行人，后因河床淤积，河水漫及桥底。历经近 500 年，桥面石板虽被磨得光滑，但桥身仍然牢固无损。

孔雀桥

城后拱桥 与明洪武年间（1368—1398）拓建大金城堡时同建，位于城后的小溪上，长 5 米，宽 3 米，高 2 米，此桥通往佛塔岭官道。桥两塊还用瓷碗作龙骨装饰，桥边建城后土地公庙。

◉ 郑氏古民居

大京城堡内郑、林两大姓氏按不同街境划块居住，现存的清代民居连片而建，气势恢宏。明万历二年（1574）拓城后，郑氏家族迁入城内云龙境和中境，连片建造住宅。清康熙元年（1662）划界移民，郑氏家族被迁往外乡，至康熙二十二年后重返故里，再造新房，现存的古宅均为清代建筑。

知县郑鹏故居 始建于清雍正年间（1723—1735），位于云龙境下店里，坐北向南，为三进大厝，官厅式格局。北通后街，南接前街，横贯两街，占地 1130 平方米。前门楼厅设重门，重门后有三曲廊。廊下是天井，天井左边为客房，右边是郑鹏卧室。中庭两侧分设进宫门、子孙门，三进为后厅，后厅两旁是侧室。后厅之后是后花园。

郑士梅古宅 与郑鹏故居比邻，现为大京下街 34 号。始建于清道光中期，坐北向南，是一座占地670平方米的三进三天井大宅院。分前后两落，前后落相隔50年而建。前落四扇两梯弄，后落为大六扇。前后两落进深35米，面宽19米。外墙2米以下为石墙，上为砖墙。两侧外墙高出房顶，为马鞍形防火墙。门楼为半悬出拱，飞檐翘角。两侧为推间，中间为正房。厅壁门窗精雕细刻，玲珑剔透。屋内的扇架、门窗及装饰木料，都是在福州加工为成品后，运回安装的。地面夯筑三合土，结实无损。前后三天井，中天井有口圆水井。古宅结构坚固，布局合理，房室实用，门道相连，光线充足，空气流畅，适宜居住。

郑兆贤古宅 系大京郑氏二十三世祖郑兆贤所建，郑兆贤靠勤劳节俭致富。他除在大京本地购置田产外，还在长溪、赤壁等外村买下田地，家有良田无数。

该宅始建于清乾隆至嘉庆年间（1736—1820），位下弄街育贤宫旁，即现大京中心街6号。坐西向东，横贯前街与后街，进深60米，面宽23米，占地1380多平方米。东面临街开店铺，店铺之后为天井，是三进三天井、七扇两大厅大厝。属汉式构造，前后落水的硬山顶建筑。所有屋架、装修木料都是在福州加工为成品后运回安装的，建筑花费巨大。此宅规模属大京之最。

郑文阑故居 位于后街中段，始建于清代，汉式大四扇，曲尺门楼，两落透后，上下两层，高约7米。房内装饰讲究，门窗雕刻精致，梁套多透雕，柱础石为八角浮雕，廊沿铺巨石条，天井铺青石。整座建筑恢宏大气。

◉ 林氏古宅群

林氏家族自明万历二年（1574）迁入城内居住，主要在南泉境和迎恩境建造连片住宅，因清康熙元年（1662）被划界移迁外乡，至康熙二十二年后才开界返回，族人后裔又在原址重建。现存的清代民居共有8座，其中最大是长房旧宅。

林家长房旧宅 位于南泉境林厝弄北面，由李、季、奈三兄弟合建于明末清初。为汉式建筑，坐北朝南，六扇前后两进，占地700多平方米。门楼上有“九牧传芳”匾额，前门大廊四支廊柱，大厅沉池进宫。大厅前为大天井，面积40多平方米，天井用石块和夹饰石铺设。大厅正中悬挂上代太公寿庆联匾。匾书“鹤德松年”四个大字，右款为“文林郎知霞浦县事加五级记录五次记功一次，魏象烈为”，左款是“乾隆二十八年岁次癸未桂月吉旦耆民林开惠立”。后厅天井边凿有一口古井，井水清澈。还留存一个古石鼓。后代在后厅右边扩建四扇房子。整座旧宅，上下两层，有房间30余间，共住30多

许氏大厝

许氏大厝壁画

林家长房旧宅

户人家，是林家支脉的祖居。

北门顶林宅和徐宅　位于北门顶，两宅并排而建，林宅居东，徐宅处西，两宅结构规模完全一致。始建于清代，两宅占地 1000 多平方米。相传，徐宅主人是林宅主人的外甥，仿照娘舅宅式建造自己的房舍。

两宅是典型的平民住宅。每宅为四厢，坐北朝南。前廊、前天井、中庭、后厅、后天井一应俱全。整座房子虽无飞檐翘角、雕梁画栋，但朴实无华，结构牢固，是普通百姓实用之居室。

许氏大厝　位于丰储境仓口街北面，由许志金四世孙许肇贵、许肇其两兄弟共建于清代末期，为六厢房，高三层，是当地少有的三层砖木结构民居，大门前半悬出檐，门额上书“紫气扬辉”四字。大门东边有数间沿街店面，店面二楼有临街走廊。木制的拱斗、吊仝、眉梁等，浮雕的花木禽鱼，玲珑剔透，颇具古风。前后皆天井，天井中凿水井。中庭两侧，左为进宫门，右为子孙门。

辛氏大宅　位于丰储境仓口街南面，由辛兆泮建于清乾隆年间（1736—1795），大宅由东、西两院组成。东院坐南朝北，面临大街，占地约 1200 平方米，建筑面积约 1150 平方米，砖石木结构，四厢两通弄，四进两天井，分前后两进，前进为单层建筑，设门楼大厅，迎送宾客。大厅两旁各有店面和作坊。后进为两层建筑，四廊围天井，面积达 200 多平方米。分前后两厅堂，后天井凿有一口水井。天井旁设砻谷、舂米房间。西院为辛家后人于清道光年间（1821—1850）建造，坐北朝南，北临大街，占地约 1350 平方米，建筑面积约 1200 平方米。房屋结构与东院大致相同，但规模比东院大，综观大宅整体，体现了南方沿海的建筑风格和工艺水平。

◉ 官井

明代，大京城堡内由官府先后开凿 5 口水井，原为明军户饮用井。

方盖井　位于厚福境周厝埕内，凿于明成化元年（1465）。有四角形的巨石井盖，重约 100 千克，外方内圆，圆口直径约 0.5 米，故名“方盖井”。该井原为千户所衙专用水井。

八角井　位于兴仁境盛丁亭旁，凿于明嘉靖十七年（1538）。井栏为八角形，由整石雕凿而成，厚 0.1 米，高 0.8 米，内圆，井口直径 2 米。井水常年不枯，即使遇大旱，亦水清如镜。原为明军户饮用井。明万历二年（1574）后，居民迁入城内，军民共用。百姓称该井为“皇帝井”。

鲎血井　位于兴仁境巷里亭北宫仔弄旁，凿于明代。井栏为方形，由 4 块 1 米多长的条石交接垒砌而成，井栏高约 0.7 米。夏季井水清冽，冬季水汽氤氲，因井水湛蓝如鲎血而得名。

东门井　位于城东，凿于明代。井栏为正八边形，厚 0.25 米，外围直径 1.25 米，内口直径约 1 米。井栏有铭文，但字迹模糊不清。

东门井

李林井 位于仓口街朝天境，凿于明代。形状大小与东门井类似，井体呈圆形，井口直径 1.5 米。井栏为八角形，高约 0.7 米。泉深水冽，水量丰沛。井沿刻“李林井”。

◉ 亭阁

清代，城堡内街中建有 9 座亭阁，现存 3 座。

盛丁亭 位于关公亭后，迎恩境内。始建于清同治二年（1863），1930 年重修，因为是重新修建的，故人称“新亭下”。亭宽 5 米，进深 5 米，为对称式四角凉亭。有亭柱 8 根，内四柱夹石加固，外四柱并列落地，内外两柱间隔为 0.8 米。两柱的支撑稳固了亭身倾斜的受力，两扇扛梁长短排列，扛梁横眉安排适当，攒尖翘角高昂，亭宇轩昂气派。亭内前后还有两块三角灰壁，雕有蝙蝠、花草等图案，现已斑驳不清。两条扛梁上的对联，字体也难以辨认。

仓口亭 位于仓口街朝天境，前后亭面朝东西，北朝米仓园，南向辛厝里。亭旁店铺相连，市肆兴盛，是进入东门街的第一亭。始建年代无考，1942 年重修。此亭八柱落地，内四柱夹石，外四柱延伸支撑。亭沿呈 45 度对角斜列，四面落水。扇式双杆上有对联曰：“风调雨顺；国泰民安。”亭内顶上封闭，拱起藻井。亭下两旁设座位供人歇息。此亭款式新颖，牢固美观，历尽沧桑，不曾倾颓。但已破旧，需修葺维护。

迎恩亭 位于曲街头迎恩境，面向中街，连接仓口街。始建于清道光元年（1821）。此亭八柱落地，四面落水。亭顶飞檐翘角，檐脊对称垂延，亭四边顶沿嵌刻花草禽鱼图案，梁上书对联，字迹已模糊。亭内还有两块修亭匾，匾中记述修亭的费用款目、捐款人名等，但字迹也难以辨识。此亭已历经百年，古香古色，如今仍矗立于街中。

盛丁亭

仓口亭

迎恩亭

◉ 古墓葬

郑林两族肇基始祖墓 北宋中叶先后徙居大金的郑姓肇基始祖郑明与林姓肇基始祖林通均系书香门第，二人结为世好，常日里同游宝岩山麓，看好这块风水宝地，相约百年逝后同葬于此地，因而比邻同建两座遥相对望的墓穴。现存的墓状只有土堆而无墓石，是因明万历元年（1573）拓建城堡西、南城郭，后代人将墓石拆卸用于筑城。

进士郑明墓 位于宝岩寺松柏林西边，坐东向西，石头包砌，高大壮观。

秀才林通墓 位于宝岩山之麓，坐巳向亥分金，其形如游鱼上水，双圹并排，公妣同葬。据《通公墓铭》载："例年九月初九日，用全猪、翁酒、章鱼、果品礼物，以新米为糍，分族众亲邻，违者议罚，永为规程。"

进士林元孙墓 位于龙岩山之麓，青石包砌，坐亥向巳，形如壁上挂灯。墓志铭曰："天地储精钟。"兴化府知军陈文龙为该墓题碑曰"济南十宣义，西河一儒人之墓"，并撰有《南庐公墓志铭》。

进士郑君老墓 位于积石村交椅山，也称凤山，元代建，坐西向东，全石包砌，占地 80 多平方米，庄严华丽，宏伟壮观。因明万历元年拓建城堡，墓石被拆用于筑城，仅存内圹。后十九世孙郑友士、郑友谊重修，再立墓碑，碑文为："郑君老靖节先生之墓，万历己丑年友士、友谊等同立焉。"

抗倭先贤林应龙墓 位于陈桥巷墩，墓如交椅状，面积约 70 平方米。林应龙与妻俞氏卒后同葬于此墓，已历经 400 余载。据史料记载，林应龙于明万历元年主事拓城。2016 年，

刘百户墓

郑鹏墓道

因开发旅游业需征用墓地，后人为支持旅游业，遂将林应龙夫妇坟墓移迁至东门外缦楼下山坡上，背依青山，面向大海。墓地呈长方形，面宽约 10 米，边长约 15 米。分上下两层，上层为墓圹，下层为墓坪，立新碑，高1.8米，宽0.8米，碑文为“抗倭先贤林公应龙之墓”。

刘百户墓 大京刘氏家族在明代有 8 位世袭百户，为抵御外侵，保家卫国，战功屡屡。现留有古墓5座，均系明代中叶建造，因万历年间拆墓石帮助拓建城堡，仅留墓碑。墓多坍塌，墓碑沉没。据清代《刘氏宗谱》记载，一墓位于大京长溪岭，坐辛向乙加酉卯，刘氏后人在修复中挖出原墓碑，墓碑文为“显考世袭百户刘公之墓”；一墓在保老山下演武场边，坐亥向巳加乾巽，墓碑文为“显考世袭百户刘公之墓”；一墓位于龙岗，坐癸向丁加子午；一墓位于沙垅岗津埕里，坐甲向庚加寅申；另东门外还有九世祖刘銮墓道，碑高 1.5 米，宽 1 米，碑文为“明皇封世袭总戎将军之墓”，镶有一副楹联：“沙场竭将心褒忠有典，金殿蒙铁券志德无边。”

郑鹏墓 位于保老山西侧，坐东向西，占地约 600 平方米，内葬郑鹏和两位夫人。有墓道，碑文为“皇清特授湖北施南府利川县知县梅溪郑公之墓道”。因大京村扩建停车场，将郑鹏墓道迁至观音堂郑氏宗祠北面的新公路南侧。

僧人墓 位于法华寺西北面，为宋代舍利石塔，共 3 座。

◉ 碑刻

拓西南城碑 镶嵌于大京城堡西门墙上，青石板镌刻，碑面长 0.6 米，宽 0.5 米。碑文为：“大明万历二年甲戌仲冬吉旦，福建布政使司分守建宁道右参议黄岗竹峰徐时

拓西城碑记

西门碑群

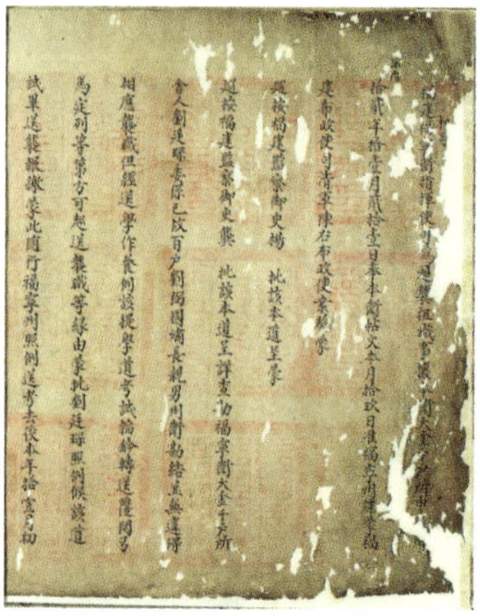

明万历十三年福宁卫文牒

可鼎建立。福宁州刘介龄、北路守备都司方伯委督建造官，福宁指挥同知沈柱。城首生员郑炎、林应龙、郑友士、郑守道。”

续拓西南城碑　立于西门北侧，系花岗岩石碑，碑高 1.5 米，宽 0.67 米，厚 0.15 米。碑首呈半月形，碑刻楷书，字迹清晰，内容完整。碑文为拓城后里人进士吴垔所撰，是研究城堡历史的重要资料，尤其是研究城堡拓建的主要依据。

建桥碑　立于西门北侧，系花岗岩石碑，碑高 2.13 米，宽 0.6 米，厚 0.16 米。碑首呈半月形，半径 0.53 米，凿刻龙凤图案。此碑是城堡西门孔雀桥的建桥碑，碑刻楷书。

修岭碑　系花岗岩石碑，碑高 1.65 米，宽 0.8 米，厚 0.09 米。石碑呈长方形，碑刻楷书，碑文为重修安福岭及捐款者姓名等内容。立碑时间为清光绪二十四年（1898）。

修街碑　留存 3 尊，碑文为修街及捐款者姓名等内容。一是清道光八年（1828）修下街碑；二是道光二十六年丰储境修街碑；三是光绪十年修后街碑。

县级文物保护单位碑　1982 年 11 月，霞浦县人民政府公布大京城堡为县级文物保护单位。1983 年 1 月 10 日，立县级文物保护单位碑于城堡西门。

◉ 家藏文物

明万历十三年文牒　系福宁卫为大金千户所刘氏家族世袭百户出具的一册文牒。文牒用宣纸书写，每页 A4 纸大小，全册 27 页，历 400 余年，基本保存完好。文牒内容极为丰富，有兵部的文件、福宁卫所文件 、个人供状、证人证词等。第一页为兵部文凭手抄件，文曰："兵部为军职官员事，今填福建伍号勘合文凭一道……" 第二页至

明代刘回保牙笏

鹤德松年匾

巾帼芳徽匾

第四页为福宁卫文牒。第五页之后，记录刘氏八代从军世袭百户史实，内容还体现明代军队卫所的有关制度，诸如考试制度、考场纪律、选拔人才以及对军官的培养考核办法等。文牒加盖“福宁卫指挥使司印”“福宁卫大金千户所百户所印”方形印章。有关明代卫所的史料福建少有，此牒是这方面的难得资料，具有一定的历史价值。

明代刘回保牙笏　系明代大金刘氏二世祖刘回保朝拜皇帝时所执牙笏，牙笏呈狭长梯形，上端宽 7 厘米，下端宽 4 厘米。原长 46 厘米，后被裁切一小段，现长 43 厘米。

鹤德松年匾　林家长房旧宅大厅正中悬挂上代太公寿庆联匾。匾书“鹤德松年”四个大字，右款为“文林郎知霞浦县事加五级记录五次记功一次，魏象烈为”，左款是“乾隆二十八年岁次癸未桂月吉旦耆民林开惠立”。

巾帼芳徽匾　大京郑泓郁支派三世祖妻张氏，年轻守寡，携幼立业，建起三厅大厝，平时还接济乡邻，常行善事，被誉为“贞烈女”。清乾隆十六年（1751），社政赠予“巾帼芳徽”匾。

水墨画无弦琴　宣纸直幅画，宽 0.4 米，长 0.9 米。画面是一把竖放的无弦琴，配诗：“琴瑟嗟生十指寒，一琴赢得罢来官。无弦休讶陶彭泽，不遇知音便不弹。”此画系王俊民所作。王俊民，字汉卿，号邦怀，霞浦县城关人，为民国时期首任由民众推选的霞浦县知事。其妹王氏嫁到大金郑家时，他将此画送给郑家。此画由郑家后人郑宗元收藏。

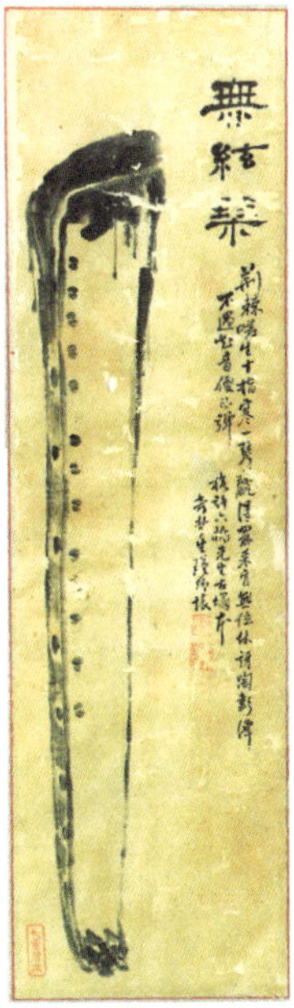

水墨画无弦琴

大京湮灭文物古迹一览表

表 2

类别	名称	坐落位置	建成时间	湮灭时间
古宅	千户所衙署	位于城内周厝埕	明洪武二十年（1387）	清代初期
	张千户住所	位于巷里街后段南侧	明代中期	清代初期
	刘百户住所	位于巷里街中段北面	明洪武年间（1368—1398）	清代初期
	石门楼八进大厝	位于城内南城下	清代初期	清康熙元年（1662）
亭阁	杏锦坊	位于溪边城龙溪畔	南宋乾道年间（1165—1173）	明代
	栖真馆	位于龙岩山下	南宋	明代
	中峰楼	位于龙岩山下	南宋	清代
	巷里亭	位于巷里街	清代初期	20 世纪 90 年代
	关公亭	位处街中亭之后	清代初期	20 世纪 60 年代中期
	街中亭	位处中街云龙境	清代初期	20 世纪 60 年代中期
	戴李亭	位于后巷弄	清代初期	民国时期
桥梁	攀龙桥	位于大龙溪中段	元至正二年（1342）	清代
	盛丁桥	位于大龙溪中段	清代	1975 年
抗倭遗址	烽燧（17 处）	位于长门、积石、闾峡、南山、罗浮、赤崎、小南、北山顶、塔尾、下浒、青山、界石、流金、下篁、车安、石湖、关崎	明代	民国时期
	祭台	位于城堡南门外	明代	民国末期
	米仓园	位于丰储境	明成化年间（1465—1487）	清代
	官井洋水寨	位于现北壁乡境内	明嘉靖二十九年（1550）	清代
宫庙	留云庵	位于斗米路下垅仔里	元至正五年（1345）	清代
	吉祥庵	位于北门街	明代	无考
	小玄帝宫	位于兴仁境宫仔弄	明代	民国时期
	育贤宫	位于云龙境城西门里	明万历年间（1573—1620）	1958 年改建为会场
	康元宫	位于朝天境	明代	民国末期改建为学校

民俗风情

一方水土养一方人，大京民俗风情因时因地而生，人相习，代相传，形成特有的滨海乡土习俗。流传民间的春节“铁机台阁”、元宵节花灯“讨烛”欢快喜庆、异彩纷呈；庙会活动中的“妈祖走水”“城隍爷巡游”热烈粗犷、火暴欢乐；纪念抗击倭贼的中秋节“曳石”、乌贼祭祖寓意深刻、淳朴厚重。这些是家园的路标，是在外游子回家的路。

从乌贼祭祖，到合船会婚；从驮枷还愿，到岐头货不还价，无不展现着大京这个古老渔村的文化特质。

◉ 生活习俗

婚嫁

订婚 男婚女嫁需托媒人牵线说合。有意向的提供见面机会，即由媒人陪同男女双方到对方家中相亲，俗称“看厝”。男方到女方家看厝时，女方家若煮糖蛋包招待，说明无异议，男方可向女方讨要“八字”。男方家将女方“八字”和男方生辰，交由算命先生算卜，如无“相克相冲”，便可定亲。有的还将女方“八字”压在祖宗神牌下，数日无异象后，即可定亲。

男方家择日订婚，送给女方衣服、戒指、糖果等，并请女方家开列礼单，俗称“小定”。男方家备齐女方家礼单中开列的礼物，以及公鸡 2 只、山珍海味若干盘送往女方家，女方家回赠男方袍褂、鞋帽和母鸡 1 只，俗称“大定”。之后，男方家可定迎娶日子，书写“迎娶大吉”红帖，连同部分礼盘，由媒人送往女方家，俗称“送日子”。

迎娶 迎娶前夕，男方家将猪腿、山货、海鲜等礼物装成 8 ~ 10 盘，送给女方家供办出门酒，俗称“送盘担”。同时，取回女方家的嫁妆，嫁妆多寡视女方家境而定，一般有几箱几笼，但马桶、红布袋、火笼和剪刀、针线等不可缺。出嫁前夜，新娘邀女友 6 人共寝，次日日出不起，俗称“赖床”，并在床上哭嫁。中午出门酒散席后，新娘对长辈亲友行辞行礼。近黄昏，行“开脸”“梳头”“分家计”礼仪。

迎娶之日，男方家由媒人带花轿和吹打乐手等前往迎亲。女方家出门酒散席后，花轿方可进门。新娘出家门时，改穿兄长旧鞋，由母舅扶上轿，俗称“阿舅抱上轿”。上轿后，兄长上前挽轿3次，俗称“留轿”。之后，鸣炮奏乐起轿，由伴房妈或迎亲婆随行。途中逢桥、过河均抛红蛋。

婚礼 下午4时左右，将花轿抬至男方家门口，童男、童女出迎，以福寿双全的老妇人扶新娘下轿。接着，新郎、新娘在厅堂拜天地、拜祖宗、夫妻对拜，俗称“拜堂”。拜毕，新郎捧“斗灯”前引，新娘踏布袋进洞房。地上布袋不断传递，寓意“一代传一代”。晚上，男方家举行隆重婚宴，母舅坐首席首位，俗称“阿舅坐大位”。洞房设床前桌，媒人坐首位。婚宴散席后，伴郎唱开门诗，敲门送新郎入洞房，新郎、新娘相互敬酒，俗称“喝双杯”。还请一位男童往新马桶里撒尿，寓意新娘早生贵子。一些年轻人还变换花样闹洞房，把婚礼逐步推向高潮。次日，新娘下厨房，俗称“下灶前”；向族亲长辈行礼，俗称“见客”。婚后两三天内，新郎陪新娘回娘家，俗称“回门”。随行一人任礼生，俗称“亲家伯”。岳家设宴款待女婿，称“回门酒”，酒宴由平辈兄妹作陪。

解放后，实行《中华人民共和国婚姻法》，男女平等，自由恋爱，以领取结婚证作为婚姻证明，婚俗简化。改革开放以后，随着生活水平逐渐提高，一些婚礼旧俗有所恢复，尤其是礼金、嫁妆不断攀升。迎亲则由原来的拖拉机迎亲，发展到车队迎亲，有的还时兴新娘坐轿子。

婚礼斗灯

生育

满月 孕妇分娩后的1个月内，俗称“做月里”。产后3天为“三旦”，亲友送公鸡、鸡蛋庆贺。产后14天、24天，分别称“十四旦”“二十四旦”，主人向亲友送煎蛋、米酒，俗称“送蛋酒”。亲友则回赠小孩衣料、鸡蛋、线面等贺礼。婴儿满月时，中午办“满月酒”款待亲友。外婆贺礼尤重，俗称“送满月”。女婴满3月、男婴满4月时可以“坐轿篼”，轿篼放置厅堂，男儿面向外，女孩面朝内。

周岁 婴儿满周岁，俗称“做晬”，外婆送衣衫、鞋帽、银牌或天官锁等礼物，亲戚们或送红包，或送布料庆贺，主人家设午宴答谢。有的人家还举办“抓晬”仪式，即在地上铺一块红布，摆上官印、元宝、书册、毛笔、算盘、剪刀、尺子等小物品，让婴儿随意抓，抓着什么，预示着小孩日后从事什么职业。

十六岁 小孩16岁行冠礼，俗称“做十六岁”，多在春节时举行庆贺仪式。亲戚送面、鸡蛋、衣物等贺礼，主人家以糕点答谢或设宴席款待。有的还请僧道举办“祝星”“过关”仪式，祈愿小孩无灾无难、顺利成长。

寿庆 人生50岁为上寿，举行寿庆，俗称“做十”。尔后，每增10岁为新寿，也要“做十”。一般在春节里举行“做十”庆贺仪式，亲友送红包为“包干礼”，送寿烛、寿面、布料、猪肉为“湿礼”。若岳父母、母舅“做十”时，女婿、外甥礼品从厚，应送装钵的熟猪腿，俗称“猪脚钵”。祝寿贺礼不全收，按亲疏回赠仪包。富裕家庭寿堂张灯结彩，寿者端坐太师椅，晚辈依次拜寿，子女设家宴祝寿，俗称“做暖寿”。一般人家无设宴，但也食长寿面贺寿。

丧葬

在长期的生活实践中，大京村形成了独特的丧葬习俗。随着时间的推移和人们思想观念的改变，丧葬习俗中一些繁杂的程序如今已有简化，一些迷信的东西有所淘汰，有些习俗仍在传承。

举丧 老人寿终正寝，俗称“百年”。临终时，子女亲属应守候送终。咽气后，取井水擦拭遗体，然后梳头、理发、更衣，理发时留后半部，寓意“留后发”。寿衣穿单数，五、七、九重不拘。遗体移后厅七星板上，俗称“殓后厅”。子孙举哀哭灵，昼夜守候尸旁。高龄老人去世，俗称“老喜丧”，可停尸数日，全族举哀。老人逝世后，迅速将噩耗报知亲友。尤其女性去世，应向女方娘家报丧。报丧不分晴雨都带雨伞，把伞倒倚门外墙边，对方即知是亲属噩讯。

安葬 有收殓前“柴头祭”，出殡前“起马祭”，送殡途中“拦马祭”等。入殓前，请僧道超度亡灵，俗称“做殓暝”。黄昏涨潮时入殓，向遗体行告别礼。入棺后，子女绕棺跪行三匝，然后盖棺。安葬有墓葬、土葬、火葬等形式。墓葬多为合葬或从葬。死后即葬，称“血葬”；停柩择日安葬，称“喜葬”。土葬是凿穴为圹，将棺木埋土而葬。大京有得天独厚的沙垅岗沙丘，人们习惯将棺材埋葬在沙丘里，称“埋有沙”。土葬、沙葬一定年份后，将棺材中的骨殖捡出，放进陶瓮，俗称“金瓮”，待日后葬进坟墓。由于沙葬骨殖洁白，所以成为首选。

血葬时，灵柩由 4 人、8 人或 16 人抬，前头黑彩为引，鸣锣开道，彩旗、颜亭、鼓乐队随后，孝男孝女扶柩左右，亲戚朋友一起送行。至近郊，孝男孝女跪叩“谢客”，送葬人员止步返回。灵柩送墓地下葬毕，人们披红挂彩回虞，当晚设“回虞酒”宴请宾客。若中年悲丧，不设宴，只用“平九碗”饭菜招待亲友。

2001 年后，霞浦县全面推行火葬制度，火化前的吊唁仪式基本相同，只是改抬棺为灵车运送。实行火葬后，土葬和“埋有沙”习俗遂废。逝世后，每七天吊唁一次，俗称“做七”。吊唁时在灵位前供饭菜、烧冥钱，以示追思。“做七”共分“头七”“二七”“三七”“七七”等次数。同时，逝世“百日”“头年”“三年”时，也举行吊唁仪式。

居丧戴孝按子、孙、曾孙、玄孙辈分和亲疏程度，分斩衰、齐衰、大功、小功、缌麻五服。子女服丧三年，披麻百日。男不理发，女不艳装，妻随子服。已订婚的男女应在百日内婚娶，逾限的，待三年消孝后婚娶。

◉ 节庆习俗

春节 正月初一是大京人最为隆重的一个日子。人们提早起床，穿戴新衣裳，燃放鞭炮，向天地神明焚香礼拜。以红糖糍粑当早餐，因方言“糍”与“时”谐音，故称“行时”，寓意“时运亨通”“红运当头”。有的人家早餐食素，以示善心。早饭后，给年长者拜年、请安。再相互串门拜年贺岁。相见时说一些“大做年”“走好运”“发大财”等吉祥语。小孩拜年，长辈要给压岁钱。这一天忌讳很多，忌扫地、挑水、动土、杀生等，连脏水也要用桶装着，待第二天再倒。忌讲不吉利的话，即使是不吉利的事，也要用好话表达。

初一至初五谓“大年”，亦称“五日年”。这五天都是节庆日，无论多忙的人，也要放下手头的活休息，叫作“歇年”。其间，村里开展丰富多彩的文娱活动，有“儒家班”演出，有铁机台阁表演，有舞狮、舞龙、踩高跷、划旱船、玩杂耍以及讲评话、讲故事等节目。人们还时兴集体跳舞和盘歌对答等。这些活动，从初一一直延续至初五为止。大京的刘家，初五早晨再次祭祀祖宗，再吃一次团圆饭，名曰“散年”。

元宵节　正月十五元宵节，家家户户制作元宵，亦称“汤圆”，吃汤圆象征家庭团圆、甜蜜。汤圆的制作，是将浸过水的糯米磨成浓稠的米浆，再将米浆搓揉成丸，即为汤圆。汤圆分甜、咸两味，分实心和有馅两种，馅料多为豆沙、红糖，或用切碎的笋菜、猪肉等做成馅料。烹饪方式有煮、蒸、煎、炸。吃汤圆之俗，近年有些演变，有人以包饺子、吃饺子来替代。

元宵节制灯、赛灯和讨烛是大京特有的风俗。春节过后，人们就开始忙于制灯，以篾丝、棉线和色纸为材料，精心制作各种传统艺术风格的诸如花卉、水果、鱼蟹、禽鸟、瑞兽和人物等灯笼。十五日清晨，早早地将自制花灯悬挂家门口供人观赏。傍晚时分，又将花灯系于彩棍上，持举上街比赛。一时间，满街花灯纷呈异彩，争奇斗艳。街道两旁店家燃放鞭炮迎接花灯，并对花灯工艺进行品评，还给予蜡烛奖赏，一般的奖励小烛或中烛，特别突出的奖励大烛，这项活动又称“讨烛”。晚饭后，孩子们争先恐后地举着灯笼，成群结队地前往店家讨烛。店主们早有准备，按俗例馈赠蜡烛，有的给一支或两支，漂亮的还会多给几支。孩子沿街讨烛，心满意足后才由父母领着回家。大人、小孩与店家同乐，满街欢声笑语，气氛热烈祥和。

历史上制灯能手郑锡纯、郑永清、阿蒲鸟等人制成的人物、山水、鸟兽花灯，精巧灵珑，有的还会旋转，称“走马灯”，常博得众人喝彩、店家重奖。

拗九节　正月二十九日为拗九节，俗中将正月分为“三九”，即正月初九为“上九”，正月十九日为“中九”，正月二十九日为“后九”，所以又称“后九节”。村人相传，古时有一个名叫目连的人，母亲生前凶悍，死后被关入阴间牢房，目连探监时送给母亲的饭食常被狱卒吃掉。后来，目连用荸荠、花生、红糖、桂圆、红枣为原料，混以糯米煮成粥，再撒黑芝麻后送入狱中。狱卒问：“怎么黑乎乎的？”目连答：“这是‘拗九粥’。”狱卒误将“九”听成“垢”（方言“九”与“垢”谐音），嫌脏不想吃，便把粥送至目连母亲手中，故“拗九粥”亦称“孝九粥”。后来，此粥演变成干饭，称“拗九饭”。拗九饭不但全家人吃，还用来祭祖或馈赠亲友，尤其出嫁的女儿都要送一碗“拗九饭”给娘家父母，以敬父母、尽孝道。此俗延续至今，不曾淡化。

二月二 俗称“春龙节”，龙是滨海的主宰，祥瑞的化身，自古在民众心目中具有崇高的地位，大京人对这个节日很看重。是日，人们涌向溪仔里小山上的龙神庙，举行各种祭龙仪式，或在神庙旁、溪水边祭祀龙神，祈求兴云化雨，保佑五谷丰登。此日还是“土地公生日”，人们也举行各种祭祀土地神的活动。此日又称“踏青节”，谚语云“春暖时届二月二，菜蔬种子都落地”，意为大地春回，万物萌发，可以耕作播种。

清明节 清明时节，人们前往墓地除草植树、扫墓整坟，并摆上酒食供品，点香烧纸、燃烛鸣炮拜祭祖先，谓“扫墓”或“祭墓”。宋代，多选在清明节前后三日扫墓。民国至今，扫墓时间渐趋灵活，可在清明至立夏的一个月内，任选一吉日扫墓。这样使得在外一时脱不开身的人，可以适当安排扫墓时间。昔日，有轮流种公轮田、轮流祭墓的习俗，即族内的各支族每年轮流祭墓，以公轮田收入作费用。轮值的支族既要主持祭墓，又要举办全族人员同吃的祭墓酒。村中林姓、郑姓、刘姓、陈姓等望族有种公轮田、拜本族始祖的习俗。

大京人祭墓还有一份不可或缺的重要祭品——墨鱼，缘因大京人在明代饱受倭寇侵扰，恨不能屠其首，剥其皮，食其肉。村人俗称日本侵略军为“倭贼”、墨鱼为“乌贼”，“乌贼”与“倭贼”谐音，吃“乌贼”就是吃“倭贼”，故大京人都要煮一盘乌贼祭墓，祭毕狠吃乌贼，以泄心头之恨，以表抗倭之志。

清明时节，大京人还吃婆菠粿，亦称“艾草粿”。取艾草的幼芽嫩叶，煮熟压干剁碎，混以米浆揉压均匀，制成绿色米面团，面团裹以红糖、红枣、花生、芝麻捣成的馅，再搓成扁圆形的粿，蒸熟后就是婆菠粿。婆菠粿吃起来香甜可口，还可祛除病邪秽气。

四月八 是日，佛教信徒吃过早斋都到村庄附近的弥陀寺、宝岩寺、法华寺等寺庙焚香上供，礼拜佛祖，有的还捐献香烛、食油等供品。庙方也备办饭菜招待信众，颇为热闹。有些信众早餐食素，或一整日吃斋。

是日，大京人有吃“乌飰”的习俗，“乌飰”即“乌饭”，“乌”与方言“有”谐音，意为讨个“有饭吃”的彩头。乌饭是用乌饭树的叶茎熬成黑紫色的汁，用汁煮出晶莹圆润、乌黑发亮的米饭。据说，常食乌饭能固精养肾、延年益寿。民国后，吃“乌飰”渐淡。新中国成立后，又兴吃豆馅饼。民间认为，吃豆馅饼可以防范春夏蚊虫、蜈蚣叮咬。以发酵后的面团为皮，熟蚕豆和红糖捣烂为馅，将包馅的小块面团压扁成饼蒸熟后即为豆馅饼。此饼应先敬神敬佛敬天地后，家人才可分食。亲友邻里之间，还互相馈赠。

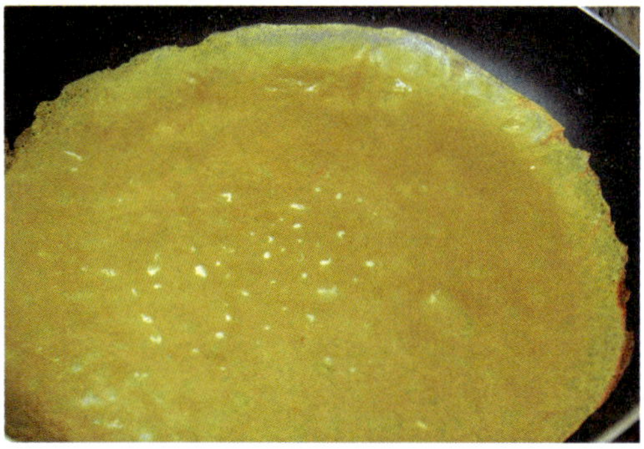

夏粿

是日，还是“牛诞节”。当地有口头语“牛歇四月八，人歇五月节”，这天也称“牛歇节”。人们认为，耕牛辛劳一年了，且繁忙季节又将开始，有必要在当下挤出一天时间，专门让耕牛休息一下，以表达对耕牛的敬意。这一天，不仅不让耕牛下地劳作，还让耕牛吃鲜嫩幼草或其他优质饲料，或在夜间将耕牛放到山坡上，让其饱食新长出的嫩草。同时，打扫牛圈，新铺干草和沙土让牛休息。此俗未间断。

立夏 大京人有吃夏粿、送夏粿的习俗。立夏后天气变暖，觉得困，想睡觉。村民认为，吃夏粿，可以消除困意，提精神，有气力。

夏粿是一种美食，制作方法简单，将大米搭配糯米，入水浸透后磨成米浆。将米浆淋于油锅上，双面煎烤熟透就成夏粿。米浆调以红糖或白糖的为“甜夏粿”，掺以肉丝、豆芽、韭菜、食盐的是“咸夏粿”。夏粿状如春饼，但比春饼稍大。可 6 张或 10 张整齐相叠包装，作为礼品，赠送亲友、敬献师长。最常见的是娘家人赠予女儿家的外孙吃。学生、学徒也会送一两叠夏粿给塾师或师傅，以示尊敬。

端午节 大京人称“作重五”。家家扫院迎端阳，户户插艾驱邪气，还将雄黄水喷洒庭院角落，驱除蚊蝇虫蚁。不少人家还有制香囊、挂香囊的习俗。香囊的制作方法是：将朱砂、雄黄、硫黄等香药包成丸，将丸放入荷包香囊中，用小彩绳将不同形状的小香囊系成一串挂在身上。香囊散发香气，既精美可爱，又可驱瘟避邪，既是装饰品，又是驱邪物，人们争相佩戴。粽子是端午节不可或缺的食物，大京人做粽子，先把猴梨柴烧成灰，将灰水滤成碱水，把糯米放入碱水中浸泡半日捞起，用箬叶包裹成四角状，再用麻线捆扎好便为生粽子，然后放入锅里猛火煮熟即可。有人还在糯米中掺入豆沙或肉末作馅，味道更加可口。

七夕节 农历七月初七为乞巧节，参与节庆的是少女和妇人。当日夜晚，摆上时令瓜果朝天祭拜，祈求天上女神赋予她们聪慧的心灵和灵巧的双手，让自己的针织女红娴熟。未婚女子祈求能够找到如意郎君；已婚女子则祈求夫妻恩爱，家庭和睦。此俗延袭至新中国成立初期，后逐渐淡化。

七月半 农历七月十五日称“七月半”，又称“鬼节”。此俗起源有两种说法：第一种说法是有僧人名目连，其母死后坠入饿鬼道中而饥苦难挨。目连无法救母，求教于佛，佛教他于农历七月十五日作盂兰盆会以解母厄。第二种说法是每年农历七月初一至月终，阎罗开地狱之门，让那些终年禁锢的冤魂厉鬼走出地狱，获短暂自由，享人间血食。不管哪一种说法，人们视“七月半”为祭祀先人之日，皆备下酒菜、纸钱、香烛祭奠亡人，以尽追思悼念。

中秋节 农历八月十五日为中秋节，与春节一样被视为重要的团圆节日。全村打扫卫生，以整洁的环境欢庆佳节。出门在外的，都及时赶回与家人团聚。中秋节吃月饼、送月饼从未间断。村中饼店生意红火，所制月饼有大、中、小三种型号。小号直径在 12 厘米左右，中号较大，大号更大，有的直径达 30 厘米，如钵盖大小。大号饼一般是孝敬爷爷、奶奶或外公、外婆的。亲友之间馈赠多用中号月饼。还有制作、买卖糖塔的。糖塔制作工艺讲究：先要雕刻人物、动物、花木、建筑物等印模，规格约 20 厘米高，10 厘米宽。将白糖加入食红等色素煮成浆，注入模型冷却后打开，就成为不同式样、不同颜色的糖塔，既可玩，又可食，是最受小孩追捧的食品。中秋晚餐“中秋暝”，与除夕晚餐“长岁暝”一样为隆重的团圆饭，下午三四点钟就延客登席，或合家围坐，共享团圆盛宴。晚餐后，青年人领客携友，游街串巷；男女恋人出双入对，步月迎风。村人谓之“逛中秋”。

中秋节期间，大京村按惯例举办城隍爷迎神会，农历十六日起的 3 个晚上，连续举行城隍爷巡游活动。八尊高大的“黑白无常”“牛头马面”，还有“判官”“八蛮”“八将”伴随出巡，以此祈求城隍爷保境安民，使民众安居乐业。同时，延请福州等外地戏班到村公演助兴，亲戚朋友和十里八乡的民众都来看迎神、看演戏，整个村庄沉浸在喜庆欢乐之中。

重阳节 旧时，重阳节登山的多数是村里的文人、学士、商贾及家道殷实人家的子弟，农民、工人、渔户较少。解放后，读书人多了，懂得了重阳登高的含义，登高的人逐渐增多。登高活动包括登高远眺，游山玩水，邀朋携友，吟诗作赋等。1989 年将重阳节定为“老人节”后，重阳节成为尊老、敬老、爱老、助老的节日，每逢这天，村里都会组织老年人登山游玩，锻炼身体。不少晚辈，还搀扶老人到郊外散步散心。大京的林家，除清明节祭祖外，重阳节也备三牲祭礼，再度去蛤蟆墩祭祀祖坟，名曰“秋祭”，他们实行的是春秋“两祭”。

补冬 立冬有“交冬日补冬”的食俗。民间认为，天气转冷，身体需要补充营养御寒。中医认为，冬令进补能平衡阴阳，疏通经络，调和气血，增强体质。老年人更宜冬令食补，更显出其他方法所不能替代的效果。进补食品多样，经济条件好的人家，食用人参、鹿茸、燕窝等；一般人家，用羊肉、牛肉炖中药“八珍汤”食用；小户人家，宰一鸡一鸭，配中药炖食；贫穷人家，买些鱼肉混以大米，煮成“八宝饭”吃。此俗沿袭至今。

冬节 冬至为冬节，同“七月半”也称“鬼节”，要备三牲礼品、元宝香烛祭拜祖宗。若至亲长辈逝世未达百日的，这一天晚辈需备丰厚礼品拜祭，俗称“掏斋”。这一天还是收拾亡人骸骨的日子，土坟中的骸骨只定在这一天拣拾。

冬节的代表性食品是米饺，也称米饯。冬至前夜，家家户户搓汤圆、包米饯，先祭拜天地祖宗后再食用。米饯的制作方法是：用浸水糯米磨成米浆，压去水分后为稠浆，取部分稠浆煮熟为“母”，再将“母”混入大量稠浆揉成面团，将面团做成皮，包进甜或咸馅后捏成饺形的米饯。米饯黏糯可口，别有风味。

米饺

祭灶 民间传说灶公是玉皇大帝派驻各家的使者，专门负责了解一家人的善恶行为，每年腊月二十四日这一天，上天向玉皇大帝汇报一家人一年的情况。所以，每家每户都供奉灶公，有的供灶公、灶婆两神，把神位设在灶间墙壁上。灶公上天汇报之日，也是人们祭灶之时。晚饭后，各家将灶台收拾干净，摆上糖果、糕点等供品，点烛烧香拜祭。祭灶公的目的是讨灶公欢心，让他上天汇报时讲好话。用糖果祭灶公，是想用糖果甜润灶公嘴，汇报时不讲坏话。祭毕，合家吃灶糖，喝祭灶酒。祭灶，也称“小年”，小年过后，大年临近，人们忙着洒扫除尘，置办年货，给亲朋好友送年货等，过年的脚步越来越近。

除夕 除夕前，务必“扫尘”，一般在祭灶后开始。打扫房屋庭院，洗刷家具物件，拆洗被褥衣饰，整理牛栏猪圈，清除垃圾杂物，干干净净迎新年。“尘”与“陈”谐音，意为要把陈旧的扫出去，新鲜的迎进来。除夕当天，要贴春联、贴门神，门面一片红。粮仓和一些重要用具如犁、耙、饭甑、水缸等，也要贴上红纸条，以示吉庆。人们抓紧除夕前的时间清理债务，欠人的钱和物赶在年前还给人家，被人欠去的，赶在年前讨回来，午夜过后是新年，不便再索讨。

临近傍晚，燃爆竹、放烟花，增添喜庆氛围。接着，吃年夜饭，俗称吃“长岁暝”，这是一家人一年中最愉快、最热闹的时分。年夜饭既是物质大餐也是精神大餐，合家团圆，共享盛宴，其乐融融。菜肴少不了火锅、全炸鱼。火锅象征红红火火，吃鱼寓意年年有余。还要吃甜糕，昭示日子甜蜜步步高。即使不会喝酒的人也沾上一点，表示庆贺。城堡内下街的张姓人家，把腊月二十四日当作除夕，他们用猪头、全鸡祭拜祖宗后，一家人一起吃年夜饭。但除夕的晚餐，他们与平常一样，吃薯米饭，配菜蔬。据说，张家原先贫穷，食不果腹，祖母发誓：“若能薯米常饱，我子孙愿在年夜饭时也吃薯米。”后来，张家子孙无论贫富与否，皆不忘祖训，于二十四日晚吃丰盛年夜饭，除夕晚吃薯米饭。

晚饭后，大人给孩子发压岁钱。接着是“守岁”，年长者守岁，是珍惜有限之光阴；年轻人守岁，是延长父母寿命之期盼。一家人围坐一起嗑瓜子、话家常，以待午夜来临。午夜一过，家家户户燃放鞭炮喜迎新年，称“接年”。此俗沿袭至今。现在的“守岁”，多为观看中央电视台春节联欢晚会。旧时除夕夜，要在灶膛里压一大块木炭火种，至初一早上烧火做饭，称“压年火”，预祝新的一年家业兴旺。现在使用煤气灶，此俗取消。

◉ 庆典习俗

建房 建房前，先请风水先生择定方位、年份后，再定起工、合砖、架马、定磉、上梁、安门等适宜日子和时辰，每项仪式，房主均备红包、蛋酒敬献师傅。首要仪式为动土，也称“起工”，即在所定的时辰内，在地基上挖掘几下，表示开工即可。上梁仪式最重要，架扇、立柱、牵桁、上大梁，均要放喜炮或吹奏鼓乐庆贺，生肖相冲者回避。大梁正中钉子孙椽和红布飘带，贴“罗天大进”或“紫微銮驾”横额；梁顶挂红绳捆缚瓦片、压梁米及亲友赠送的彩布；二桁左右钉常青松柏，挂子孙灯、子孙槌。木匠立梁顶，唱《上梁歌》，撒五谷、蟠桃、铜钱、竹钉，寓意发财添丁。上梁仪式告成，举办上梁酒宴，邀请工匠、亲友。如今，多建砖混结构房屋，在新房开工、灌注平台和封顶等各环节，也参照原来建房规矩，举行相应仪式。

新房落成建新灶，用泥土筑灶，虽简易但尊贵，因为食物经它蒸煮才能食用。筑灶须遵循奠灶基、取土、造灶心、安五谷瓮等程序，每道程序应择吉辰施行，并给工匠送红包、仪蛋。所谓安“五谷瓮”，是将装入谷、麦、麻、豆、黍及铜钱、竹钉等物的小陶罐埋于灶心，寓意“五谷丰登，财丁两旺”。自从推行煤炭灶、液化气灶后，土灶逐渐被淘汰。但在建厨房灶台时，安放五谷瓮的仪式大多保留下来。

新房落成后，应择吉日良辰乔迁，俗称“搬厝”。要移火种、安床等。如今，人们搬新居时，还时兴到银行门口扫地，将扫来的沙土带入新房，寓意能沾上银行财气发财。

造墓 先请风水先生寻找风水宝地，测算朝向的山脉穴位。寻址定穴后，再定动土开工和入葬的吉日良辰。墓地一般建在深山远郊，原先靠人力运送石头、三合土等材料，后来雇用骡马驮运。坟墓大小视家庭经济条件而定，官宦、商贾人家，坟墓造得高大宽敞，立屏风、树碑文、建墓道等，面积在50平方米以上。一般人家只建简易坟墓，面积在30平方米以下。

入葬是关键仪式，本家族人员要披麻戴孝送灵柩或骨瓮到墓地，时辰一到，将灵柩或骨瓮葬进圹中，随即封闭圹门。泥匠在砌砖封圹时，东家要将荷包蛋夹起让他吃，目的是不让他讲话或想不好的事，诚心诚意封圹。与此同时，风水先生站立墓顶，高唱吉祥诗，边唱边抛撒寿桃和五色米。封圹毕，开始祭新墓。各支脉子孙均备祭品祭祀，并

造墓

古官道桥

备斗灯、子孙灯和火钵，寓意薪火相传、子孙发达。祭毕，除去披麻戴孝服饰，披红挂彩返回，俗称“回龙”。到家后，在家里再举行一次祭祀，称“下山祭”。主人设宴酬谢风水先生、造墓工匠、亲戚朋友等。

修桥 民间修桥须选择坐向，忌桥孔直对民居。选择吉辰动工，设礼祭鲁班，村人生肖与吉辰相冲者回避。桥梁落成，鸣炮庆贺，工匠解桥栏索、喝彩，并向四方抛撒糕点、水果。邀村中五代同堂或四世同堂，即被认为有“福”之家的家人先行过桥，俗称“纳福”。官方出资或个人出资所建之桥竣工时，则由地方长官或出资者先行过桥。新中国成立后，旧俗多废，但公路大桥竣工时，要举行通车剪彩仪式。

◉ 当地殊俗

挂葫芦 葫芦音与“福禄”相谐，外形圆滚有曲线，似福贵相。当地百姓认为葫芦吉祥富贵、避邪气，所以喜好葫芦。除在屋内悬挂葫芦外，还造“葫芦窗”。一般是临街门户，从一排拦腰板中，选择一块，在上面制成一个葫芦形小窗口。沿街商铺更喜欢葫芦窗，不但寓意招财进宝，且实用。晚上有人敲门时，往往不便开门，可通过葫芦窗问明情况，一些小生意也可在窗口交接，这样既方便也安全。

驮枷 旧时，大京村民认为当某人时运不佳、灾祸不断、家中多病痛时，是前世造的罪孽今世遭受报应。只有在城隍公面前许下心愿，自愿作为“罪人”驮枷赎罪，才会得到宽宥，免除惩罚。驮枷视“罪行”轻重分驮平枷、刀枷及绑枷三种，时间三年、六年或九年。“平枷”，用 4 条竹片钉成井字形枷子，是普通“罪人”所驮；“刀枷”，用 3 片刀形竹片钉成三角形枷子，刀锋向内套在脖子上，是罪行较大的“罪人”所驮；“绑

驮枷

枷”，则是捆绑加驮枷，是罪大恶极的“罪人”所驮。在每年城隍爷迎神会时，驮枷跟随在城隍爷巡游队伍后面游行，以示忏悔赎罪。

祭奠阵亡烈士 农历十月初一，是大京人专门祭祀历史上阵亡无主烈士的日子。祭品是用小木条或小竹子绑成三支脚的楼房骨架，外表覆盖稻草，制成一座“小楼房”，内设房间 36 间，再办三牲祭品和许多由米粉做壳、米团做馅的斋品。届时，请道士焚香、烧纸钱。祭毕，把“小楼房”烧掉，以示悼念。

◉ 渔家习俗

造船 造船的各个重要环节，如造大龙骨、造下英、上桅杆等，都要选择良辰吉日进行，并备下蛋酒、红包敬谢师傅。船体的骨架枋料采用倒头樟木。船舱口或中舱竹篷两旁各钉红布飘带，以示吉祥。船头安船眼，以观四方。竣工下水时，备办祭礼祭祀鲁班、海神。首航前，新船要先到妈祖庙前绕三圈，俗称“打圈”，后方可正式航行。如今，新船下水仪式简化为鸣炮庆贺。

拜娄郎爷 渔民认为有海神，称“娄郎爷”，又名“海和尚”，头无发，秃如僧，时常出没在海面和礁屿上。娄郎爷能遏制风浪，驱赶鱼虾，法力无边。拜祭他，既保平安，又旺渔事。择每月初二或十六日祭祀娄郎爷。祭祀方法是，从海水退潮后的最低点海滩上开始插香，随海水上涨，每涨一步便插一香，直至满潮处为止，确定这里为拜祭点，摆上供品，焚香烧纸钱祷告娄郎爷。祈求海上平安，能捕到大量鱼虾等。此俗现已废。

做海醮 渔民遭遇重大事故或自然灾害，生命财产遭受重大损失时，一般会请法师做法事，称“做海醮”，“海醮”即祭海之意。法师先挨家挨户净灶，全村斋戒。后设法坛，有的叠起9张八仙桌，搭9米高坛。法师登坛作法，或三天三夜，或五天五夜。具体有请神、发奏、通词、诵经拜忏、禳灾祈福及放水灯、放焰火等环节。做海醮，也可起到消除渔民的恐惧心理，增强信心勇气，鼓励扬帆出海再生产的积极作用。此俗逐渐淡化。

见尸打捞掩埋 渔民在海上遇见浮尸，一定要打捞上船并送往岸上埋葬，并称“好兄弟”。在生产季节里，如果产量比别的船只差得多，便要祭祀水中“好兄弟”，摆上五碗饭菜，烧香点烛焚纸钱，祈求“好兄弟”相助，驱赶鱼儿入网。果真获得好产量，还要再备一份丰盛供品答谢。现在遇见浮尸先报警，祭祀之俗废除。

禁忌 出海前不能讲不吉利的话，不能在船头及下网的船边撒尿。见过死人或到过丧家的人，应经法师念咒净秽后方可上船。船上有人员伤亡的，只能从左舷抬下。停泊时，前方如有不吉利之物，船眼要用渔网或布块蒙上。买来的旧船，要将舱门前的门槛换掉。

讨糍 正月初一开始，渔家便派出妇女和儿童到陆上人家中去讨糍粑，因为“糍”与“时”谐音，“讨糍”会“走时”，寓意走好运。所以，家家户户都讨糍。被讨人家也知晓渔家这一习俗，不会拒绝，加之正值过年时节，人们也乐于送给他们糍粑。往往一趟下来，每个妇女、儿童都能讨到许多糍粿等食品。

合船会婚 渔家的婚礼一般选择在浅水海滩举行，众多渔船分列两边：一边是男方家船队，另一边是女方家船队。其中，男方家船队有一艘新郎迎亲船，女方家船队有一艘新娘彩船。新娘头遮红盖头，身穿红衣衫，脚踩红布鞋，从头到脚红艳艳，在船上等候接亲。

先由礼仪人大声喊道：“合船会婚啦！”水手们应声挥篙撑船，使劲向对方船队驶去，两边船队汇在一起。迎亲船也向彩船驶去，新郎要亲自迎接新娘。当迎亲船靠近彩船时，会被女方家船队挡住。男方家船队上前排解，双方就此展开撑进、撑退的竹篙攻守战，喝彩之声震天。当迎亲船再次靠近彩船时，又一次被女方家船队的竹篙撑开。新郎必须奋力跳上彩船。尚未站稳，一群女宾拥上推他、搡他、戏弄他。躲在舱内的新娘出来解围，人们乘机将新郎、新娘推下船去，大家也一起下到水中嬉闹。接着，便是“抛红蛋”仪式，由男女双方亲家将红蛋一个个地抛向水中，众人一起抢红蛋，抢红蛋意为抢“吉利”。

最后是喝喜酒。宴席由所邀宾客操办，在沙滩上支起炉灶，提前煮好各式各样的菜肴。菜肴不用碗盘装，全部放在锅里，吃时直接从锅里舀、锅里夹。每家不吃自家菜，专请其他客人吃，而自己则去吃别人家的菜。为便于走动吃喝，只站不坐，到这家吃吃，那家喝喝。尽情吃喝，无拘无束。

◉ 禁忌与陋习

杨公忌 正月十三日是北宋名将杨令公（杨业）的杨家将战败金沙滩七子亡六的日子，人们把这一天定为杨公忌日，后来扩展为十三天，称“杨公十三忌”。但最忌的还是正月十三日这一天。是日，男女老少忌出门。回家过年的，严禁这天返回。有急事要外出的，尽量拖延到第二天。

岐头货不还价 农闲季节，人们三五成群，驾舢板、竹筏去岛屿的礁石上采摘贝藻类海鲜，俗称“讨岐”。所讨的海葵、石鳖、淡菜、锅贝、石蜐、藤壶等，统称“岐头货”，这些都是稀少、珍贵的海鲜。讨岐，是一项危险的劳动，因为礁石上长满蛎壳，

讨岐

手脚容易被刺破。越是陡峭处越有意外收获，稍有不慎，就会摔跌伤亡。礁石旁波浪起伏，浪头退下去的瞬间才能采摘，浪头起时不及时上挪，容易被海浪拖下去。故民间认为岐头货是用生命换来的，所以，在街市上买岐头货时不便讨价。“嫌贵就别买，要吃别嫌贵”，形成买方的规矩与习惯。

吃鱼 必须从鱼头吃起，先吃其他部位是犯忌的。吃鱼不戳鱼眼，不撩鱼腹，不把鱼翻个身来吃。遵循这一规矩的大京人，将鱼吃到最后，盘子里还能剩下一副鱼的骨架。冬日，人们喜欢将鱼煮汤冻着吃，别有一番风味。著名的有黄瓜鱼冻、带鱼冻、鲻鱼冻、龙头鱼冻等，这些鱼冻存放在瓷钵或大碗里。吃鱼冻时，除了遵循吃鱼从头吃到尾的规矩外，又多一个规矩，即不能把面上的鱼冻吃掉，而要从上向下纵深式地一片一片吃，即使吃到最后，也不要搅乱面上的鱼冻。

扫地 比较守旧的人扫地时，是从门口往屋内扫，而忌讳从里面向外面扫。认为从内往外扫，会把财富扫出去，从外向里扫，会把财富带进来。如今，人们不大注意这个禁忌，但在搬迁时，还是去银行门口扫一些沙土带到新家来，寓意能将银行的财富扫进来。

◉ 宗教信仰

道教 大京人历来信奉道教神祇城隍爷。据史料载，明洪武二年（1369），朱元璋赐封天下城隍，并设立严格等级：京都为福明灵王，其余省、府、州、县分别是明灵公、威灵公、灵佑侯、显佑伯。大金城隍庙建于洪武二十一年，城隍爷被封为“威灵公”，属府级城隍爷。乡村本来不设城隍，但大金设城隍且为府级，实属殊荣特例。同时，朱元璋还封阵亡将士为城隍神祇，享受香火祭祀。大金千户所将阵亡将士列为城隍神祇，划出专项祭祀资费，派人筹办祭品，适时祭祀。

原城隍庙因年久失修，至清康熙四年（1665）重建。清乾隆年间（1736—1795），举人郑鹏用公田田租和民众捐款扩建下殿。1934 年，再修。2002 年，经村人捐资，各方募款，在原址上重建城隍庙，建成一座宽 24 米，深 45 米，建筑面积 1100 平方米的悬山顶式大殿堂，为目前全县最大的城隍庙。

每逢农历初一、十五日清晨，庙祝先在庙内点烛烧香，擂大鼓三十响。之后，信众络绎到庙内进香祷拜。农历八月十六日是城隍爷诞辰“神节”。入夜，八抬城隍爷銮舆被抬着上街巡游。巡游时，雇请的两个戏班，皆由八名演员扮八仙分别走在队伍的前头和后面。队伍后跟随一长串驮枷“罪人”。“罪人”大抵是流年不利或家中多病多灾者，扮“罪人”驮枷，是向城隍公祈福禳灾。游巡队伍走遍大街小巷，所到之处，民众烧纸燃炮，虔诚迎接，街面上纸灰炮屑堆积盈尺。来自四面八方看迎神的人将街道堵得水泄不通。游毕，两个戏班分别开台唱戏，通宵达旦演出。

林丽玉自改革开放以来，一直从事城隍庙的管理与服务工作。每逢农历初一、十五日，都进庙烧香、点烛、打鼓。每逢神节，均前后忙碌多日。他不计报酬，无怨无悔。

佛教 大京境内建有佛教场所 8 处，其中宝岩寺、弥陀寺、宝仑寺、法华寺、华严寺 5 处；留云庵、吉祥庵、清和庵 3 处。另有泗洲文佛庙 5 座。宝岩寺建寺最早，始建于唐天宝二年（743），寺中尚留诸多文物。敕赐寺名的法华寺，是霞浦周边五县佛教界会议会址，是霞浦南乡一座大寺院。境内民众大部分信奉佛教，有的辞官出家修行，有的捐献田地为寺产。这些寺庙、庵堂无论地处远近，都有信众烧香拜佛，香火旺盛。

天主教 改革开放后，天主教从福安县传入窑后自然村。2000 年，信徒在西山岗建天主教堂，教堂面宽约 10 米，进深约 5 米，占地 50 多平方米，系砖混结构的长方形两层建筑，厅内摆放桌椅，是教徒集中活动的主要场所。截至 2016 年，村中信奉天主教的民众有近百人。

基督教 1947 年，西医林永乐到大京开设诊所，即福音诊所。次年，林永乐的母亲及弟妹也到大京行医，全家人均为基督教徒。在他们的影响下，部分民众也开始信奉基督教。改革开放后，在邻村或亲友的带动下，信教人员逐步增多。1975 年，在城西破园处始建基督教堂。2012 年，扩建教堂，占地 660 平方米，建筑面积 275 平方米，堂中礼拜厅可容纳 500 余人，是教徒们的主要活动场所。截至 2016 年，全村有 200 余户、七八百人信奉基督教。

◉ 民间信仰

玄天大帝 玄天大帝宫历来香火鼎盛，每逢农历初一、十五日清晨，擂宫鼓三十三响，信众点烛燃香祷拜。农历三月初三是玄天大帝诞辰，是日举行隆重的庆典活动，将神像置銮舆中巡游各村境，延请戏班公演三日。

三官大帝 “三官”是道教尊奉的天官、地官和水官总称，亦称“三元大帝”，即上元天官大帝、中元地官大帝、下元水官大帝。人们认为，三官大帝受玉皇大帝之命，下临凡间治理人类，于是立庙祀奉，祈求保佑。村人曾在龟山南麓建三官堂，供三官大帝，信众虔诚礼拜，香火不断。

齐天大圣　村民相传，有一年的农历四月二十六日，大京人在安福岭山坡发现一个破旧的石雕香炉，炉面有 4 个模糊字迹，从右到左的第四字疑为“聖”字，众人猜测是“齐天大圣”4 个字，自然认为是齐天大圣香炉，且是大圣飞炉来选址的。于是，信众便在安福岭上开山辟地，建起一座精致而又庄严的石木结构小庙宇，供齐天大圣像。庙中还备抽签用的签筒、告杯，配签诗 100 首等，供信众求签问卜。庙宇虽不大，但香火旺盛。信众大都选择每年农历四月二十六日，即发现香炉之日，到庙里许愿还福，烧香祭祀。庙内挂满信众所送的横匾和联版。

龙王　村民相传，民国初期东门街的曾伯龙，家庭比较富裕，年过五十尚无子，先后祈求村中神祇保佑生育未如愿。听说太姥山可“求梦生子”，遂跋山涉水前往求梦。当晚，在梦坛上果做一梦，梦见一白衣长者告诉他，要多做好事，善行功德，神明自然保他如愿。醒后思忖，认为白衣长者是白龙化身。回家后，决定建龙王庙奉祀。龟山上原有一座白龙庙已废，旧址仍在，曾伯龙乃择旧址重建，经艰辛劳作，庙宇终于建成，祭祀的信众络绎不绝。次年，妻子怀孕，果生一子，全家爱如掌上明珠，取名“纪得”，即记得神明保佑。龙王庙香火旺盛。1946 年，被人纵火烧成灰烬。解放后，重建龙王庙并进行多次翻修。

康元帅　村人于明代末期在北街西侧始建康元宫，奉祀康元帅。因康元帅掌管城隍和土地，故中秋节城隍爷巡游途经康元宫时，要在宫前对康元帅行三鞠躬礼。康元宫历来香火旺盛。

齐天大圣宫庙

土地公 即福德正神，是当地的“土主”和保护神。大京村分街境、地块、路段建土地庙供奉土地公，甚至人们家里、生意兴隆的店铺中也供土地神。有的还供土地公、土地婆。境内土地庙多达 40 余座，所建庙宇多为土木结构，规模不是很大。主要有巷头顶、南城下、东门瓮城、西门桥外等土地庙。每逢农历初一、十五日，都向土地公点烛烧香。二月初二是土地公生日，也称“社日”，人们举行隆重的祭祀活动。解放后，祭祀活动逐渐淡化。

赵天君 大京人在明末时期就供奉财神爷赵天君，每逢农历初一、十五日，人们怀着求财纳福的心理焚香祷拜，祈求保佑发财，香火特别旺盛。尤其是商人，朝拜最为殷勤，祭品最为丰厚。随着时代变迁，此俗由兴渐废。

孔夫子 大京文庙坐北向南，大厅的神龛中祀孔夫子坐像，旧时读书人每逢农历初一、十五日都到文庙点烛焚香，虔诚祭祀。农历八月二十六日为孔子诞辰，书香人家或殷实富户都备办丰厚祭品，携子弟到孔夫子像前顶礼膜拜。乡塾的学子，由塾师率领在孔夫子像前焚香礼拜。清代至民国时期，文庙香火一直兴旺。后由于年久失修，文庙坍塌。

朱熹文公 大京村于明末清初开始奉祀朱熹文公。每逢农历初一、十五日，人们到文庙对孔夫子点烛烧香之时，也对朱熹文公焚香礼拜，其香火与孔夫子等同兴旺。孔夫子诞辰日，乡塾学子由塾师带领到文庙孔夫子像前焚香礼拜后，再到朱熹文公像前焚香礼拜，并背诵《朱子家训》。

文昌帝君 文昌帝君乃文章学问之神，主管人间功名利禄。大京人尊崇文昌帝君，塑其神像，时常祭祀。一些文人学子在奉祀孔夫子的同时，一并敬奉文昌帝君，虔诚祈求文昌帝君保佑自己功名成就。明代至民国时期，香火鼎盛。

广利侯王 广利侯王是武将出生，但慈眉善目，是海上保护神。海边村落的村民祭拜广利侯王，祈求风调雨顺，海上平安。

英惠侯王 英惠侯王的来历有两种说法：一种说法是卫境安邦的湘黔少数民族首领杨再思。另一种说法是陈苏，河南光州人，唐乾符三年（876）随王审知入闽，后定居罗源县。他为民众做了很多有益的事，民感其德，奉他为神。南宋嘉定二年（1209），敕封为“英惠侯王”。人们更倾向于陈苏是英惠侯王的说法。明万历年间（1573—1620），开始奉祀英惠侯王。侯王宫背依的小龙岩山，状如巨蟒下山，神殿下常有微风吹拂，人称“蛇吐灵气”，香火旺盛。1966 年，侯王宫被“9・3”强台风摧毁。2012 年，村民筹资重建，宫内玻璃神龛中供奉英惠侯王及其夫人。

陈靖姑 陈靖姑小名“陈十四”，民间称“奶娘”或“奶娘婆”，又称“临水夫人”“顺天圣母”等。大京人历来信奉陈靖姑，清代所建的育贤宫供奉陈靖姑、陈林李三夫人及三十六婆神、七十二婆姐等，这些女神都是主管人间婚姻生育大事的。每逢正月十五日陈靖姑诞辰，进香祈拜的女众络绎不绝。至夜，宫内灯火通明，香烟缭绕。未婚待嫁者祈求奶娘保佑她们能够找到如意郎君，婚而未孕者祈求奶娘能够早日赐予她们一个聪慧伶俐的孩儿。

祈求奶娘赐子有一套程序，即选村中最有权威的接生婆一人，经道士设坛奏报奶娘后确定为神定接生婆。奶娘诞辰当日，接生婆备福礼祭拜，其中必备一盘大米粉制作的白桃和一盘水仙花。妇女到宫中求子时，要点香烛、烧元宝，送上一双小绣鞋。同时，可拿走两个白桃、一枝水仙花。回家后，妇女吃下白桃，将水仙花插在灶公香位上。

已生育的妇女，还在家中设床奶娘庇佑孩子，共设床前、床后、床左、床右 12 位床奶娘。逢年过节，在床上安放簸箕，上摆饭食祭祀床奶娘。孩子出门时，口袋里还要放一些香炉中的香脚，意为床奶娘随同保佑。新中国成立后，此俗逐渐淡化。

妈祖 又称“天后”“天妃”“天上圣母”，为船工、海员、渔民信仰的神祇。天后宫始建于明洪武三十年（1397），后毁圮。改革开放后重建，2006 年扩建。天后宫历来香火旺盛，每年农历三月二十三日为妈祖诞辰，届时村中举行庆典活动。妈祖神像銮舆由八名壮汉抬着巡游村庄和海边，祈求保佑海上平安，渔业兴旺。诞辰期间，延聘戏班公演三日。2005 年 10 月，大京天后宫加入中华妈祖文化交流协会，成为会员单位。2006 年 6 月，加入霞浦县妈祖文化交流协会，成为常务理事单位。2006 年 11 月，被列为霞浦县第二批县级文物保护单位。

丹湾村人原籍福清县，清代初期迁入，已发展到 167 户 650 余人。村人从事海上捕捞作业，特地到莆田湄洲祖庙分灵妈祖金身，在本村岐头鼻建小宫庙奉祀。1999 年，在故址上扩建妈祖宫。自建宫以来，信众纷纷前往叩求祭拜，香火旺盛。每逢妈祖诞辰，都举行隆重的庆典活动。本来妈祖诞辰是农历三月二十三日，但丹湾村的诞辰活动却提前至正月十六日。原因是农历三月是繁忙的捕捞季节，经祷告妈祖获恩准后，将诞辰改为正月十六日。正月十五日晚，丹湾村人就举行庆典活动。由事先遴选的八名壮汉抬着妈祖神像銮舆在境内巡游。2006 年 10 月，丹湾妈祖宫成为中华妈祖文化交流协会的会员单位。

◉ 集场庙会

城隍神节　农历八月十六日为城隍神节。是日晚，城隍庙的城隍爷神像连同玄天大帝宫的玄天大帝神像被请出来，分别乘八抬大轿出街巡游，以应村民“驱邪灭怪，惩恶扬善，禳灾祈福，吉庆祥和”的愿望。雇请的两个戏班皆由八名演员扮演八仙，分别走在队伍的前头和后面。在队伍前开道的是四对手握铁链的黑白无常，他们的身子是用竹篾制成的架子，外套衣服，由真人驮着行走。跟在巡游队伍后面的，是人数庞大的“驮枷”队伍。

巡游队伍游遍大街小巷，街道被挤得水泄不通，所到之处，各家各户燃纸钱、鸣炮仗虔诚迎接。游行毕，城隍爷、玄天大帝神像被送回所在宫庙。接着，两个戏班分别在城隍庙和玄天大帝宫处搭台唱戏，演出通宵达旦。天明时，街道上纸灰炮屑盈尺。

妈祖生日　农历三月二十三日是妈祖诞辰，大京人称“妈祖生”或“妈祖三”。诞辰之前，由女信众给妈祖换上新装。诞辰当日，举行妈祖“走水步沙”活动。清晨神铳三响后，将妈祖神像请上銮舆，由八名壮汉抬着前行，队伍前鸣锣开道，随后有头牌执事、彩旗、云幡、五彩龙门、闹船、海蚌、香亭、八将八仙、掌扇、龙伞、吹班等一应人马，组成一支几十米长的队伍。队伍沿海边的窑后、港里、溪边城等村一路巡游，一直游至退潮后的大京沙滩上。巡游时，大步疾走，每遇湾口将銮舆连顿数下，以此祈求海上劳作平安、海况兴旺。巡游至下午 2 时回宫，游程达 10 多千米，是霞浦县妈祖游程最长的。傍晚 6 时，再次巡游，仪式依前，为渲染夜间气氛，游行人员手执火把，整个队伍像一条长长的火龙，蜿蜒穿梭在大街小巷中。沿路鼓乐喧天，

请神

迎神

巡街

神铳鞭炮震耳。所到之处，商店、住户人们手握元宝、香烛、鞭炮虔诚恭候光临，场面热闹非凡。其间，还为妈祖诞辰连续演戏 4 天，家家户户像过节一样招待看戏的宾客。此俗延续至今。

丹湾村在正月十五日晚就举行庆典活动，在鸣炮声中将妈祖神像请上銮舆，由八名壮汉抬着巡游，巡游队伍就像一条五彩缤纷、华光璀璨的巨龙，浩浩荡荡地遨游于村头巷尾。随即，戏班开演八仙戏，尔后，连演 3 天神节戏。

铁机巡游 据史料载，清乾隆年间（1736—1795），正月十三日至十五日元宵节期间，村中都举行大规模的“迎奶娘”铁机活动。所谓“铁机”，八仙桌大小，高约 3 米，整体为框构，上有台座，下有台基，周围挂纬幔、系彩带、结花团，装饰华美。把穿上盛装的奶娘神像，安放在台座上。有高超的艺人，在扎扮的奶娘等神像内安装机关，使之会做简单的动作。若同时有多个铁机队巡游时，还会互相比试神像动作的灵敏度。铁机上站立数个由 10 岁左右的男女童装扮的各种神祇人物，与奶娘相呼应。铁机由 4 ~ 6 人抬着行走，后面跟随持举龙伞、旗幡及敲锣、打鼓、吹唢呐的人员，两侧有随员扶持，外围有数十人拉着布护圈拦护。队伍前头由一个牌灯和两面大锣开道，俨然旧时大官员出巡，浩浩荡荡地巡游在街道巷弄里。所到之处，人们鸣炮烧香，虔诚膜拜，氛围隆重热烈。

台阁演出 台阁由木条搭成架子，高约 2 米，上面铺板为台供演出，面积约 6 平方米。艺术装饰，花团锦簇。台阁不用车辆运载，而由数人抬着行走，因为重，途中抬阁人要轮流替换。演员在台上表演，乐队在台下伴奏，一边巡游，一边演出，沿途热闹非凡。巡游至闹市、街口、大商号、大商店等唱点时，作短暂的停留演出。此时，民众蜂

妈祖出巡

铁机巡游

拥而至，家门口、店铺里、街道中挤满观众，气氛达到高潮。每逢春节、神节，都举行铁机台阁演出。有铁机出巡时，台阁也相随演出，故称“铁机台阁”，被誉为“流动的神殿和舞台”。

◉ 民间娱乐

曳石 明嘉靖年间（1522—1566）一个中秋夜晚，福宁州城内兵力空虚，倭寇欲乘机攻取州城。坐镇城中的戚继光生出妙计，让百姓用绳子捆绑石头，在石板街道上拉动，发出声响如鼓鸣。倭寇看到满城灯火，又听战鼓齐鸣，以为千军万马在备战，只好不战而退。此后，每逢中秋夜晚，人们便举行“曳石”活动，以此纪念戚继光抗倭事迹。

举行活动时，选取长 0.7 ～ 1 米的平面方形石，石旁夹硬木，以绳索扎牢，石前系长麻绳，供牵引。石后系短麻绳，供把控方向。牵石人员最为关键，一般挑选强健精敏的青壮年男子数十人，在前拖石快跑，选一两人在后面牵绳扶石定方向，再选一人坐石上指挥。曳石时间定为农历八月十一日至十五日晚上，十五日夜达到高潮。其间，全村 10 余个曳石队沿街拖曳，高声呐喊，你追我赶，争先恐后，观者在旁助威。间或有 2 个曳石队对冲，相互争道不退让。是时，整个村庄灯火通明，人声鼎沸，盛况空前。

放风筝 风筝俗称“纸鹞”。用竹篾制成鹞形框架，表面用纸张裱褙，头部系线作牵引，尾部系起平衡作用的尾穗。起飞时，牵住头部系线顺风快跑，逐步放出长线，使鹞徐徐上升，慢慢飘向高空。放鹞季节一般是农历八月至十二月间，这时农作物已收成，田野宽阔，且北风强劲。是时，田野、河岸、晒谷场，都是放纸鹞的好去处。

纸鹞种类繁多，形状各异。硬翅飞得高远，软翅飞得灵动。有人物、动物及物品造型，常见有蜻蜓鹞、蝴蝶鹞、鹰鹞、鹅鹞和人形鸢等。有技高艺人制作的大纸鹞，不但飞得高，还会发出“嘟嘟”的声响。

早些年，孩子们都是自己动手制作纸鹞，用竹篾做框，报纸裱褙，虽然做不出精美的纸鹞，却是自己的劳动成果，看着飞上天去的纸鹞，无比高兴。如今，孩子们玩的风筝都是在店铺购买的，虽然漂亮，但飞不出那份情感来。

放天灯 天灯又称“孔明灯”。灯的骨架用细篾制作，小铁丝捆扎，外壳用纸张或薄布装裱，上端封后留小口，底部安装小灯盏，盏内贮松明、橡胶或煤油。傍晚时分，在郊外燃放，点燃后松手放开，天灯慢慢飞起，随风上升，升到几百米的高空，在那里晃晃悠悠、亮亮闪闪地飞舞，如眨眼星星，煞为好看。有人还在灯上写几句祝愿的话语，放飞高空，祈祷心想事成。天灯燃料耗尽或火势减弱后降落。

走马灯 元宵节或中秋节夜晚，多数店铺悬挂走马灯，少数人家也在厅堂张挂。走马灯制作相对复杂，灯架有圆形、方形，骨架篾条宜细不宜粗，表面裱纸光薄透明。灯座安装可旋转的器件，中心的空轴直通灯面气孔。轴外圆圈为艺术剪纸造型，有马超追曹操、武松打老虎等。随着灯内灯盏燃烧，空气向气孔上升，从而推动轴外圆圈的剪纸模型转动起来。只要灯盏有油，走马灯就转个不停。

羊咩咩 也称“老虎捉小羊”，孩子们作为小羊排成一队，相互抓牢前面一人的后衣襟不松手。队前一人为领头羊，由他保护群羊。一人扮老虎，来抓小羊吃。游戏开始后，老虎左冲右窜冲向羊群抓小羊，羊群也左拐右挪躲闪。要是有人抓不牢衣襟被甩出去，就会被老虎抓走吃掉。此时，老虎归队变小羊，被吃小羊扮老虎，新一轮游戏开始。通过这种游戏，可以培养团队精神和头领保护群体意识。

过城门 由两个孩子对面而立，高举一臂，相互五指交叉搭成弧形“城门”。其余孩子手牵手连成一长串，依次钻过城门。待所有孩子钻过城门后，搭成城门的手仍不松开，两个扮城门的孩子共同翻转一下身子，便恢复原先状态，又循环开始新一轮的过城门游戏。两个孩子在扮城门时，反复齐唱“猴穿洞、狸串门，穿来穿去过城门”歌谣，嘹亮的歌声，使孩子们玩得更加起劲。

挤位尖 孩子们选择较宽的墙角，靠墙壁站成一排，每个人的目标都是用肩膀把前边一人挤出队列，争取自己到达墙角，成为这个队列的排头兵和优胜者。活动人数不作限定，场所比较灵活。学校围墙开阔，是最佳场地，一下课，同学们就赶至墙边挤位尖。尤其冬天，大家蜂拥而至，使劲拥挤，既活动手脚、暖和身子，又热闹有趣。

抽陀螺 也称“打猴陀”。陀螺为木制，呈圆锥形，上大下小，锥端加铁钉或嵌钢珠，使之易转耐磨。鞭杆是一根长约30厘米的小木棍，端头匝一根棉绳或麻绳。以绳绕陀螺上部拉动后旋于地，手执鞭绳抽打转起来的陀螺。可间隔、匀速，可轻力、重力抽打，使陀螺平稳转动不停顿。有的还将麻绳浸水后再抽打陀螺，发出的“啪啪”声响更加带劲。

竞赛最有趣，两人一组，相互抽打陀螺，使之慢慢靠近后，大家喊“一、二、三”

后，使劲狠抽一鞭，让自己快速旋转的陀螺向对方冲去，两陀相撞后弹起而跳开。若双方陀螺继续转动，算平局，就继续撞下去，直至一方被撞倒才决胜负。

弹瓦琴 磨制 5 个如铜钱大小的圆瓦片，其中 1 个较大。游戏时，先将 5 个圆瓦片撒在地面上，使之均匀散开。然后用左手掌撑在地面上，形成弧形仓库。接着用那个大的瓦片作弹子，用右手中指去弹，逐个将小瓦片撞进仓库里。撞击时，每次只能撞一个小瓦片，连带碰到其他小瓦片算失败，要重来。

猴孵蛋 一人扮猴，弯腰俯身，四肢着地。以三五个小石头为蛋，置身下地面上，作孵蛋状。猴子可用双脚弹、踢、扫等动作来防御，以防止蛋被抢走。其余众人伺机抢蛋。抢蛋人的身体若被猴子踢着则为输，输者要去替做猴子，游戏重新开始。如果蛋全被抢走而没人被踢着，就要惩罚猴子，即抢蛋人排成两排，猴子快速从中间跑过，两排人可肆意拍打猴子的屁股。

拾石魁 这是心灵手巧的孩子们的游戏。要准备一副简单的工具，即一个小圆石，三五个小石子。最难找的是小圆石，要扔在石板上能弹跳的，往往翻遍整个鹅卵石滩才能捡到一两个，其他小石子无所谓，不规则也行，小石子被喻为“石魁”，拣小石子即“拾石魁”。常见玩法有“仙女散花”“九天云雨”等花样。

游戏时，用一手抓小圆石和小石子，一边将小圆石向上扔的同时，一边把小石子撒在石板上。在拣起每个小石子的同时，要接住弹起而下落的小圆石。这样反复多次，直至拣完所有的小石子。最后，向上扔小圆石，把所有抓在手上的小石子撒在石板上，并立即将所撒小石子一下子收抓在手，还要接住弹起而落下的小圆石。这样，一局才算完胜。其间，如小石子没有抓完，或落下的小圆石没接住，算失败。游戏时，大家齐唱由拾魁程序编成的韵律儿歌，按歌儿节奏有序拾魁，玩得开心。

掷铜钱 掷铜钱是孩子们的游戏，却有博弈色彩，不提倡。其方法是，若干孩子，各自先拿出一枚铜钱，将铜钱平面使劲掷向壁板，铜钱反弹落地后，距离有远有近。先由距离最远的那个孩子，站在铜钱落地的位置上，用这枚铜钱去投掷其他距离近的铜钱，掷中了，就赢得那枚铜钱，若没掷中，就轮到距离次远的那个孩子来投掷，如此按距离顺序投掷，直至所有的铜钱被赢完为止。铜钱停止流通后，没有足够铜钱用于游戏，便改用人民币硬币投掷，但它的块头、手感不如铜钱，加之硬币有面额，大人不让玩。

◉ 传统体育

猴拳 猴拳是融猴形、猴态于攻防技法的一种拳术，大京人明代就开始练习猴拳。猴拳有“三十六路”招式，其身法模仿猴的缩脖、耸肩、含胸、圆背、束身、垂腕、屈肘、屈膝等；手法模仿猴的摘果、攀缘，或叼、采、抓、扣等；步法模仿猴的跃、窜、进、退，有脚尖步、小跳步、交叉步等；眼神像猴子守物一样专注。在技击中，主要运用上肢进行格挡、击打、掐拿等。起腿不多，偶用缠蹬、弹蹦等。猴拳的特点以灵敏善变、出手脆快见称。现代猴拳还将一些腾空翻转和就地滚转动作编入招式中。整体套路模仿猴子出洞、窥望、摘果、争斗、嬉戏、惊窜、入洞等系列情节编演而成。

游泳 俗称“泅水”。大京濒临大海，要与海打交道，视游泳为必要技能，窑后、斗米、海尾、丹湾等渔村几乎人人会游泳，还不乏游泳高手。每逢夏季，海上满是游泳人。大京人自己发明的泅水方式有“卧泅”“抢泅”“站泅”“困泅”“猪仔漏”和“淀水迷”（潜泳）等。随着大京旅游业的发展，无数国内外游客云集大京海滩，如是夏日，必下海玩耍，他们带来的自由泳、蛙泳、蝶泳、仰泳等标准式游泳，指导和促进了本地游姿的改进与翻新。

走土棋

村人在劳作之余或空闲之时，相聚一起走土棋。可就地画棋盘，随手拾石子、贝壳、小棍棒作棋子，对阵博弈，其乐无穷。土棋种类很多，主要有以下几种走法：

走三 棋盘上横、竖、斜线上的每条线段都有3个交叉点。以空白棋盘开局，双方轮流在交叉点上落棋子，满子后将一些废子去掉，便开始走棋。棋子被吃尽者负。

走的 棋盘四横四竖，每方6个棋子，在交叉点上落棋子。己方有两个棋子若跟对方一个棋子同处一条直线上，便可吃掉对方棋子。棋子被吃尽者负。

走溜 与“走的”的棋盘一样，但每方都多2枚棋子，且走法不同。只要走到对方有棋子的交叉点上，便可吃掉对方棋子。棋子被吃尽者负。

走畚箕 只要把对方棋路堵死，使其无路可走便为胜。因棋步变化不多，只要双方熟谙诀窍，大抵以和棋告终。

走担担 如果己方棋子所在的直线两边，对方的棋子是对称的，便可把对方对称的棋子变为己方棋子，反之亦然。这种棋形与挑担相似，故称“担担”。如一方棋子全部变成另一方棋子，另一方胜。为辨认转变的棋子，棋子大多采用可翻面的小贝壳充当。

走橄榄 是用自己的棋子去围堵对方的棋子，对方棋子被堵得无路可走后，可将其吃掉。棋子被吃尽者负。

斗力 是集体性活动，规则是两“马”对抗。每队由4人组成，一人在前做“马头”，两人在后各伸一手搭马头肩上为“马背”，一人坐“马背”上称“力士”。两“马”接近，力士相斗。力士可采取推、扭、拉、摔、顶等动作，设法让对方力士落“马”，一旦对方力士脚着地即为败。“马”亦可拌、缠、钩对方的“马”，配合力士作战。这是相对激烈的游戏，许多儿童尤为喜欢。

爬绳 将一条粗大的绳索两头拉紧、系牢，并高悬。玩者抓住绳索，凭双手之力，让身体沿着绳索上下升降，也有手脚并用的。比赛规则是，视升降的速度快慢和次数多寡而定输赢。

爬竿 立竿方式有两种，悬竿于树枝之间或吊架之下。爬竿同爬绳一样，分用手和手脚并用两种。比赛有比速度、比距离、比耐力等多种。

跳绳 也称跳索。通过有节奏的挥臂和弹跳，不但全身运动，还可锻炼耐力和技巧。跳绳花样翻新，有向前晃绳、向后晃绳、双手交叉晃绳，有单脚跳、双脚跳、双脚轮跳，还有个人跳、双人跳、集体跳等。

跳橡皮筋 是女孩子特别喜爱的项目。用一条橡皮筋，两头固定，或由两人分牵两头，然后绊绕橡皮筋跳跃。跳法有单人、双人或集体跳，动作有跳、挑、勾、踩、跨、摆、碰、绕、掏、压、踢等。还有并列两条橡皮筋进行多人跳和花样跳，有的边跳边唱动人的歌曲。

跳框 也称踢框，一般在地面上画4 ~ 10个相连的框格。单脚站在框格里边跳边踢小瓦片，从低级到高级一格一格地将小瓦片跳踢进去，小瓦片不能压线。跳框玩法有不同花样，如踢“一千锦”，即在各个框里标着100的数字，以所踢进框的数字相加，多者胜。

踢毽 取铜钱或穿孔铁片作扣子，取鸡毛或鹅翎几根，用布条系牢，穿进扣子扎紧便成毽子。孩子们制作的较为粗糙，大都制作纸毽子，把旧本子的纸张撕下来，从一边开始剪成若干细长的小纸丝，到另一边止不剪断，使纸丝接头相连，用五六张这样的纸张卷起，把接头扎紧，一团蓬松松的纸毽即成。踢毽子是一种技艺，可单人踢、集体踢，可单独踢、交叉踢，可简单踢、花样踢。踢毽好处很多，是全身运动。脚眼配合踢准毽子，扭转身子踢出花样，动作优美犹如跳舞。比如，右脚向内踢三下，左脚向外踢三下，然后右膝盖顶两下，左膝盖顶两下等，让人目不暇接。比赛规则是，以毽子是否落地决胜负。

◉ 渔乡歌谣

潮汐歌

初一、十五水涨罩。

初八、廿三水涨人煮暝。

渔事歌

红膏蠘两头平。

三月虾蛄四月蝯，五月章鱼大脚腿。

初八、廿三下工不带篮。

大京地形歌

双狮高，双狮矮，双狮落海底。

双剑插龙头，两头乌龟把港口。

两只凤凰衡书册，两头鲤鱼头顶头。

谁人能得到，珍珠用箩不用斗。

十二时令月歌

正月红，火炮仔噼啪筒；二月红，拿柴担出门前；

三月红，人割草牛犁田；四月红，人拔秧忙播田；

五月红，苍蝇粽挂面前；六月红，蒲扇仔摆莫闲；

七月红，银仔灰飞爨前；八月红，中秋饼嚼半瓣；

九月红，重阳肉撕嘴前；十月红，人收市闹莫闲；

十一月红，冬节饺半浮沉；十二月红，饭甑仔炊莫闲。

酒令·歌谣

一

一头麻雀衔谷穗，今晚喝酒齐不醉，酒桌讲好话，荣华富贵。
一头麻雀衔荔枝，今晚饮酒齐遵规，酒桌讲好话，一子千支。
一头麻雀衔年橘，今晚饮酒齐不急，酒桌讲好话，平安大吉。

二

有去有来梁上燕，有去无来弦上箭，雪中送炭人少见。
有去有来机上梭，有去无来水上波，助人为乐品德高。
有去有来口中气，有去无来屁股屁，大事切莫乱主意。

三

茶瓯也是瓯，酒瓯也是瓯。吴王食大麦，那瓯叫作瓯。
茶盅也是盅，酒盅也是盅。沈芳饮冻雪，那盅叫作盅。
茶杯也是杯，酒杯也是杯。韩信放纸鹞，那飞叫作飞。

四

读书人笔涂墨，墨涂笔，二字拆开两个一。在家千日好，出路没法的。
裁鞋匠月爿刀，刀爿月，朋字拆开两个月。在家千日好，出路混过月。
挑工汉担担躲，躲躲担，出字拆开两个山。在家千日好，出路百艰难。

五

卷纸落地无声音，也要笔墨来交情；
写得文章中人意，题名金榜值千金。
稻花落地无声音，也要犁耙来交情；
耕得田园中人意，收成五谷值千金。
头发落地无声音，也要油蜡来交情；
梳得蟠龙中人意，嫁得贵婿值千金。

六

有成都有许都，都顶都遇到何仙姑。
饮酒不言真君子，轻财分明大丈夫。
有南京有北京，京抵京遇到吕洞宾。
自古钱财如粪土，劝君情意值千金。
有南昌有武昌，昌对昌遇到铁拐仙。
自家喝酒痛个快，管他人言说无边。

七

竹天是笑，口斗是吅[①]。弥勒坐前堂，嘴唇翘翘，不知是笑是叫。
真页是颠[②]，人山是仙。济公食犬肉，满口胡言，不知是颠是仙。
目垂是睡，酉卒是醉。高烛照红妆，昏昏沉沉，不知是睡是醉。

八

单青是青，加水也是清；去了清边水，加争变成静。
清水谁不爱，朱紫袍，玉阁带，坐文堂，真体态。
文堂三碗菜，山珍海味家常菜。

单禾是禾，加口也是和；去了和边口，加斗变成科。
和科谁不爱，红袈裟，金扣带，坐佛堂，真体态。
佛堂三碗菜，香菇木耳金针菜。

单乔是乔，加木也是桥；去了桥边木，加女变成娇。
乔娇谁不爱，红罗裙，丝飘带，坐牙床，真体态。
牙床生贵子，胜你山海三样菜。

---

① “吅”是“叫”的异体字。
② 应为“癫”，疯癫之意。

九

红酒对白瓶，李白问刘庸：满朝朱紫贵，尽是读书人。

红杏对白梅，子路问颜回：窗前勤奋读，马上锦衣归。

红马对白羊，韩信问张良：将相本无种，男儿当自强。

十

鱼有鳞，摇不响；会过江，不划桨。

猴有袋，不装谷；会做戏，不唱曲。

鸡有髻，不戴簪；会报晓，不打更。

十一

三个出头大丈夫，三个女旁姐妹姑。

有了姐妹姑，好配大丈夫。

三个雨头霜雪露，三个衣旁裙袄裤。

有了裙袄裤，好遮裙袄裤。

三个宝盖官宾客，三个鸟旁鸡鹅鸭。

有了鸡鹅鸭，好请官宾客。

猪头猪耳，地名围屿；欲享香花，最爱茉莉。

猪肺猪肝，地名虎坑；欲享香花，最爱牡丹。

大肠小肠，地名南塘；欲享香花，最爱海棠。

上青下青白是牙，好食无骨是茶。欲讨古人名字，周文王拜子牙。

上青下青白是韭，好食无骨是酒。欲讨古人名字，人心寻访事久。

上青下青白是秧，好食无骨是汤。欲讨古人名字，吴用协助宋江。

十二

龙在大海，自由自在，出来行雨，何等厉害。
人人都说抽龙筋，讲是这样讲，代[①]是没这代。

虎在深山，自由自在。出来咬人，何等厉害。
人人都说拔虎尾，讲是这样讲，代是没这代。

象在郊原，自由自在，出来毁林，何等厉害。
人人都说取象胆，讲是这样讲，代是没这代。

十三

墨斗曲尺一对，一根柴砍得圆碎碎。皇帝金銮殿是我造，我要夹一块。
剪刀尺也一对，一丈布剪得圆碎碎。皇帝的龙袍是我缝，我要夹两块。
犁耙兄弟一对，一坵田翻得圆碎碎。皇帝全家食我的，该我全盘都要。

十四

有柏洋，有卢洋。洋靠洋，秀丽山色喜气扬。
有下浒，有外浒。浒连浒，浒山瑞色映浒泽。
有沙江，有竹江。江对江，东吾洋畔照红色。
有大金，有小金。金比金，此金不比那金。
金、金、金，烈火炼真金。
追送还客金，身价当南金。

① 大京方言，事情的意思。

大京秋色

滨海旅游

大京三面环山，一面临海，山清水秀，石奇礁异，但由于历史原因，大京绚丽多彩的人文生态滨海景观，直到20世纪80年代末才逐渐为人们所关注。大京滨海的自然景观有金色的沙滩，奇特的岛礁，神秘的山石岩洞等；人文景观有历史悠久的古城堡建筑，古朴精致的明清古民居，战痕累累的红色景点以及美丽乡村诸多看点。古景新韵，令游人耳目一新。大京滨海游玩形式多样，服务设施配套齐全，有数十家酒店、度假村为游人提供良好的吃住条件，已具备旅游“吃、住、行、游、购、娱”的六大要素。2016年，大京开始全面规划挖掘和开发潜在的旅游资源。

『幸有瑶台真境界，何须白昼去升仙。』在这里，阳光、海浪、沙滩与海鲜，都是挡不住的诱惑。

◉ 旅游

自然景观

大京自然景观优美，沙滩岛礁风光迷人。有海就有湾，有湾就有沙滩和礁石。一条漫长的S形沙滩内外分布着许多景点：沙滩、林带、天然泳池鸭池荡、鹅卵石滩、笔架山及周边其他岛礁。这些景点具有视野开阔、游玩内容丰富等特点。沙滩外是一望无际的大海，大海风平浪静，是夏季游泳的最佳场所。沙滩上有一排类似巨龙的绿色林带，即便在风雨之时，远远望去，长长林带也犹如一条绿色巨龙在沙滩上尽情摇摆，甚是壮观。大京沙滩吸引了众多游人，被誉为“闽东北戴河”“福建夏威夷”“东海明珠”。

大京的山脉由霞浦县南最高山葛洪山的分支延伸而出，一路如龙蛇屈曲低昂，东北西三面绵延呈畚箕状。北经北门岭至天瓢山顶狮球山，蜿蜒至积石岭、马耳头、安福岭；西折至凤髻山、八仙岩、潘头岭、罗湖岭；南经闾峡岭、烽火台，至塔仔鼻尾入海而止。游览可由北门古官道上狮球山，绕龟山回大京村；亦可由西门古官道上龙岩山，游仙洞，去法华寺，绕回大京村。大京诸多山峰布满花岗岩，经长年风雨冲刷，岩石大都呈奇形怪状，大小岩洞甚多，很有观赏价值，其中有代表性的是龙岩山及其仙洞、风动石、八仙岩、天马石、龟山、狮球山、斗米澳等。

大京沙滩 大京沙滩达3000多米，宽200多米，呈S形斜坡状，沙为金黄色，在太阳的照射下，金光闪闪。整个沙滩就像一条从天而降的黄纱巾横贯海岸东西，与碧蓝的大海共同展示大自然的神奇造化，大京沙滩这种独特的风貌，深受国内外游人喜爱。

横亘沙滩尽头的是隆起两三米高的沙岗，称“沙垅岗”，是一个略带斜坡度的沙堤，据说是因海中沙被风浪扬激，聚集而成。大京沙滩软而不陷足，湿而不沾鞋。沙粒金黄干燥，柔软松散，即便被太阳晒得炎热，脚踩之上，也感觉温而不烫。清代汤汝霖曾写诗赞美：“沙堤一带障城隅，屈曲犹龙势不殊。看到风云交会际，浑同破浪跃天衢。”

横贯在沙滩上的林带，都是木麻黄树，已有50多年的树龄，连绵3000多米。游人

沙滩

在茂密的树林遮阴下，或坐，或靠，或躺，或散步，十分惬意。

鹅卵石滩　横卧在大京沙滩东边的窑后村前。鹅卵石滩上布满鹅卵石，全长 100 多米。游人走在上面，发出“咔嚓咔嚓”的响声，十分有趣。鹅卵石大的如面盆大小，小的比米粒还细，颜色多样，有白色、黑色、红色……有的还有花纹，是大自然极美的造化。

丹湾沙滩　沙滩的西面是小巧玲珑的丹湾沙滩，此海湾盛产淡菜、螺、牡蛎等，海资源丰富。沙滩虽小，但原生态，幽静可爱，具有不一样的玩味。有人赞赏说：“天然造景难相似，各领风骚不计同。”

鸭池荡　即村前的海湾。由于鸭池荡四周被岛屿环抱，海水深蓝洁净，海底又是沙滩，就自然成了一个天然泳池，游人在这里游泳、冲浪，最是理想。鸭池荡富有传说。一说是元末时，朱元璋起义军船在大金海面遇风要抛锚，却缺少淡水，朱元璋就将革带圈起丢入海中，大声喝道：“这里是淡水。”便舀一勺尝，果然是淡的。还有一说是明洪武二十年（1387），朱元璋到福宁卫大金千户所视察，突然狂风大作，遇惊涛骇浪，眼看船头就要没入浪中，朱元璋立马解下腰上革带，将革带投入海中，只见海面一道华光闪烁，顿时风平浪静。后人有诗曰：“倭怪起风浪，革带压池荡。”从此以后，这片海域就叫“压池荡”，又称“鸭池荡”。

20 世纪 50—70 年代，鸭池荡曾作为中国海军东海舰队某部的训练基地。如今，鸭池荡周边崖石上还有许多当年海军训练时留下的弹孔。鸭池荡还是海上田园，村民在这里网箱养鱼，种植海带和牡蛎等。村民繁忙的身影和一艘艘游船、快艇穿梭在鸭池荡中，组成了一幅美好的图景。

鹅卵石滩拾趣

鸭池荡

笔架山礁石

南港 在大京沙滩的南边，景色优美，是一个天然避风港，可供渔民停靠船舶。港湾内新建的桥、防护堤、防浪墙等与港湾形成一幅美丽的渔岸图景。

笔架山 大京村前的海面上分布着大小 34 座岛礁，这些岛礁将这里围成了一道天然的防浪屏障，守护着福宁海湾。岛礁中最大的，是笔架山。

自大京沙滩乘船过海不足 500 米就到笔架山。笔架山是座无民小岛，因形像笔架，当地人形容其为“玉笔书天”。笔架山面积 1.92 平方千米，海岸线 6.23 千米，全为基岩陡岸。岛峰耸立于大海之中，与沙滩相望。站在笔架山顶，可见周围环绕的许多岛礁景观。东望四礵、浮鹰、西洋列岛，甚至可极目远眺缥缈处若隐若现的台湾澎湖。笔架山岛岸礁石洁净如洗，经亿万年风化，成千姿百态，形状异趣。岛上多是红土壤，生长着桃金娘灌木，还有世界珍稀树种桫椤。笔架山上岩洞、岩石奇妙独特，更有许多神奇的传说，皆能触动游览人的向往之情。岛上有个石人，形象逼真，乘船在海面仰望，触发无限遐想。清代福宁郡守李拔曾写诗《十奇峰》赞曰：“文笔写天经，中书仍未秃。风云收拾尽，未许人间读。”据民国《霞浦县志》记载，明嘉靖四年（1525）四月和万历三十年（1602）二月，笔架山曾两次出现海市蜃楼的奇景，持续 5 ~ 6 个小时。在笔架山上看日出，风光更是无限。特别是在初春之时，巨大的火红旭日从海面上升起，就像是一颗硕大的红珠被吐出，此美景被誉为“笔架吐珠”。

龙岩山仙洞 在村西南，为大京之镇山，高峻突兀，耸立于众峰之顶，山顶状如龙首，直插云霄，云雾缭绕。整个山脉似一条巨龙，龙头有角，有嘴，皆是形象岩石；龙尾是山脉，一直延伸到山谷里。站在白鹤堂往东看，形态最佳。山崖有个石洞，人称“仙洞”。仙洞顶部有一块巨石如瓦横卧，四旁之石平削如壁，洞门向北，深约7米，高约4米，洞内面积80多平方米，站在洞门口可观大京全貌。相传，有仙人曾在此修炼，洞中石床、石桌、石灶、石锅一应俱全。里人宋代进士林元孙曾归隐于此，宋代徐俨夫等多位名士有诗赞誉。解放后，此洞曾为军事基地。

八仙岩 在村后山，为八个岩崖并排耸立着，似八仙列阵，肃静威武。八仙前，有一个较宽的岩石平台，似八仙台。观八仙岩，令人产生无限遐想。

天马石 在村后狮球山上，是一块似马的岩石，有“天马腾云”之景观。天马石下的古道路旁，有一雌一雄两颗参天古榕树，与天马石互为映衬，组成美景。元代进士林景节曾赋诗赞叹：“飞腾气势若凌空，僻处缘何有玉骢。想是孟津归放后，至今羁勒此山中。”

龟山 龟山宛如巨龟匍匐于村北，南向平缓，北向陡峭。中部隆起像龟背，西坡最陡，东坡低缓延伸下去，就像一段龟首。

龟山是灵秀之地，山顶有玄天大帝宫，每逢农历初一、十五日有祈福往来之人。村民相传唐代时，有商旅航海遇风浪，遥见对面神火闪耀，以为是玄天大帝指引和拯救，便在山上设香炉祭拜，后人依址建成气势恢宏的玄天大帝宫。山腰有弥陀寺、三观堂和天后宫。山麓坐落着森严的城隍庙。由此，龟山也成了大京人和游人心中的神山。

龟山者，形胜也。龟山是大京城内的制高点，站在龟山顶，向前俯瞰远眺，东边是大海，向后俯视大京城全貌，街境历历在目，景观秀美。南坡有一条花岗岩条石砌成的盘山道蜿蜒而上，现在这条山路称“善吉岭”，是曲街亭境邑人李光贵于2009年捐建的。沿山道一路逶迤而行，空气清新，风光无限，花草盛繁，树木蓊郁。树种主要是自然繁

龙岩山仙洞

八仙岩

狮球山

殖力极强的台湾相思树，还有木麻黄、榕树、樟树等，以及其他一些杂树。树虬根裸露，张牙舞爪、纵横交错，紧紧攀附在岩石上，向下伸长十几米，又深深探入岩层，显示出极强的生命力，形成既是树根又是树干的奇特景象。

狮球山 在村北门天瓢山巅，从古官道往北走，登上 100 多米高的山顶，即见山上风动石。风动石为一巨石，长 7 ～ 8 米，高、宽 4 ～ 5 米。巨石底下只有一块扁平的岩石垫底，两石之间形成扁形石洞，有悬空之感，岌岌可危却有惊无险。如要进洞，人须先趴成鳖形，前胸后背蹭着石壁，慢慢匍匐而进，慢慢匍匐而出。风动石的周围地形似三头狮子，风动石就像狮子争抢的狮球，此景被誉为“三狮抢球”，有人赋诗趣说：“球在孔中悬，三狮俯视耽；欲当得胜者，唯有拼搏先。”

斗米澳 在村东，为海道要害之口。宋代知县刘镇留有诗句：“绝顶试穷千里目，烟波深处是琉球。”清代福宁郡守李拔也有诗：“一粟浮瀛镇海山，碧空尽处白云环。鲸鲵出没波千里，好建长城作外关。”斗米澳外有个“石鼻头”，由礁石形成，潮涨时，大浪滔天，情景十分壮观。

人文景观

大京悠久的历史留下了许多很有价值的人文古迹和景观，古堡、古街、古民居、古井、古寺、古庙堂，都是大京突出的人文景观。解放后在大京开办的茶场，新时期兴建的风电场和新农村别墅群，也都成了大京特色的人文景观。

古城堡 大京城堡雄伟壮观，周长 2815 米，最高处达 9 米，墙面宽约 4 米，座基宽度近 6 米，全部由花岗岩缝隙灌铁水而砌成，历经 600 多载风雨侵袭，至今仍基本完好，是全国历史最悠久的乡村古城堡之一。1991 年，被列为福建省第三批省级文物保护单位。

古堡城门是最先映入游人眼帘的景观。大京城堡开辟东、西、南、北四个城门，城门口砌石缝均以铁水浇固。东门面临海口，是抵御海上敌寇的第一道关卡，设计成“瓮城”，也称“双重城”，敌寇进了瓮城，双门紧闭，即可瓮中捉鳖。村民郑孟光写了民歌道：“城东壁垒设机关，双门紧闭固金汤。敌寇胆敢侵圣地，瓮中捉鳖时正当。”瓮城神秘有趣味，乡人林华标将瓮城写成了中篇小说《瓮城》，在《福建文学》上发表。北城墙下有一个奇特疑似城门的涵洞，不易被发现。其作用一是紧急时逃避，二是水流沟道，当发生战争时，兵员、物资也可通过涵洞运输。西、南两个城门各处在城池边，通往城外古道。霞浦县委原书记陈济谋观赏大京古城堡后，感慨无限，为西门屏壁题下“海涯屏藩”四字，文笔通畅，书法端庄。后人还刻有“千户福宁”等字。现存一方明万历二年（1574）刻有大金拓西南城简况的青石碑文。

悠久的历史形成了浓厚的古堡文化，给后人留下了许多借鉴，令游人叹服和敬佩，诸如城内下水道设计和城堡管理等，皆是游人探索城堡文化之处。

古街景 大京城内主要有两条历史名街，分别为前街与后街，其他小街小巷纵横交错，皆为条石铺就。现存万历二年拓建西南城与清道光年间（1821—1850）修路的碑记各 1 方。古街按一定距离原筑有 7 座街亭，分别为街中亭、关公亭、盛丁亭、兴仁亭、迎恩亭、仓口亭、戴李亭，现存盛丁亭、仓口亭、迎恩亭 3 座。亭为木制建筑，顶上呈八卦翘角形，宽敞明亮，供村民和游人歇息、攀谈。游人在古商铺里穿行，回味古人在商街购物买卖的情景，意味无穷。古街两旁都是店铺，明末清初时期最为繁华。古店铺

瓮城

仓口街

的店面均为开窗柜台式，有布匹店、京果店、杂货店16间，炊粉店13间，豆腐店3间，造饼店3间，药材店5间，客店1间，吹鼓班2个，私人银行3家。店铺经营杂货、药材、酒类、布匹、油等，店铺命有商号，如昌山号、裕成号、天祥号等。如今，在前街有一间古商铺的墙上，还保存着店牌字迹“天昌京果”四字，就是当年著名的“天昌号米行”。

古民居 大京古民居皆在城堡之内，保存较为完好的有100多座。古民居鳞次栉比，参差不齐，皆为明清建筑，都有百年甚至几百年的历史。大京典型的古厝有郑鹏古厝、郑士梅古厝、许家古厝、辛家古厝、林家古厝等，形成一个庞大的古民居群。

古亭台 城堡内迎恩亭古香古色，内设钟形古龛，龛供玄天大帝，祈愿膜拜的香客不断。盛丁亭位处闹市区，是中心之亭，人来车往，四通八达，为游人必到之处，也是人们遮阳避雨、休闲聊天的好去处。

古井 古井是大京一大特色，颇有观赏价值。古井分布在城内城外，几乎每座民居都开凿水井，多达百余口，被誉为“百井村”。 水井形式多样，有官凿，有民凿；有八角井，有圆井，还有方盖井等。万历间年间官兵沿大街开凿了5口官井，现均保存完好。原城内有东门井、八角井、方盖井、鲎血井、李林井等，城外有咸井、溪边城井、大墓里井等。其中：咸井，因遇大潮会被海水淹进，带点咸味而得名；方盖井，为防止盗寇投毒，就设计用方石盖住井口以作伪装；鲎血井，因井水是蓝色的，像鲎的血色而得名；李林井，系李、林两家合挖共同使用；八角井，人称“皇帝井”，现保存完好；还有暗井，凿在大街中，平时用一块石头盖住，与石路一样，看不出路下有井。观赏大京古井，犹如阅览一部中国古代井的历史。

郑氏古厝

方盖井

咸井

古寺庙 大京古祠堂寺庙有20多座，白鹤堂、宝岩寺、法华寺、城隍庙、玄天大帝宫、天后宫、宝仑寺、弥陀寺、郑氏祠堂、林氏祠堂等都是具有代表性的古建筑遗迹。

白鹤堂在村八仙岩山坳。背枕北星岩、宝岩诸峰；左扶凤冠山，面向龙岩山，禅寺周围山峦环抱，森林苍郁，山幽林静，宜适养性，素有“海若其观”之称。传常法师早年在白鹤堂出家。

宝岩寺地处重峦叠嶂之中，寺内绿树掩映，人来众往，香火尤旺，正是佛门吉祥之地。绿树掩映的大殿为悬山顶式的砖木结构，双层翘角，颇具规模，蔚为壮观，寺后有何氏祠堂，现仍存，祠堂的装饰花纹、雕刻图案与宝岩寺的类似，精致可观。

依山构筑，背枕山垄的法华寺，殿宇八扇两进重檐悬山顶式结构，由天王殿、钟鼓楼、大雄宝殿、寮房、斋堂等组成。殿内雕梁画栋，梁楣雕刻鹿、狮、八仙、梅竹、孔雀等图案，工艺精致。寺外有明代墓葬群、书院遗址及白马双岩、马耳古洞等10个景点。寺南邻法华水库，沿扛轿垄而下，便是一目万里的浩瀚东海。古寺、梵音、海涛、松风，皆蕴藏于寺内满池莲花的禅意之中，让游人留流忘返。法华寺旁还有诸多奇岩怪洞，相辅寺宇，更显得古朴雄伟、古香古色。

法华寺

城内明代城隍庙属府级，建有戏台，大殿神龛内端坐城隍爷神像，两边站立文武判官，厅前两边立黑白无常和内班差役，塑像逼真，形神兼备，视之生畏，可谓不怒而威。每逢农历初一、十五日的清晨，由庙务点烛烧香，擂大鼓三十响后，信众络绎不绝，许愿还福，香火鼎盛。

清乾隆年间（1736—1795）建于龟山顶上的玄天大帝宫，群山聚结，面朝沧海，碧波万顷，缥缈无际，极目四礵列岛，笔架浮空，风光旖旎，古人设观战台于其上，观海上过往船只。神宫前有古城环抱，更有木麻黄如腰带纵横其中，左拥文峰笔架海岛，右揽龙岩绵延浮鹰山脉，宫前山下田园毗邻。

天后宫坐落于龟山之麓，始建于明洪武三十年（1397）。规模宏大，内设戏台、女房、神龛，顶有藻井，建造讲究，熠熠生辉，面朝笔架山，景观秀丽。

同建于龟山之麓的弥陀寺，面迎龙岩山，寺前沿村环绕，人口稠密，白天炊烟四起，夜间灯火通明，朝晖夕明，气象万千。

古祠堂　大京村历史悠久，诗礼传家，崇武厚文，被赞誉“太古遣风，桃源逸致”，自古以来就建有祠堂。其中，郑氏祠堂，1942 年移建在观音堂地界，2006 年扩建。每年分两次祭祀，一次是清明节，另一次是七月半，皆供三牲祭品，裔孙云集祭拜。同时，设盛大宴席，族人聚餐叙旧。旧时，还请戏班连续演戏三五日。林氏祠堂，位于金湾里，2007 年在原毁址上重建。祠内装饰用料考究，古色古香。外墙前后干砌空斗马鞍防火墙。东建英惠侯王宫，建筑面积 75 平方米，神龛中尊供英惠侯王及其夫人，抗倭罗汉名将和沈大汉诸神。左右大小两座祠宫，外加围墙，显得宏伟壮观，庄严肃穆。萧家祠堂，在城后大墓圹，建于 2015 年。张氏祠堂，在窑后，建于乾隆年间，系先祖张其所建，故又称“旧厅堂”，1936 年重建。相传建祠挖地基时，时挖时塌，感到奇异，后知此地是观音堂的地址。为此，调整宗祠殿台布局：中上供奉观音菩萨，下方供历代神主。每逢观音诞辰日，将师公神位遮住。师公诞辰日，将观音圣像遮住。

大京茶场　大京茶场建于 1958 年 5 月，原场部设在大京宝岩寺内，经营茶园 1804 亩。1959 年 4 月，场部迁莲花山新建办公楼。同年，县商业局凤溪洋畜牧场并为大京茶场凤溪洋分场。1963 年，改称国营霞浦大京茶场，隶属于福安专区农场管理局。同年，扩建茶叶初制厂。1975 年，创办闽东农垦系统第一家茶叶精制厂，年加工能力 250 吨。现经营茶园 2545 亩、耕地 1023 亩、果园 170 亩、山林 3000 亩，全年生产茶叶 134 吨，其中精制茶叶 98 吨。

大京茶场地处东冲半岛东北部，东临东海，雨量充沛。茶园占据整座莲花山，莲花山平均海拔200多米，多为缓坡丘陵地带，自然环境优美，气候温和，特别适合种植茶叶。得天独厚的地理条件，加上引进无锡毫茶和杭州西湖龙井茶工艺，精制出的福宁毫茶、福宁龙井及元宵茶系列，获省优质茶称号。茶叶茶芽柔软、叶肉厚实，泡出来的茶，滋味甘润醇厚，香气幽雅持久。其中，莲花翠芽泡出的茶，色泽黄绿，汤色碧绿明亮，香馥如兰，滋味甘醇鲜爽，声誉闻名省内外，茗香远传。

大京风电场 位于大京村至斗米村的山地上，有28台并网型风力发电机组，单机容量1500千瓦，建设规模4.2万千瓦，同时建设一座110千伏升压变电所，工程动态总投资44063万元。

风电场所在的山上，绿色环境衬托着风电杆，使风电杆犹如一个个巨人屹立在各个山头上，场面十分壮观。当28台双馈风力发电机组全部开动时，尤为雄伟。风电带动了周围乡村经济的发展，同时 使闽东的能源结构更趋完善，是个绿色的能源基地，同时也为大京增添了一道亮丽的风景线。村民赞颂："大杆立山峰，山峰削平地。京畿织钢网，矗杆拽云天。风吹摆铁臂，我借自然风。电启万家明，献给万家电。"

新农村别墅群 在城外西南方向，建于2003年。采用统一规划、统一设计、统一模式，全部为别墅式建筑。整齐划一，庞大壮观。

大京风电场

红色景观 大京地处福建沿海，历史上发生过许多抗倭、海防、革命斗争等英勇事件，留下多处战斗古迹，成了现在教育后人的红色景点。古城堡是抗倭留下的古迹，白鹤堂、妈祖庙曾是中共地下党的活动联络点。1934 年 10 月，中共闽东特委霞浦工委书记施霖以看风水、办教育等名义，偕同张少康、施素玉等人到大金、斗米、界石等地开展秘密活动。中共地下党员施素玉曾在大金窑后村秘密宣传革命。1945 年，盟军在大京笔架山的石人下海面，炸沉日本侵略军舰船 7 艘。解放初期，反动势力猖獗，大京民兵勇敢破获“下海投敌案”，为福建海防做出巨大贡献。1953 年，大京以及下属村海尾、斗米、大京、长门都建筑了碉堡炮楼。如今，海尾、长门碉堡保存完好，大京炮楼遗迹尚存。20 世纪 50—70 年代，中国海军东海舰队曾在鸭池荡开展军事训练，以岛石为靶，如今岛石上仍弹痕累累。这些红色古迹，现都成为旅游景点。2007 年 11 月，大京城堡被福建省人民政府列为福建省国防教育基地。

“福建省国防教育基地 ”牌匾

国防教育

◉ 娱乐

大京滩广海阔，是海上游玩的乐园，可拾贝摸螺、撒网垂钓，可在海上渔屋中烹饪海鲜，亦可迎风向海，摄影作画，驾艇冲浪，沙滩篝火，等等。游人到此怡然自得，其乐融融。

矶钓 岛礁矶钓是大京人一种传统的钓鱼活动。矶钓与海钓不同，矶钓多是钓中上层鱼，以黑鲷、鲈鱼、石斑鱼等为主要对象。用沙马作鱼饵，人或坐或立于礁石上，耐心地等候鱼儿上钩。因钓法有趣，钓感刺激，便由食用劳动转成娱乐活动。近年，有些单位还常举办矶钓比赛，引来许多爱好者参与。村人郑孟光对矶钓写下欢乐民歌："优哉游哉手提竿，聚精会神海面观。鱼辈与我有缘分，欢欢喜喜跳上钩。"

出海捕鱼 在大京雇船参加出海捕鱼，为近年一个很有趣味性的旅游项目。游人坐在船上，观足海上风景之后，驶向网箩捕鱼点，体验海上渔民捕鱼作业，一节一节地将

出海捕鱼

沙滩篝火

网拉到船上，然后倒出鱼虾，鱼虾在船板上活灵活现地跳跃，游人参与其中，便觉十分激动和快乐。游人将捕来的鱼虾或在沙滩上烧烤，或拿到酒店里加工，品尝鲜活海产的特殊美味。

沙滩篝火 夜晚，在沙滩上燃起篝火，举办篝火歌会。购一捆柴，加点油，让木柴燃烧，而后游人围篝火一圈，唱歌跳舞，尽情欢乐。尽兴后，搭上帐篷，在帐篷里夜宿，穿过透明的帐窗，回味篝火情景，看星星，看月亮，尽情地享受天上夜景。

摄影 是游人到大京的最大乐趣之一。大京有许多摄影资源，游人可以边游边摄，尽享欢乐。城外可拍摄沙滩、岛屿、农田作物、海上养殖场、南门祭台遗址、郑氏宗祠等；城内可拍摄城墙、城垛、碑刻、护城河、石板条古街、古亭、沿街古井、古民居建筑、门楼的楹联匾额，抗倭时的兵器及民间遗物、街市、油坊，土砻碾米店，饼店等。从山上居高临下，一望无际，鸟瞰大海，水天相连，木屋、林木、怪石、岩洞，还有赶海的村民和矶钓、海钓的游人，美不胜收。

海带收获的季节，亦是大京村最热闹的时候，享受美好时光，拍摄美丽画面，其乐无穷。在海上种植海带，是大京村民一项重要的收入来源。每到收获时节，养殖村民都会把一根根海带菜绳卸下，拖拉上岸。然后，再把宽大丰腴的海带捆绑束缚，用扁担挑到空旷的场地去晾晒。挑时，长长的海带末尾随地而拖，途经的地面，就被拖出了几道湿湿的水痕。一时间，沙滩许多地方都成了晾晒海带的场地。有时，海带太多了，就插上竹竿，再拉上绳子，将海带一片片地挂着晾晒。一处处海带晾晒场，就是一幅幅优美的水墨画卷。有的人用板车拉，有的人用竹筏运……层层叠叠地输送到交易场。交易场上有成百上千的买卖人采购海带，有来自省内省外的，也有国外的，很有销路。这场面，构成独特的欢乐图景，摄影者和游人可以融入这样的场景中，与村民同劳作，同欢乐。

春季，是采茶的季节。茶场茶园，层层碧浪，一叶一树，翠绿欲滴。元宵茶、元宵绿、莲花翠芽、福宁龙井、福宁毫茶等，色泽黄绿，汤色碧绿明亮，都是拍摄的乐趣。茶场自然环境优美，空气湿润清新。当清晨的太阳照在莲花山上，上空被铺上万道金光，茶园也被染上一层金色。趁着山雾还没消散，茶园与浓雾连成一片，绿树映衬着采茶人俊美的身影，构成一幅美丽动人的画面。中午，太阳升上山头，山雾退去，留出湛蓝的天空。太阳散射茶园，茶苗沐浴着阳光，勾勒出一幅绝美的画面。傍晚，晚霞微露，夕阳西下，晚霞与天空的蓝白色融合为一体，配上茶园的绿色，再辅之远处山岚的墨色，可谓绝妙。春雨绵绵，春雾蒙蒙之时，可拍海上轻烟薄雾之美。田间春花盛开之时，正是船上渔民频繁劳作之期，拆紫菜架、捞鱼苗，一派水墨春光图。春天天气不稳定，会出现前景清晰、远景雾化的效果，这种朦胧的感觉，拍出来的作品经后期适当处理就是一幅淡雅水墨画，美不言喻。要是遇上雾天，云雾轻轻托起小岛，竿影竹筏，恍若仙境。

夏季，沿海台风多发，骤变的风雨带来了美妙壮观的天空，气势逼人，容易出现色彩丰富的大海，是拍摄的好场景。夏天天气晴朗，雷阵雨之后或者台风前后，空气特别通透，云雾变化迅速，天空走云，阳光穿行，沙滩变换迥异，这些景观是拍摄的理想之镜。特别是台风来临之前的晨昏，可拍到数米甚至十多米高的白浪，惊涛拍岸，十分壮观。

秋季，天高云淡，天气稳定，大京沿海海带养殖繁忙，插竿挂苗，海面船只穿梭，劳作频繁，一派繁忙景象，竿影、人影、船影，画面任凭裁剪。

冬季，光线柔和，空气通透，是拍摄海上日出的最佳季节。如果此时到大京拍摄日出，阳光低色温光线照射下的海面，金光轻撒，清晰度极高，是最完美的时机。此时，不仅能观看日出，还能见到渔民们满载而归的场景，以及渔家姑娘编织、修补渔网等劳作场景。

海上运动和沙滩赛事 大京沙滩宽阔浩大，最适合举办各种水上体育娱乐活动。夏天，游人到大京，多会下海游泳。因海水深蓝洁净，海底又是沙滩，这里就是天然的泳池，游人在这里浮游、仰游、潜游、蛙游，还时常举办游泳比赛。在沙滩上举行骑车、驾车比赛，最是理想。从表面上看，沙滩如毯，似乎是软软的，其实很坚硬，无论两轮车还是四轮车，无论是摩托车还是自行车，行驶在平展展的沙滩上，十分舒畅。在沙滩上举办沙滩排球、跳远、跳高、沙雕等比赛活动，都是天成的好场所。

参与本土节庆 大京有许多独特的节庆，有趣有味，游人亦可在其中分享乐趣。农历正月十五元宵节，大京村各家各户都会筹备篾骨、棉线等各类材料制作元宵灯，或以各式花篮为型，或以城池宫灯为式，或以各种鱼鸟动物、水果为模型。花灯各色各样，分大型、中型、小型，五颜六色。元宵节，各家不约而同地提前享用团圆饭，约于下午3时各提花灯集中到大街“迎灯参赛”，各店铺还会放炮相迎，并给奖励，一般是以小烛、中烛分别奖励给好看者、优秀者。游人参与其中，亦可学着做花灯，共享欢乐。农历二月二，是中国民间传统习俗日。“二月二，龙抬头”，大京主要是祭龙活动。当天，村民要到龙神庙，或溪水畔，焚香上供祭祀龙神，祈求龙神兴云化雨，保佑一年五谷丰登。有时，还举办舞龙活动。

端午节，赛龙舟，声势浩大，游人在观众丛中助威庆贺，娱乐无限。

海上运动

沙滩赛事

农历七月初七是传统的乞巧节，大京村也有这一习俗。参与者主要是少女、妇人。活动中，少女、妇人们对着天空朗朗明月，摆上时令瓜果，朝天祭拜，祈求天上女神赋予与她们聪慧的心灵和灵巧的双手，乞求婚姻上姻缘巧配。游人在观看中，享尽愉悦。

城隍庙，大京及毗乡邻村信众都冀望城隍老爷能护国安邦，赏善惩恶，禳灾弭祸，每逢农历初一、十五日，到城隍庙焚香礼拜。活动中，先由庙祝点烛烧香，擂大鼓三十响后，信众络绎不绝地到庙中祭拜。

城隍神节，中秋节次日即城隍神节。每年农历八月十六日，是大京“赛愿还福”之日，本村及外村信众有感谢赦免往日过错者，有冀望来日庇佑平安纳福者，都自觉在城隍爷殿前许下“驮枷三年”的承诺。大京城隍与别村不同，品秩为府级，因此，城隍神节特别隆重，游人参与其中，也就有着不同的感受。

中秋节，大京特别热闹。石板街上，中秋节“曳石”活动声势浩大。清代举人李太琛曾写下《中秋夜曳石歌》：“秋夜月，白如玉，天街游，路屈曲。忽闻迎路声铿轰，何处飞来石碌碌？大石蹒跚横巨鳌，六丈麻绳巧约束，蜂屯蚁聚为爪牙，中有健儿黑而秃，立于石之间，睅其目，坦其腹，昂其首，侧其足，前推后挽，如轮蹄之辏辐。一声吆喝千雷鸣，蓦地移山走王屋，又疑广陵生夜涛，万阵狂飙卷怒洑。摩肩鼓掌争权奇，有时欹斜断复续，纵横十里挑烟云，小石见之贴而伏。是时观者如堵墙，满城杂沓相驰逐。小桥深巷中，月明绮罗簇，入耳何磅礴，惊猜屡回瞩。闹断五更人未稀，谯鼓催人一何速。等闲将石弃路旁，吁喘辕驹气局促。噫嘻乎！衔石者冤，鞭石者酷，叱石者名山，枕石者空谷。今之戏石始何？乃别成秋夜之遗俗。”游人娱于其中，其乐无穷。

◉ 美食

“吃”是旅游的首要服务。大京地处山海之间，是个富饶的鱼米之乡。境内大海、沙滩、岛礁里生活着许多蟹类、贝类、鱼类等，山珍海味应有尽有，尤以海鲜美食著称，被誉为“海鲜美食的天堂”。到大京游玩的浙江人常说“北上去青岛，南下去大京”，可见大京在浙江游人的心中占着很重要的地位。慕名而来的人越来越多，不仅是因为大京的好风光，更是因为大京的美食。

大京海洋鱼类物鲜味美，贝类清香补钙，如淡菜、岐菊、岐乳等。节日小吃丰富多

夜宵

样，有趣有味；传统糕点制作，工艺精湛，味道香美，如肉糕、黄金糍、夏粿等。有专门供食的海鲜馆，海鲜充足，任游客挑选，菜谱繁多，有特色，口味清香。

海鲜类菜肴

白灼虾蛄 虾蛄，俗称“螳螂虾”“琵琶虾”等。大京虾蛄四季皆有，入春尤其是清明节后，尤为旺市，肉肥脊赤，品质上乘。虾蛄有多种做法，煎炸烹炒腌均可，但最健康、最营养的做法是白灼，简单便捷，精华流失少，原汁原味，也是大京人的一贯做法。做法：在锅中加适量水，加热至沸腾，倒入洗净的虾蛄，大火煮至壳红肉熟后捞出装盘，即可食用。

白灼虾蛄

干煎比目鱼 比目鱼又称鲆、鲽，统称偏口鱼，雌雄同游不分离，“夫妻”一右一左排列的眼睛各观察一侧的动静，故有“凤凰双栖鱼比目”的佳话。干煎比目鱼，色泽青黄，皮酥肉嫩。做法：将鱼收拾干净，切成均匀大小的段，擦干水，用盐、五香粉、料酒腌制入味。将腌好的比目鱼裹上干淀粉，平底锅放少许橄榄油烧热后，下鱼段，煎至两面金黄。取出放在厨房用纸上，吸走表面上的油，即可食用，亦可搭配椒盐。

冬瓜贻贝汤 贻贝，大京人称乌头、淡菜，肉味鲜美，富含钙和优质蛋白，被誉为“海中鸡蛋”，做汤最佳。清明和中秋前后乌头最肥，大京笔架山礁石上生长的乌头，其味尤其清甜可口，倍受青睐。做法：将洗净的贻贝放入盐水中烧开至贻贝全部打开，盛出备用。将冬瓜切成大小均一的薄片，在油锅内下蒜葱姜爆香后加入切好的冬瓜。炒至冬瓜八成熟后倒入烧好的贻贝汤，煮沸几分钟后，加入盐、鸡精和料酒，倒入碗中撒上小青葱，即可食用。

凉拌海带丝 每年五六月是大京海带集中收获期，海带富含碘、钙、铁元素以及食物粗纤维，是一种物美价廉的保健食物。做法：将海带丝提前用清水泡 1 小时，胡萝卜洗净切成丝，香菜洗净切成段，大蒜去皮剁碎放入小碗中。锅中注入水，烧开后下入泡发的海带丝和胡萝卜丝焯水。将海带丝、胡萝卜丝直接捞入冷水中冲凉后，捞出沥干水分。在蒜碗中加入生抽、香醋、糖、盐和现炸的辣椒油。把沥干水分的海带丝和胡萝卜丝盛入碗中，加入香菜，浇上辣椒蒜油即可。

梭子蟹八宝饭 大京美食之一，是酒席上的一道美味主食。做法：用糯米及配料煮成未熟透的咸味八宝饭装盘备用，将新鲜的梭子蟹洗净切块后摆在盘中八宝饭上，放入蒸笼蒸至熟透即可。

清煮岐猫鼻 岐猫鼻，学名“石鳖”，生长在大京礁石上，背部有壳，刚从海里捞出，要在土箕里搓去鳞甲。以清煮为上。

岐乳

锅贝

藤壶

龟足

爆炒海蛏 蛏肉富含蛋白质、钙、铁、硒、维生素A等营养元素，味道鲜美，营养价值高，对于体质虚弱的人群尤其适宜。蛏肉中还含有锌和锰，有健脑益智的作用。海蛏的做法多种多样，大京人的做法简单实用：爆炒或清炖。其中，爆炒海蛏，蛏肉微缩，蛏肚微实，嚼劲好，嫩而不硬，柔而不绵，口感咸鲜，是下饭喝酒的绝佳菜肴。

岐乳清汤 岐乳生长在大京礁石上，属软体海生物。岐乳清汤，味道鲜美。

油炒锅贝 锅贝生长在大京礁石上，形似翻覆的小鼎，味道鲜美，以油炒最佳。

清煮藤壶 藤壶，俗称“乞头”，炖蛋、炒蛋、腌制等都很好吃。大京藤壶清煮最有名。

清炒岐菊 岐菊，学名“龟足”，俗称“龟脚”“佛手贝”，从海崖岩石缝隙中长出。因形状像笔架，故又名“笔架”。清炒岐菊味道鲜美，是下酒的好菜肴，因吃岐菊要剥壳，故大京有笑话：“好吃岐菊吃了一碗，还是一碗。”

小炒岐蛎 岐蛎，也称“野海蛎”。要用细长的铁刀撬外壳才能挖出。岐蛎含锌极为丰富。大京岐蛎小炒、煮、腌皆为上品。

腌花蛤 花蛤，又名“文蛤”，贝壳呈卵圆形。壳质坚厚，膨胀。壳顶稍突出，稍向前方弯曲。大京人常把鲜蛤肉装进罐或瓶中，放上盐、姜、葱、酒等佐料，再将口封上，置于阴凉通风处，过上一段时间揭开盖子，便如陈年老酒，醇香扑鼻。

炒蛤蜊 白蛤、花蛤等都是大京人餐桌上的美味，营养丰富，价格便宜，做法简单。要选择能喷水伸“舌头”，用手触碰马上闭合的鲜活蛤蜊。做法：将蛤蜊洗净，用淡盐水静养2小时吐沙待用。姜切丝，葱白、葱青分开切段待用。热锅倒入油，下姜丝、葱白、大蒜爆香，下蛤蜊，转大火，喷料酒翻炒至蛤蜊开口，加入味精、盐、辣酱，翻炒均匀，下葱青，出锅即可。

蒜蓉鲍鱼 鲍鱼素称“海味之冠”，自古以来就是海产“八珍”之一。大京鲍鱼的

蛤蜊

鲍鱼

单壁壳质地坚硬，壳形右旋，表面呈深绿色、褐色，壳内侧紫色、绿色、白色交相辉映，珠光宝气。蒜蓉鲍鱼算是美中之美。做法：锅中放少许油，油热后下蒜末爆香，加入一小勺番茄沙司、一小勺蚝油和半小勺糖调成料汁，关火后撒在蒸好的鲍鱼上，即可食用。味道醇厚，鲜嫩。

葱烧海参 霞浦是北参南养的最大基地。大京葱烧海参是道美味菜肴。做法：把海参切成宽片，煮透后控去水分，将猪油烧至六成熟时放入葱段，炸至金黄色捞出，葱油备用。在清汤中加入葱、姜、盐、料酒、酱油、白糖、海参，烧开后微火煨 2 分钟，放入猪油加炸好的葱段，烧开后再微火煨 2 ～ 3 分钟，转大火，加味精，用淀粉勾芡，中火烧透收汁，淋入葱油，盛入盘中即可食用。

煎烹九节虾 是大京美食之一。做法：锅中加入猪油，烧热后将洗好的虾并排放入，将虾身两面煎至金黄色，用勺压出头部虾黄。再将葱丝、姜丝、蒜片放入，煎出香味，烹入调料，添高汤，加盖慢火煨。待虾入味，汤汁浓稠后，改用旺火收汁，出锅将汤汁浇在虾身上即成。

清煮弹涂鱼 弹涂鱼肉质鲜美细嫩，爽滑可口，富含蛋白质。做法：把鱼洗净，用少量盐、料酒腌制 10 分钟。热锅倒入油，烧至七成热时放鱼，两边略煎。再加入切好的姜、蒜，倒入清水。转砂锅，水开后小火慢炖半小时，撒上葱花即可。

清蒸黄瓜鱼 在大京，黄瓜鱼的普遍做法是清蒸。做法：将鱼处理好，洗干净，用盐、料酒、姜，腌制 10 分钟，锅里放水烧开，蒸鱼 10 分钟，关火后再虚蒸 3 分钟。把鱼拿出来，倒掉多余的水，撒上葱花、蒜末，淋上蒸鱼豉油，热锅倒油，烧到油冒烟时，趁热浇到鱼身上即可食用。

乌贼清汤 乌贼，也称“花枝”“墨斗鱼”。乌贼遇到强敌时会以“喷墨”作为逃生的方法，因而有“乌贼”“墨鱼”等名称。其皮肤中有色素小囊，会随“情绪”的变化而改变颜色和大小。选大京鲜活墨鱼，去鞘洗净切块，放入加有姜丝的 50℃温水中煮熟，即可食用。

咸墨鱼 经特殊工艺精制而成的鲜咸墨鱼，色香味俱佳，肉质鲜美，咸香可口，营养丰富，咸而不腻，滑润爽口。

烫血蚶 血蚶，学名“泥蚶”，生长在中国沿海及东南亚各地近陆的浅海泥沙中，具有补血益气、健脾益胃、散结消痰、制酸止痛的功效。做法：把血蚶刷洗干净后放在盆中，用烧开的水浇在血蚶上，烫到能用手掰开时马上倒掉热水，把香菜、辣椒、蒜切成末，撒到血蚶上，加入酱油，腌制一会，即可食用。肉嫩而脆，稍有咸味。

节日类小吃

正月十五元宵汤圆 农历正月十五，是中国的传统节日元宵节。正月为元月，古人称夜为宵，而十五日又是一年中第一个月圆之夜，所以称正月十五日为元宵节，又称“上元节”，按中国民间传统，在一元复始、大地回春的节日夜晚，人们观彩灯、猜灯谜、吃汤圆，合家团聚，其乐融融。

正月二十九拗九粥 农历正月二十九日，大京有过“拗九节”吃“拗九粥”的习俗。当天，家家户户中午用糯米混以花生、红枣、桂圆、红糖等煮成甜粥，称“拗九粥”。因是目连孝敬母亲之作，故又称“孝九粥”。因大京地处海边，故有的人家还以糯米混虾仁、牡蛎、葱蒜、猪肉等煮成咸的干饭，逐渐演变成“拗九饭”。

三月初一乌贼汤 乌贼汤是大京独特的传统风俗小吃。大京海面有个乌贼湾，盛产乌贼，乌贼将吸盘密密麻麻地贴在岩崖上。每当突然雷响，乌贼受到惊吓，吸盘粘在崖上，身子掉落岩下，村民便能拣到许多乌贼身子，虽没了头，但村民很高兴，一是高兴收获，二是高兴乌贼掉了头。“乌贼”与“倭贼”谐音，大京人十分痛恨倭贼。不仅如此，大京俗定每年农历三月初一要杀乌贼煮成汤，进锅前要将乌贼骨截断拔出扔去，以发泄对倭寇的愤恨。无骨乌贼汤，味清肉嫩。

清明婆菠粿 婆菠粿，也称“艾草粿”“饽饽粿”，是以清明时节一种可食用艾草的幼芽嫩叶煮熟后压干，抽去硬枝，混以米浆，搓压揉匀成绿色的米面团，包以红糖、枣仁、花生米碎、芝麻等捣成的甜馅，再搓成圆形的粿。蒸熟后，香味袭人，吃起来香甜可口，是大京的一道特色美食。

村人相传，战国时孙膑因排演“长蛇阵”获魏惠王奖赏，遭庞涓妒忌而被设计

婆菠粿

陷害。善良人可怜孙膑，就制作了外观如猪粪一样的婆菠粿，送到关押孙膑囚室的地上，既让孙膑取而食之，又让庞涓以为孙膑吃猪粪真的疯了而放松看管。后人为褒扬、纪念孙膑，就在每年春天特采婆菠艾，制作婆菠粿。婆菠粿香甜可口，别具风味。

端午角黍 端午节裹粽、吃粽是大京家家户户的普遍习俗。在大京，粽子又称“角黍”，是用糯米洗净后，以猴梨柴烧成灰滤出的碱水浸泡3小时，使糯米呈微黄色，然后用箬叶包成四角状以线捆之，放入锅内加水以猛火煮熟即成。角黍可口，便于充饥，是大京端午节一道美食。

春节糯米年糕 一种甜糕，专为过年特制。象征甜甜蜜蜜，年年高升。

制作类美食

夏粿 立夏时节，大京村民有制作夏粿的习俗，自吃，或互送亲友、敬献师长。夏粿的制作方法很简单：以粳米混合糯米用水浸透后，磨成米浆。磨浆时，掺以韭菜浆，使米浆呈绿色。舀米浆淋于锅中烤至半熟后，翻转再烤另一面，熟透即可。米浆中调以红糖或白糖的为“甜夏粿”，调以食盐或虾油的为“咸夏粿”。状似春饼，但较大。如果用肉丝、笋丝、豆芽等蔬菜炒熟后为馅，卷起来便成了米浆春卷，更为可口。

黄金糍 以粳米制作，是霞浦县著名的糍类食物，质地筋韧，润而不粘。用猴梨柴烧成灰，泡水滤出碱汁与粳米混合，在石臼里反复翻动锤击，打压成糍包，然后再用模具印出圆形的一块一块。大京黄金糍干炒、煮汤都极佳。

大京光饼 为纪念戚继光抗倭而制作的一种小饼，中间穿孔，便于携带，香脆可口。

千层糕 制作时，一层蒸熟再加一层，因有若干层，故称“千层糕”。

千层糕

肉糕

海蛎煎

草包饭 将棕树叶撕成两半，除去中间的粗叶脉，对折，包裹上浸泡过的大米，放到锅里煮熟即成。味道清香，可增进食欲。

肉糕 肉糕不是用猪肉做的，而是用猪油加番薯粉、糖、水、冬瓜糖或蜜枣、花生仁、芝麻、葱等为原料制成。肉糕甜嫩滑口，油而不腻。吃糕意味日日升高，可在逢年过节时宴请亲友。

大京鱼丸 大京地处海边，鱼丸鱼料充足，分有馅与无馅两种，制作精细，皮薄均匀，色泽晶亮，富有弹性，味道鲜美。制作时，将鱼肉研碎，加淀粉、蛋清搅拌均匀，挤捏成鱼丸。

鸡卷 也称“鸡脖子”。制作选料较精细，先将瘦猪肉研成细末，然后把葱白切成细末，加入适量的味精、盐，一并放到盆中调匀，再把瘦肉和葱白细末用手揉成直径约 3 厘米的圆筒状，用上等的猪板油外层膜衣包卷，再切成约 4 厘米的段，外蘸匀一层湿面粉，放入油锅里炸至外表呈金黄色时捞起，放入漏勺中沥去油，装盘，此时惟妙惟肖的“鸡脖子”就呈现在眼前。

海蛎煎 海蛎煎是大京的一道风味小吃，也是逢年过节餐桌上必有的一道菜。海蛎煎香酥爽口，鲜润带荤，饶有味道，且价廉物美，深受游人喜爱。

酒店客栈

大京旅游区有酒店客栈近百家，可提供良好的居住条件，均为海景房，可欣赏大海、浪涛、沙滩、岛礁。环境优美，住宿舒适，停车方便。全村有 96 家宾馆，1800 个床位。

大京摄影旅游度假村

大京摄影旅游度假村 大京摄影旅游度假村，亦称“八座楼”。坐落在窑后日照顶泰安码头乌贼湾。八幢别墅，格式统一，错落有致，布局合理，低碳环保，干净美观。2012年，被省旅游局评为“福建省乡村旅游三星级接待单位”，同年又荣获福建省“最美水乡渔村”称号。度假村距大京城堡1.5千米，与3000多米长的金色沙滩毗邻。视野开阔，山海成趣，生机盎然，环境绝佳，海风徐徐，涛声阵阵。空气清新，负氧离子充足，是个天然的大氧吧。

东方红接待中心

东方红接待中心 面朝大海，坐落在城堡南门斜对面。总投资500多万元，单层面积380平方米，共6层，设备齐全。

大京新海岸宾馆 位于大京旅游停车场旁，建筑面积800平方米，可提供导游和海上捕捞等服务。

霞浦动车站站台

◉ 交通

外地游客至大京旅游，交通十分方便，南北都可乘动车直达霞浦动车站。霞浦至大京的交通更是便利通畅。陆路：从霞浦动车站乘公交车至霞浦县城约 5 分钟，在霞浦县城南门乘客车至大京，约 42 千米；水路：在霞浦乘船至大京码头。无论陆路还是水路，沿途都可见一路风光。大京景区内四通八达，交通路面铺设讲究生态化，乘车、步行均舒畅。景点分布密集，点、线、面相连，指示牌和标识牌位置合理、醒目。停车场有专人负责疏导，车辆停靠整齐有序。景区有景点图，设景点路标，还有热心义务村民导游志愿者为游客讲解。

◉ 购物

大京有许多特产，在大京旅游可以购买海产品、农产品及干货等。城里城外，大街小巷，特产货物琳琅满目，物美价廉。

海产品以“岐头货”为主，品种繁多，十分新鲜。如，小牡蛎、笔架、岐乳、岐菜、锅贝、荔枝螺、黄丹螺、藤壶，等等。大京小牡蛎，不是人工养殖的，而是生长在礁石缝处，味道清甜；黄丹螺也生长在礁石缝里，身子有拇指大小，黄色，肉清脆，味微辣而又香甜；岐乳则是一种软体海生物，味道清新；岐菜做湖汤味道最佳；锅贝生在礁石上，形似翻覆的小鼎，味道鲜美；藤壶，炖蛋、炒蛋、腌制等都好吃。

农产品随季节而生。大京为沙质土壤，生长出的农产品口感清脆，口味良好。西瓜、甘蔗等清脆香甜，番薯、马铃薯等形状光滑，肉质细嫩。大京是茶场所在地，茶树生长在良好的土质上，长年受海雾熏陶，制出的福宁毫茶和福宁龙井闻名省内外。大京的土猪、土鸡，由于吃食中有海料，故肉质优良，味道纯香。

干货多为海产晒干制成品。如，目鱼干、黄鱼干、淡菜干、紫菜干、虾米等，质量好，味道香美。

另外，有多家店铺出售游泳、矶崖钓鱼、海上捕鱼、篝火晚会等海滨特色旅游所要配备的草帽、泳衣等器具，可随时购买。

名人与名村

大京自古多俊才。尤其宋代以后，佳士名贤辈出，如郑明、林隶、林元孙、郑君老、郑贞娘、刘回保、郑轙、周廉、郑鹏等，他们或科举名士，或朝廷命官，或征戍将军，或丹青大师，或高僧隐士，或贞节烈女，卓卓可著传者不胜枚举。近现代特别是改革开放后，更涌现出众多的仁人志士，大京籍高级工程师、能工巧匠、商贾、名士遍布海内外，清华大学、北京大学等全国重点大学都留下了大京学子的身影。

大京自古人文荟萃，青蓝相继，贤人辈出。更引得四方名人慕名而至，吟诗作赋，兴教讲学，齐襄共举。

◉ 历史人物

郑明（生卒年不详） 字用晦，号隐退，祖籍河南。北宋景德二年（1005）乙巳科李迪榜进士，后改授浙江松阳县令，年迈任满辞禄归田，北宋中叶携家眷迁居大南安东乡招贤里五十二都保老山麓，为现大京郑氏肇基始祖。

林隶（1145—？） 字子华，号南金，出生于大金。其父林杯因“还金无私”，名扬邑邦。林隶在优良家风的熏陶下，从小勤奋好学，为人仗义。于南宋乾道五年（1169）登郑侨榜己丑科进士，为南宋初期南乡大金第一位登进士第者，授太学博士。宋孝宗帝褒林家南金门第，赐建“杏锦坊”，时长溪知县黄龟朋题曰“恩荣画锦”。乾道七年，林隶迁泉州府晋江县知县，任内廉政恤民，造福一方，深受拥戴。乾道九年，林隶省亲返故里到宝岩山祭扫祖父林通坟茔，见宝岩寺僧众庙窄，便出资扩建，并舍田地 50 亩赠为寺产。

林钦夫（1187—？） 又名林檠，号叔敬，出生于大金，系进士林隶嫡孙。登南宋嘉定元年（1208）戊辰郑自诚榜进士，授工部郎中。在朝中与四川籍进士魏了翁交情甚密。南宋绍定四年（1231），回故里省亲，与时在福建任职的魏了翁久别重逢，饮酒作诗。魏了翁送叔敬回长溪县南金村，当他看到此地胜景，作诗一首《送林叔敬先生归长溪》，赞誉溪边林氏。

林元孙（1219—1274） 字善父，号南庐，出生于大金。读书勤奋，才学渊博，登南宋淳祐元年（1241）辛丑科徐俨夫榜进士，授宣义郎。为官二十载，因朝廷权奸用事，遂回故里隐居龙岩山石洞阅书著文。其生前诗赋著述甚多，现载于大京《林氏族谱》的有《待漏》《隐兴》《早期遇雪》《暑中咏蝉》《题尚友斋》等，抒怀交友和隐逸生活。此外，载于大京《林氏族谱》的还有其同僚、友人赠予的诗，其中进士王宗洙的《石洞尚友斋》、年弟进士徐俨夫的《题石室》等，抒发了文朋贤友之间学习、游玩的情怀。林元孙卒后葬于龙岩山之麓，其铭曰“天地储精钟”。赐进士出身状元、兴化府知军陈文龙拜撰《南庐公墓志铭》。

林仲明 （1237—？） 字诚甫，号东山，出生于大金，系进士林钦夫谪孙。林仲明少聪颖，南宋宝祐六年（1258），以三舍法召入太学，考居翰林学士。徐经孙爱其文才，迁尚舍国子学正。林仲明入朝多年，目睹奸权用事，主暗国危，毅然辞官返回故里大金，并作《归来意》辞，以明已志。不数年，宋祚为元，遂隐居东山，建东山书院办学，教化后人。元至大元年（1308），有南昌府人氏李自华至林家，寒暄其父与林仲明同榜之辈，因事辞官，意削发为僧。林仲明出资修建法华寺，并舍田 33 亩赠为寺产。

林懋修（生卒年不详） 字子齐，号南齐，出生于大金。登南宋淳熙十三年（1186）丙午科举人，封为御史。

郑君老（1251—1308） 字邦寿，号梅壑，出生于大金。自幼颖悟过人，10 岁能诗，12 岁能文，16 岁登南宋咸淳三年（1267）科乡试第一名，17 岁会试联捷陈文龙榜进士。因宋末政治腐败，郑君老无意仕途，“不以才高傲世，不以资累骄人。孤贫者周恤人，死无所赖者钦以棺椁，尤善教乡里”，在家竭力授学终生。著有《五经解疑》5 卷，《梅壑诗文集》5 卷。卒谥“靖节先生”。福清州知致仕陈天锡为其撰墓志铭，福建宣尉司都元帅邑中王都中篆额并书，祀乡贤。

郑贞娘（？—1275） 出生于大金，系郑日靖女，宋进士郑君老之妹。少端重，未笄许里人林森。南宋德祐元年（1275），元兵南下，寇作。郑贞娘惧见污，取刃自刎死，仆于床犹执刃不脱。时，郑君老亦伤，归见之恸，刃始脱。里人林仲明作传云：“宋之将亡，守臣或望风奔窜，或迎降马首，偷生免死，村喘息于须臾，能殉国者寡矣。贞娘一女子，乃能见机自刎，保全其身。人臣若此，岂不为国家之光乎！”里人进士陈赞诗云："宋主南奔闽海头，金元铁骑震山丘。守臣不识归降耻，处女独怀污辱羞。云气古今和恨结，潮声日夜带哀流。死生大义须臾事，留取芳名几百秋。"被誉为"烈女"。

林拱（1290—1352） 字邦立，号梅溪，出生于大金。为人有节有谋，尤治毛诗籍名郡校。元代举人，元武宗朝以贤良辟为宁德县尉。元至正二年（1342），倡众里人修建攀龙桥。留有《秀才塘志》一篇，《中峰绝句》一首，存于《林氏族谱》。卒后，永嘉县进士陈高铭其墓。

林镛（1300—？） 字有声，号剑岩，出生于大金，系进士林仲明之子。学识渊博，为人刚直。以礼经登元泰定元年（1324）甲子科张益榜进士，泰定四年转国子博士，时因以李白诗《邯郸才人嫁为厮养卒妇》为论题，谏言元朝不应轻视儒生文人的社会地位，引起朝廷不满，被关押牢狱。刑满后返回家乡大金，辅助父亲在东山书院办学，晚年时命子林纲协修《溪边林氏族谱》。

林宝（1318—1360） 字文瑞，号雪涧，出生于大金。元举人，由文学举授连江县教谕。卒罹于盗贼叶一、方六之祸。

岚奶（生卒年不详） 出生于大金。据《林氏族谱》记载，元至正年间（1341—1368），宁德县尉林拱病故，幼儿林宾由长子林宝抚养，并请岚氏为奶妈。至正十二年十月深夜，林族遭匪首叶一、方六洗劫，在家的林宝和兄弟妻儿均被杀害。匪首叶一原是林家佃农，了解林家人口状况，当他发现少一个幼儿时，便追寻到岚奶家中，岚奶见匪徒闯进家门，镇定自若，将林宾藏匿于长裙下，轻声叮嘱："孩子你若命大，千万别出声。"匪徒四处搜寻，没能找到，悻悻而去，林宾得救，承继了林家香火。林族后人不忘岚奶的救命之恩，尊称岚奶为"岚头姑婆"。后至明代，林氏族人为纪念岚奶救林族于危难之中，在大金溪边城岚头地方，建了一座岚奶宫。

刘忠（？—1391） 原籍江西泰和县。元至正二十三年（1363）从军，守御南京。明洪武元年（1368），拨燕山左卫前所军。洪武十八年，随王南征。洪武二十年，由南京迁至大金屯田戍边，开基立业。

刘回保（？—1442） 祖籍江西泰和县。福宁大金刘氏家族二世祖，其父刘忠，明洪武十八年（1385），随王南征，由南京迁至大金屯田戍边，开基立业，刘回保随父迁至大金。洪武二十四年，其父病故。洪武三十二年，刘回保以军丁身份补役，投身"靖难之变"中，随驾奉天征讨，战功显赫。洪武三十五年十二月四日，蒙兵部官引奏，升为大同前卫前所实授百户。明永乐二年（1404）十二月二十一日，兵部给授晐字二十四号世袭诰命一道，并钦赐牙笏，官居四品，调到留都南京守御，在职在位 43 年。其子刘春世袭。此后，刘氏家族有 7 代人沿袭百户，其中 6 代先祖一直坚守大金海防，抗击倭寇，保护民众生命财产。一个家族几代人世袭百户，200 多年鞍马挥戈，身先士卒，赤胆忠心，保家卫国，立下不朽功勋，辉煌史绩可歌可颂。

张希文（生卒年不详） 字继传，号积舒，出生于大金，系大金兴仁境巷里街张氏十世祖。明代荐辟，授浙江高淳县县丞。

郑龘（生卒年不详） 字子乘，出生于大金。学务躬行，深于自得。与林琪同学于韩信同之门。韩信同曰：“二子可续吾闽理学。”韩信同亡，与林琪心丧三年。著有诗文集存于家。今祀乡贤。简传收入府志列传、县志儒林传。

周廉（生卒年不详） 出生于大金。明代著名画家，据《福宁府志・闽》记载，周廉善于绘画，擅长画飞禽，尤其画鹰形态栩栩如生。他常常独自到海边写生，见孤鹰立石上，挥毫摹拟，其鸷如真。他的作品很多，多自已收藏，不轻易出售给他人。

郑宪（生卒年不详） 字孟成，号退休，出生于大金。登明建文元年（1399）举人，授浙江义乌训导，调信丰训导，告老还乡后主修《福宁县志》，著有《休休亭记》《老农传》《渔翁问答》等文。简传收入县志文苑。

刘春（？—1468） 出生于大金。大金村兴仁境巷里街刘氏三世祖，保送世袭，明宣德十年（1435）实授大同前卫前所百户职。明正统七年（1442），调南京沧波麒麟门守御千户所，后归羽林军。正统八年，调福建都司福宁卫大金千户所实授百户职。在职在位 34 年。

张德（生卒年不详） 祖籍安徽巢县，系大金巷里街张氏肇基始祖。明正统五年（1440），从福建永宁卫调入福宁卫大金千户所任正千户职，封武略将军。之后，张仪、张观、张凤、张武、张先、张煌、张国宣（又名张国贤）世袭正千户职，封武略将军爵位。一门八将，仕经八位皇帝，率百户统千兵，鞍马挥戈，驰骋福宁海疆抗击倭寇百余年，为大明江山稳固、黎民百姓安康立下不朽功勋。

刘瑛（？—1489） 出生于大金。大金村兴仁境巷里街刘氏四世祖，系刘春亲弟刘胜所生嫡长亲男。明成化五年（1469），世袭实授百户职，同年二月任管事，在职在位 21 年。

郑师（1462—1509） 字惟善，出生于大金。明弘治十一年（1498 ）举人，授丕州宿迁县训导升宁国府旌德县教谕，改授浙江绍兴府上虞县教谕。在宿迁任尚慷慨解囊救济邑人之困，又福安张景真遭剽掠，师见而资之。传宿迁令与之不睦，但师见人必称令贤，令闻愧服便遣二子拜为门下求学。简传被收入民国《霞浦县志・义行》。

刘钦（？—1546） 出生于大金。大金村兴仁境巷里街刘氏五世祖，系刘瑛嫡长亲男，弘治十四年（1501 年）四月内蒙兵部官引奏，刘钦准世袭实授百户职，弘治一十五年（1502 年）四月任管事，在职在位 46 年。

刘信（？—1568） 出生于大金。大金村兴仁境巷里街刘氏六世祖，系刘钦嫡长亲男，保送赴京替职，明嘉靖二十五年（1546）十二月，蒙钦差内官同伍府锦衣卫给事中等官，于安定门外大教场内与福建都司镇海卫指挥使高坚对比，得中双收。同月二十四日，钦准替职，仍授大金所世袭实授百户，嘉靖二十七年三月，任管事，在职在位 23 年。

刘弼国（？—1589） 出生于大金。大金村兴仁境巷里街刘氏七世祖。刘信嫡长亲男，大金卫所保送袭职，万历三年（1575 年）六月，蒙钦差内官同伍府锦衣卫给事中等官，于安定门外大教场内与福宁卫中所正千户张邦治对比，得中双收。六月二十六日，钦准袭职，实授百户职事，同年十月二十九日任管事，蒙考掌伍印。在职在位 6 年。

刘廷琛（1563—？） 出生于大金，福宁大金刘氏八世祖。系大金千户所百户刘弼国所生嫡长亲男，原为州、卫、所作为袭职对象，送福宁州提学培养武生。明万历十二年（1584），23 岁的刘廷琛因拟承袭父职，送赴福州兵备道比试，赢得马上中五箭，步中两箭，弓马颇熟。弓马试中毕，转送提学道考试韬钤策论，准实授百户职。

刘銮（1599—1662） 出生于大金。大金村兴仁境巷里街刘氏九世祖，封世袭总戎将军。

郑鹏（1694—1763） 字德云，号梅溪，出生于大金。清雍正元年（1723）举人，博学多才，尤精草书、医药、易经。后举授命湖北施南府利川县知县。在任期间，十分体恤民情，关注百姓生活疾苦，励精图治。为治理利川水患，引入先进耕田技术，疏水保田，使百姓重返故里。其间，还行医，消灭虫灾，传授南方先进生产工具等。郑鹏造福一方，深受百姓爱戴。离任时因无盘缠，当地乡绅捐助银两，并送锦绣“万民伞”“万民衣”，百姓夹道含泪敬酒恭送。利川黎民为感念郑鹏为官清廉，特建郑公庙，立“去思碑”供奉。郑鹏回到故里，朝廷特为他建造房屋一栋，赐地址为福宁府大金下店里。在家乡，郑鹏致力乡学，培养了一大批学子，为家乡教育做出积极贡献，并自立下家训一则：“孝弟由来是本图，奉公守法莫糊涂，后人若肯遵斯语，读雪耕云任所如。”逝世后，朝廷彰显有功之臣，御镌石碑“皇清特授湖北施南府利川县知县梅溪郑公之墓道”，谥“文恭”。

郑辉（1729—1775） 字凤瞻，号梧冈，出生于大金。清乾隆二十四年（1759）举人。自幼天资过人，但家贫幼时牧牛，族叔祖郑鹏助其入庠，12 岁得县童子试第一名，后举授清流教谕，廉洁自律。督学有方，受众赞誉。母早逝，迎父奉养县衙署，父终无钱搬丧回故里，幸得同窗刘君与谢知县相助才如愿尽孝。

戴庆忠（1925—2004） 出生于大金。1948 年，参加中国共产党城工部组织。1949 年，加入中国人民解放军，参加解放舟山群岛和一江山岛战役，负伤后到宁海治疗。1952 年 12 月，加入中国人民志愿军赴朝鲜参战，胜利后回国。1957 年 7 月，复员到上海工作。1961 年 10 月，调到华侨大学任教。1983 年，任华侨大学行政科科长。1987 年 12 月退休。戴庆忠退休后常为当地老秀才磨墨扶纸，开始练习书法。由于坚持不懈，刻苦钻研，不断创作，他的书法遒劲秀逸，清丽洒脱，气势不凡，作品多次参展、获奖，还举办个人书法展。

林进宝（1948—2003） 出生于大京。为人踏实，一生默默无闻。2003 年，在山林灭火中壮烈牺牲，被定为烈士。2004 年 9 月，获福建省宣传部、省综治委、省公安厅、省见义勇为基金会联合授予的“福建省见义勇为先进分子”殊荣。

林春仁（1949—2017） 出生于大京。霞浦县教师进修学校高级教师，潜心研究语文教学，发表《阿 Q 并非农民形象》等 10 多篇教研论文，其中《想为“不”“没”正名位》获全国语文教师论文比赛一等奖。1995年，参与编写《全国中专写作教材》。2005年，他因出色的成绩被载入《中国专家大典》。2015 年，他与同道乡贤一起，筹划组织编写《大京志》，并担任主编，从制定编目、制作展板，到创作村歌歌词《大京我故乡》，孜孜不倦。他深入大京实地考察，登门寻访，采访、挖掘、汇总了大量资料，为大京村志的编写做出了重要贡献。

大京进士一览表

表 3

姓　名	字　号	生卒年	朝代	进　士　榜
郑　明	字用晦，号隐退	不详	宋	景德二年（1005）乙巳科李迪榜进士
林　隶	字子华，号南金	1145—?	宋	乾道五年（1169）已丑科郑侨榜进士
林钦夫	又名林檠，号叔檠	1187—?	宋	嘉定元年（1208）戊辰郑自诚榜进士
林元孙	字善父，号南庐	1219—1274	宋	淳祐元年（1241）辛丑科徐俨夫榜进士
林仲明	字诚甫，号东山	1237—?	宋	宝祐六年（1258）戊午科三舍法召入太学翰林学士
郑君老	字邦寿，号梅壑	1251—1308	宋	咸淳四年（1268）会试联捷陈文龙榜进士
林　镛	字有声，号剑岩	1300—?	元	泰定元年（1324）甲子科张益榜进士

◉ 名人与大京

朱熹游历大金 朱熹（1130—1200），字元晦，又字仲晦，号晦庵，晚称晦翁，别称紫阳先生，世人尊称为朱子。祖籍徽州府婺源县，出生于南剑州尤溪。宋代著名的理学家、思想家、哲学家、教育家、诗人，闽学派的代表人物，儒学集大成者。朱熹一生交游甚广，足迹遍布大江南北。流寓长溪县时，已是白发苍苍的老人。南宋庆元五年（1199）开春，70 岁高龄的朱熹应长溪县学生林湜、黄干等邀请，由古田到长溪，游历了南乡的武曲村、罗浮村、文星明村、大金村，饱览了这片土地的美丽风光，深赞这里的淳朴民风，并留存了不少诗词文章。在大金法华寺上香时，为寺山门题下一副对联："地别九重天，碧水丹山青世界；门当三益友，苍松翠竹白梅花。"

朱熹精通地舆，看到大金的笔架之峰罗列于前，沙垅之案环而绕之，峰峦巅崖，势如云马奔腾，面对大金海边沙垅，延袤 1000 多米，谶云："沙垅高百尺，士子胜莆田。"此后，果然岁岁大风飚沙堆积其上，渐至百尺，大金人文秀发，仅林、郑两族就出了 7 位进士，8 位举人。

周德兴建大金千户所 周德兴（？— 1392），濠州钟离人，明初将领。周德兴随朱元璋起义到建立明朝，历经百战，建功无数，迁左翼大元帅，后升指挥使、湖广行省左丞。明洪武三年（1370），封江夏侯。洪武二十年三月，复令周德兴到福建，委以防倭重任，朱元璋对周德兴说："福建的功业没有完成，你虽然老了，尚可勉强为我前往。"同年四月，周德兴到了闽地，按照户籍征兵操练，征集民兵 10 万余人。在军事要地、沿海地区，筑 16 座城池，设置巡司 45 个，修建了福宁卫等五卫十二所，自此福建防御倭寇的措施准备完毕。

洪武二十年四月，周德兴亲临福宁州，并率周氏族人与亲兵，从海路登陆大金村，选定"执全闽之喉舌，巩福宁之藩屏"的闽浙要冲大金建造城池，设立守御千户所。在规划筑城时，对选择围入村西北面的凤山，还是围入村东北面的龟山，持有不同意见。有人说围"凤"有吉祥之兆，围"龟"有忌不妥。但周德兴通过实地考察，从军事防御和地理学的角度考虑，认为龟山临海，且居高临下，于是力排众议，决定把龟山作为军事制高点围入城内，在龟山顶上辟北门，设军事观察台和指挥台，东观海面，一览无遗，西瞰全城，尽收眼底。并将兵营分布在龟山下内侧。在周德兴亲自督建下，历时一年多，城堡工事筑就。从此，大金成为明代抗倭名城。

朱纨建官井洋水寨 朱纨（1494—1550），字子纯，号秋崖，苏州府长洲县人。明正德十六年（1521）进士，明朝大臣、抗倭名将。明嘉靖二十六年（1547），朝廷命大臣朱纨任提督闽浙海防军务，镇抚闽浙海防，为抗击倭寇，打击内线奸人和海上武装走私，加强海防建设，于要害处建设水寨，设置会哨、汛地，严加海上防范。嘉靖二十八年冬，朱纨亲临大金千户所辖区东冲要口建官井洋水寨，议拨福宁卫大金千户所官军防守。

据《新建官井洋水寨记》碑文记载，此处位于官井洋南面、东冲口外之北侧大澳湾内，紧挨东冲口，口内有霞浦、宁德、福安等县沿海商船与外海联系，必经东冲口出入，此处扼控东冲口。据《福洋五寨会哨论》和《福宁州论》记载："当会哨者有五，烽火水寨、小埕水寨、南日水寨、浯屿水寨、铜山水寨。五寨之设宛如珠联璧络，其后官井洋添设水寨。彼此会合循环无端，似织锦回文由南而哨北。寇闽要冲。然莫有如福宁州之尤险者，而福宁尤在福建之东南。突出海中，如人吐舌然。倭舶入寇。必先犯此。大金千户所军守之。秦屿罗浮官并洋胥属焉。"朱纨建的官井洋水寨应当处于很重要的抗倭战略地位，与烽火水寨并肩抗倭发挥了重要作用。

朱纨被迫害致死后，明廷也自此罢巡视大臣不设，地方政府不敢言谈海禁，倭寇更加猖獗，荼毒东南沿海。

徐竹峰定拓大金城 徐时可（1533—？），别号竹峰，湖北黄冈人，明嘉靖四十四年（1565）乙丑科二甲进士。明隆庆年间（1567—1572）至万历初期，由留曹迁分守福宁道。嘉靖中后期，倭患更为猖獗，大金城池狭窄，军在城中而民不能居内，居住城外民众虽建有私堡，但难以保护民众生命财产安全，重寇压境，守或不支而反为城害。明万历元年（1573），州庠生郑炎、林应龙、郑友士、郑守道等乡贤议请拓城。分守福宁道徐竹峰镇莅大金，洞若观火，亲至裁定，下文福宁州守刘君介龄等商议拓城事宜，颁发《帮城给帖》。并发公帑，募民间财资，征用民田，于次年告成。向西拓城400多米，向南拓与旧城接合，共拓城800多米，增设窝铺6个、敌台2个。现大京城堡西城门楣上仍镶嵌有一块《拓西南城碑记》，铭刻有徐公拓城史绩。

姚启圣划界移民 姚启圣（1624—1683），字熙止，号忧庵，浙江绍兴人。清康熙年间（1662—1722）政治家、军事家，姚启圣为政带兵执法严明，历任福建总督、兵部尚书、太子太保等职。

郑成功据台湾，勒令沿海居民出赀供饷。康熙元年，清廷以绝接济之根，下迁海令。姚启圣亲临福宁府，视察大金等沿海要冲，动用武力划界移民，福宁以大路为界，编篱立栅，强制沿海居民迁入界内，烧毁界外民房、宫庙，大金城堡内几处大宅被焚为平地，百姓流离失所，惨不可言，长幼男女满路号哭。有的一家十五六口仅存一二人，有的全家覆没，有的流浪外省，有的潜逃山涧，被清兵追杀，其禁令森严。

康熙二十二年，台湾郑克塽归顺，姚启圣上本五道，清廷下诏开界，大金大部分居民先后回归，在满目疮痍的故土上重建家园。有的居民面对一片荒凉的家乡不愿返回，留居他乡创土立业。

传常法师在白鹤堂出家 传常法师（1921—2009），女，俗名林芝英，霞浦县长春镇闾峡村人。她素具善根，秉性纯孝，幼年攻读四书等儒家典籍，兼习《药性赋》等中医启蒙读物。曾就读于霞浦城内培德女校。19岁时，结束了长春武岐学校的教学工作，到大京白鹤堂出家。日本侵华战争时期，白鹤堂虽两度遭受侵华日军炮火袭击，但她面对国土沦陷，仍矢志不移，坚守出家修道的信念。几年后，移居霞浦县城西柏翠庵。1955年起，连续几届当选为霞浦县人民代表大会代表和政协常委，任霞浦县抗美援朝宣传队队长。1957年后，到福州鼓山涌泉寺盛慧老和尚座下受“三坛大戒”。1958年起，主持福建省佛教协会和福州市佛教协会工作。传常法师人在外地，还时常为霞浦的柏翠庵、濂溪希望小学、神洋能仁希望小学、闾峡村大街及大京白鹤堂等修建做贡献。晚年，写下《自叙》抒发“白鹤堂灵气缠绕，柏翠庵钟声素回”的怀念之情。

林樾艺术在大京生根 林樾（1924—1948），字竹秋，笔名中虚，生于霞浦县西街。林樾的母亲郑阿玉是大京人，嫁于霞浦城关西关林厝里林竞憨，生下林樾。林樾小时候，常到大京外婆家，因为舅舅是当地有名的木工，会雕刻窗花、门花之类，林樾深受其影响，爱上雕刻、画画，从此走上艺术之路，后来成为著名木刻家。1942年，投笔从戎，从事抗日宣传活动，以刀刻艺术，创作《浮生相》，控诉日本侵略军侵华暴行，反映人民自由民主心声。1948年，因城工部错案遇害。1956年平反，追认为革命烈士。在林樾的影响下，他在大京的表弟郑立也酷爱美术，后就读于上海美术专科学院。另有表亲郑孟强、郑德宽进入美术学院深造，家族美术事业后继有人。

张夕明率领大京人修建水库 张夕明（1924—1996），又名张锡明，安徽省嘉山县涧溪人。1940年，加入中国共产党。1941年，参加工作。1949年1月，报名南下，编入中国人民解放军长江支队。1969—1973年，下放到大京生产大队。在大京期间，正遇上旱涝无法控制的困扰，他即以下放干部的身份，率领大京干部，了解地貌，深入勘察，最终决定在黄土溪兴修水库。在工地上，他与群众同甘共苦，一起劳动，坚持4年，

修建黄土溪水库

终将水库修筑竣工。1973 年，调任霞浦县公安局，任局长。后调福建省公安厅治安处，任副处长。

高怀谨带领大京人摆脱小农意识 高怀谨（1924—2015），山西省沁源县阎山寨村人。“七七”卢沟桥事变后，年仅 14 岁的高怀谨就投入抗日救国的大潮中，在村里当选为儿童团团长，1938 年 4 月加入中国共产党，同年入伍。抗日战争期间，他参加反扫荡斗争，经受了血与火的洗礼。1949 年 1 月，高怀谨在沁源县干部会上带头报名南下，编入中国人民解放军长江支队。1969 年年底，全家下放到霞浦县长春人民公社大京生产大队。从省直机关到最基层的农村，一个行政 13 级干部到沿海农村当大队支部书记，只有在特定的历史时期才会出现。他带着两个杂木箱，从省城到了霞浦。还步行 5 千米路落户到大京。当时，大京生产大队有 33 个生产队，1600 户人家，人们固守着传统的生产模式，经济发展十分滞后。高怀谨到大京后，全身心投入新的岗位，很快就与当地的干部群众打成一片，融为一体。“老高”迅速成为大京家喻户晓的亲切称呼。高怀谨带领群众自力更生，改善传统的种植结构，把种番薯改成种水稻，把种单季稻改种双季稻，当年水稻丰产。他还带领群众办盐场、猪场，发动群众集资修建大京后山水库。在高怀谨的带领下，大京经济得到飞快发展，群众生活水平明显提高。更重要的是，给当地干部群众带来了许多观念上的变化，开阔了视野。摆脱封闭的小农经济意识，对长期生活在古城堡中的大京人来说，影响是深远的。1975 年，高怀谨调到三明重型机器厂，先后任厂副书记、书记。1978—1980 年，主持地震局工作。1980 年，调任地质局局长。1985 年，在福建省第四次党代表会议上被选为顾问委员会委员。1993 年退休后，他还经常通过各种途径，了解大京村农民生活状况。2006 年 4 月，高怀谨专程赴大京故地重游，实地走访，了解农村改革发展的新成就，表达自己对大京的关切之情。

许怀中书写大京 许怀中，祖籍福建仙游，1929 年生于厦门鼓浪屿，1952 年毕业于厦门大学中文系。中共党员，中国作家协会会员、鲁迅研究家。历任福建荣誉军人学校教育干事、组织干事，中共第三中级党校学员，厦门大学副教授、教授，中共福建省委宣传部副部长兼省文化厅厅长、党组书记，福建省文联主席，全国文联委员，中国作家协会理事，福建省炎黄文化研究会副会长以及福建国际文化、经济交流中心副理事长，福建省文学院院长。当大京刚受到外界关注之时，许怀中就特地赶到大京。他登上古城堡，四面眺望，感觉风景特别美，心潮彭拜，便爱上大京，挥笔写下《霞浦古城堡风云》。之后，他常与霞浦文联联系，叮咛文学青年爱好者，要以大京古堡山水为切入点，撰写出更多更好的热爱家乡的作品。

姓氏望族

大京历史悠久，自唐代始就有人居住。先后迁入大京的各个姓氏族人和睦相处，互为联姻，繁衍生息。截至2016年，大京籍人口近1.1万人，常住人口约0.7万人，居全县各行政村人口数之首，因而大京享有“南乡第一村”的美誉。其中，林姓、郑姓、刘姓人口众多，在大京已发展成望族。

古之大京，十姓先祖，分居高顶，林郑刘三姓源远流长，而今六十余姓枝繁叶茂，各族操守家训，孝养父母，友爱兄弟，和睦邻里。

◉ 大京姓氏

据有关史料记载，大京在唐代就有人居住，现存的宝岩寺是唐天宝二年（743）由村民筹资建成的。古时迁入大京的各姓氏都散居于宝岩寺周边的西家里、宝仑坑、凤髻山麓、龙岩山麓等地，冠以姓氏为地名的有陈桥巷、陈家岗、罗汉墩、王山头、辛厝岚、朱厝埕、黄厝弄、李林井等，足以佐证大京有史以来就是众多姓氏的聚居地。

据大京户籍档案记载，新中国成立时，大京就有郑、林、刘、陈、张、黄、高、王、萧、吴、辛、徐、杨、曾、魏、卓、杜、蔡、江、李、戴、周、卢、姚、胡、薛、潘、欧、沈、方、姜、蓝、元、阮、廖、游、叶、连、朱、郜、何、马、许、冯、俞、孙、白、丁、易、艾、章、赖、邱、颜、卞、罗、谢、汤、石、吕等60多个姓氏，且很多同姓氏中的近祖支系不同，原祖居地和迁徙大京的年代也不同。现有居民中，最早迁入大京的先祖是原居保老山的郑明支派和原居溪边城的林通支派，郑、林两族均于北宋景德年间（1004—1007）先后徙居大金。明洪武二十年（1387），大金建福宁卫千户所，周、刘、戴、蔡、曾、马、朱、郑、陈、王、徐、张、李等

10 多个姓氏的军户修筑城堡，驻营城内。从此，大金人口剧增，一派繁荣。

清康熙元年（1662 年），清廷动用武力划界移民，强制沿海居民迁入界内，早年定居大金的各个姓氏多被迁出。直至康熙二十二年，清廷下诏开界，许多姓氏又回归故土。

康熙二十二年后，有杜、林、辛、姚、许、俞、陈、刘、黄、吴、沈、张等 20 多个姓氏分别从福清、长乐、莆田、罗源及本县其他乡镇迁入大金。民国时期，又有颜、卞等几个姓氏迁居大京。大京百姓勤劳务实，艰苦奋斗，共建家园。

林、郑、刘姓家族在大京人口中所占比例较大，历经数朝代，已成望族。林氏源于济南堂和西河堂；郑氏源于荥阳堂；刘氏源于彭城郡。从宋至清，林、郑两姓登进士 7 人，举人 8 人，明代张姓有 7 位世袭千户，刘姓有 7 位世袭百户。各姓氏中贡生、廪生、庠生不胜枚举。新中国成立后，尤其是改革开放以来，大京考入高等院校的学子有 800 多人，其中获得硕士、博士学位的有 50 多人。在各地各行政事业单位工作的乡贤有 900 多人，其中科级干部 150 多人，处级干部 30 人，厅级干部 6 人，取得高级职称的有 30 多人，更不乏经商创业成功之士。

大京主要姓氏一览表

表 4

序号	姓氏堂号	肇基祖	何时何地迁入	现今世系及人口
1	太原堂 王氏（1）	王万程	清乾隆二年（1737），自莆田县南日岛迁霞邑天堂村，再徙大金辖内窑山洞岈里山，后移入大金下街王厝弄	现繁衍 13 世 52 人
	王氏（2）	王传僮	清道光十九年（1839），从霞邑渔家地村移居大金后山白鹤堂，几年后迁入大金仓口街	现繁衍 7 世 38 人
	王氏（3）	祖讳不明	道光二十一年（1841），从某地迁入大金曲井头	现繁衍 7 世 42 人
	王氏（4）	祖讳不明	清咸丰三年（1853），迁入大金王厝弄	现繁衍 6 世 34 人
2	河南堂 元氏	元华德	清嘉庆二十年（1815），从乐安县迁入大金巷里街巷头顶	现繁衍 9 世 48 人
3	六桂堂 方氏	方锦美	清嘉庆八年（1803），从霞邑方厝城迁入大金北门街	现繁衍 10 世 15 人
4	济阳堂 卞氏	卞浦澄	1919 年，从霞邑闾峡村迁入大金柴桥头	现繁衍 4 世 4 人
5	崇德堂 卢氏	卢尔端	清雍正六年（1728），从霞邑罗浮村迁入大金东门街	现繁衍 177 人
6	平原堂 石氏	石乌妹	1917 年，从长乐县村迁入大金中街，后迁界石村	现繁衍 4 世 5 人
7	南阳堂 叶氏	叶一潭	1941 年，从霞邑溪南镇东安村迁入大京村后巷弄	已无后裔
8	京兆郡 冯氏	冯有官	清道光二年（1822），从霞邑秋竹岗村迁入大金后巷弄	现繁衍 8 世 16 人

续表 4

序号	姓氏堂号	肇基祖	何时何地迁入	现今世系及人口
9	彭城郡 刘氏（1）	刘　忠	明洪武二十年（1387），从南京随军迁入大金千户所	现繁衍 23 世 925 人
	刘氏（2）	刘元端	清康熙二十三年（1684），从平潭县清湾村迁入大金溪边城自然村	现繁衍 11 世 220 人
	刘氏（3）	祖讳不明	清乾隆四十六年（1781），从福清白沙迁大金虎坑自然村，后移入大金巷里街	现繁衍 9 世 6 人
	刘氏（4）	刘慈茂	1915 年，从长乐潭头迁入大金仓口街	现繁衍 9 世 20 人
	刘氏（5）	刘方灿	清宣统二年（1910），从浙江文成县迁入大金巷里街巷头顶	现繁衍 5 世 6 人
	刘氏（6）	刘元耀	清嘉庆二十年（1815），从福清县迁入大金北门街	现繁衍 9 世 18 人
10	安定郡　郜氏	郜帮顺	1948 年，从本镇洪江村迁入大京仓口街	已无后裔
11	河东郡 俞氏（1）	俞光崧	清光绪元年（1875），从霞邑渔家地迁入大金柴桥头	现繁衍 7 世 8 人
	俞氏（2）	俞绍发	霞邑渔家地人，1966 年复员安排到大京卫生所工作，后定居	现繁衍 3 世 10 人
12	高阳郡 许氏（1）	许志金	清咸丰元年（1851），从寿宁县迁入大金仓口街	现繁衍 11 世 65 人
	许氏（2）	许玉华	1946 年，从莆田县涵江迁入大京曲街头	现繁衍 4 世 23 人
13	济阳堂 江氏（1）	江可思	清乾隆五十一年（1786），从福清县刘岐村迁入大金巷里街	现繁衍 11 世 38 人
	江氏（2）	江金定	1922 年，从闽侯县花桥村迁入大金仓口街，从事裁缝	现繁衍 5 世 16 人
14	陇西堂 李氏（1）	李昌富	清乾隆三十年（1765），从福清县迁入大金村窑后瓦窑兜	现繁衍 10 世 74 人
	李氏（2）	李正奇	1921 年，从福安县洋头迁入大金村后街	现繁衍 4 世 37 人
15	延陵堂 吴氏（1）	吴春桥	清道光十六年（1836），从县西门兜迁入大金仓口街	现繁衍 7 世 48 人
	吴氏（2）	吴墩斋	清道光十六年（1836），从福清青坑村迁入大金曲街头	现繁衍 7 世 56 人
	吴氏（3）	吴方同	清顺治十七年（1660），从惠安县迁入大金曲街头	现繁衍 10 世 52 人
	吴氏（4）	吴玉祥	1923 年，从溪南仙东迁入大金溪边城自然村	现繁衍 5 世 68 人
16	陇西郡　辛氏	辛俊臣	清康熙二十七年（1688），从霞邑江边村迁入大金仓口街	现繁衍 11 世 85 人
17	京兆郡　杜氏	杜日辉 杜日隆	清乾隆年间（1736—1795），兄弟二人从福鼎县迁入大金泮溪洋，不久迁入大金仓口街	现繁衍 11 世 165 人
18	九阮堂　阮氏	阮昌新	1928 年，从寿宁县迁入大金村巷里街	现繁衍 4 世 7 人
19	庐江郡　何氏	何高忠	1923 年，从周宁县迁入大金村东门头	现繁衍 4 世 8 人

续表 4

序号	姓氏堂号	肇基祖	何时何地迁入	现今世系及人口
20	颍川堂 陈氏（1）	陈逊初	明洪武二十年（1387），从福泉所迁入大金千户所	现繁衍 23 世 311 人
	陈氏（2）	祖讳不明	清嘉庆二年（1797），从泉州府马巷迁入大金上街	现繁衍 9 世 25 人
	陈氏（3）	陈大攀	清乾隆八年（1743），从长乐县先迁入大金辖内蜘蛛网，后移入大金仓口街	现繁衍 12 世 54 人
	陈氏（4）	陈其恒	清乾隆八年（1743），从浙江平阳县五凤乡迁入大金辖内西家里村，后于 1920 年移入大金下街	现繁衍 13 世 41 人
	陈氏（5）	陈进春	1936 年，从周宁县东洋村迁入大金	现繁衍 4 世 9 人
	陈氏（6）	陈绍基	清光绪十二年（1832），从霞邑迁入大金仓口街	现繁衍 5 世 18 人
	陈氏（7）	陈昌各	1917 年，从霞浦东关迁入大金	现繁衍 4 世 10 人
	陈氏（8）	陈玉水	清道光年间（1821—1850），与兄玉池从浮鹰迁入大金后街弄	现繁衍 6 世 19 人
	陈氏（9）	陈马清	清道光六年（1826），从霞邑下浒流金村迁入大金后巷弄	现繁衍 6 世 23 人
	陈氏（10）	陈位书	清道光六年（1826），从福清迁入大金窑后自然村	现繁衍 7 世 28 人
	陈氏（11）	陈　仕	清道光二年（1822），从宁德八都先迁入大金窑山洞自然村，后移入大金南城	现繁衍 8 世 21 人
	陈氏（12）	陈鸿润	清乾隆十八年（1753），从长乐赣苍街迁入大金巷里街	现繁衍 12 世 37 人
21	清河堂 张氏（1）	张　德	原籍安徽巢县，明正统五年（1440），从福建永宁卫调入大金千户所，封武略将军，授正千户职，赐府第于大金巷里街	现繁衍 22 世 78 人
	张氏（2）	张其恢	清乾隆五十八年（1793），从福清岱石村迁入大金窑后自然村	现繁衍 10 世 378 人
	张氏（3）	张其贵	清乾隆五十八年（1793），从福清岱石村迁入大金丹湾自然村	现繁衍 10 世 101 人
	张氏（4）	张鸣礼	清乾隆二年（1737），从福清后俸村迁入大金丹湾自然村，后有一支系移迁入大金巷里街	现繁衍 13 世 215 人
	张氏（5）	张奇英	清雍正十三年（1735），从罗源县叠石村迁入大金下街	现繁衍 10 世 123 人
	张氏（6）	张桂祥	1947 年，偕家眷从周宁县迁入大京上街	现繁衍 4 世 36 人
22	济南堂 林氏（1）	林　通	北宋元丰元年（1078），从长溪县赤岸迁入大金溪边城	现繁衍 40 世 2150 人
	林氏（2）	林一芳	本县崇儒濂溪，至清代，一世祖林一芳肇基大金北门顶	现繁衍 14 世 128 人
	西河堂 林氏（1）	林廷环	明崇祯十七年（1644），三世祖林国震迁入大金果火山柴担仔	现繁衍 12 世 143 人
	林氏（2）	林守和	明崇祯十七年（1644），从福清宅前村迁入大金港里自然村	现繁衍 14 世 137 人
	林氏（3）	林茂轩	清乾隆五十八年（1793），从福清山下迁入，先居窑后瓦窑兜，又移丹湾，再移大金	现繁衍 10 世 113 人
	林氏（4）	林朝枝	清道光二年（1822），从长乐县潼湖乡只身外出经商后，定居大金巷里街	现繁衍 8 世 46 人

续表 4

序号	姓氏堂号	肇基祖	何时何地迁入	现今世系及人口
23	荥阳堂 郑氏（1）	郑　明	北宋熙宁二年（1069），在浙西松阳县令届满，辞禄归田，迁入大金保老山	现繁衍 41 世 2162 人
	郑氏（2）	郑鸿郁	明洪武二十年（1387），从泉州南安随军迁入大金千户所	现繁衍 13 世 117 人
	郑氏（3）	祖讳不详	明乾隆十八年（1753），从福清迁入大金丹湾自然村	现繁衍 11 世 32 人
	郑氏（4）	郑哑九	1921 年，从本乡赤沙村迁入大金后街横弄	现繁衍 4 世 6 人
24	汝南郡 周氏（1）	周亚保	明洪武二十年（1387），从福宁卫迁入大金千户所	现繁衍 23 世 43 人
	周氏（2）	周仕华	清道光三年（1823），从长乐县石门村迁入大金上街	现繁衍 8 世 68 人
25	弘农堂　杨氏	杨阿术	明天启四年（1624），到大金，住北门顶	现繁衍 16 世 54 人
26	褒德堂 卓氏（1）	卓志英	清康熙十二年（1673），从霞邑武岐村迁入大金巷里街	现繁衍 14 世 21 人
	卓氏（2）	卓碧成	1948 年，从本乡武岐村迁入大京下街	现繁衍 5 世 15 人
27	豫章堂　罗氏	罗秉金	1953 年，与其兄景贤从本乡霞浦城内到大京行医定居	现繁衍 4 世 14 人
28	江夏郡 黄氏（1）	黄士誉	清康熙年间（1662—1722），从宁德虎贝迁入小金；清乾隆二十年（1755），从小金移居大金巷里街	现繁衍 11 世 218 人
	黄氏（2）	黄陈恩	清顺治七年（1650），从宁德石堂迁入大金南城下	现繁衍 15 世 254 人
	黄氏（3）	黄兆志	清道光五年（1825），从霞邑迁入大金	现繁衍 8 世 21 人
	黄氏（4）	黄国明	清乾隆五十四年（1789），从长乐占岭村迁入大金下街	现繁衍 8 世 30 人
	黄氏（5）	黄义赐	清康熙五十五年（1790），从宁德迁入大金	现繁衍 12 世 47 人
	黄氏（6）	黄福顺	清光绪三十三年（1907），从宁德迁入大金仓口街	现繁衍 5 世 26 人
29	淮阳堂　胡氏	胡命仙	清同治二年（1863），从周宁县南乡占卜算命，后定居大金东门街	现繁衍 7 世 13 人
30	天水堂　姜氏	祖讳不明	清同治三年（1864），从长乐县后山村迁入大金东门街	现繁衍 7 世 37 人
31	京兆郡 姚氏（1）	祖讳不明	清同治十二年（1873），从仙游县迁入大金上街	现繁衍 6 世 9 人
	姚氏（2）	姚清贵	1917 年，从莆田县涵江迁入大金上街	现繁衍 4 世 17 人
32	渤海堂　欧氏	欧加盛	1948 年，从本乡积石村迁入大京	现繁衍 4 世 29 人
33	东海堂　徐氏	徐居宾	清崇祯十六年（1643），到大金北门街定居	现繁衍 14 世 98 人
34	渤海堂　高氏	高肇英	清乾隆十七年（1752），与肇举肇清兄弟三人从福清磁窑迁入大金南城门	现繁衍 11 世 73 人
35	晋阳郡　唐氏	唐珠清	清乾隆六十年（1795），从罗源县李俊岐村迁入大金窑后自然村	现繁衍 8 世 96 人
36	六桂堂　翁氏	翁联浩	清道光二年（1822），从本县溪南镇迁入大金南城下	现繁衍 9 世 8
37	兰陵郡　萧氏	萧小八	南宋德祐二年（1276），从泉州迁入大金巷里街巷头顶	现繁衍 27 世 169 人

续表 4

序号	姓氏堂号	肇基祖	何时何地迁入	现今世系及人口
38	鲁国堂 曾氏（1）	曾松公	明洪武二十年（1387），从泉州府龙头山迁入大金东门头	现繁衍 22 世 132 人
	曾氏（2）	曾木仁	1947 年，从本乡斗米村迁入大京下街	现繁衍 4 世 53 人
39	清河堂　温氏	温桂辉	1948 年，本镇渔洋埠村人，寄养在大京姑丈家	已无后裔
40	东山堂　谢氏	祖讳不明	1946 年，从本镇罗浮村迁入大京东门，后已迁往福建建瓯县	现繁衍 4 世 21 人
41	广平堂 游氏（1）	游启明	清咸丰年间（1851—1861），从福清县三山镇迁入大金丹湾自然村	现繁衍 7 世 89 人
	游氏（2）	游启耀	清咸丰三年（1853），从福清县三山镇 迁入大金丹湾自然村	现繁衍 7 世 41 人
	游氏（3）	游德位	清道光初期，从平潭县白欣乡东占村迁入大金丹湾自然村，民国时期迁入仓口街	现繁衍 8 世 53 人
42	种玉堂　蓝氏	蓝宗玉	清顺治年间（1644—1661），迁入大金东门街	现繁衍 12 世 20 人
43	武威堂　廖氏	廖源觉	清道光二十六年（1846），从浙江平阳迁入大金泮溪洋村	现繁衍 5 世 14 人
44	济阳郡　蔡氏	蔡福发	明洪武二十年（1387），从晋江槽街从军迁入大金千户所	现繁衍 18 世 87 人
	汝南郡 蔡氏（1）	蔡春玉	民国初期，从本乡赤沙村迁入大金王厝弄	现繁衍 5 世 31 人
	蔡氏（2）	蔡永和	1916 年，从本乡罗家洋迁入大金王厝弄	现繁衍 5 世 16 人
45	荥阳郡　潘氏	潘祖锡	清宣统二年（1910），从本县高罗村迁入大金王厝弄	现繁衍 5 世 29 人
46	东鲁郡　颜氏	颜永福	1917 年，从本镇四罗洋村迁入大金下礼园	现繁衍 4 世 9 人
47	河东郡　薛氏	薛　某	清宣统三年（1911），从福清县迁入大金曲街头	现繁衍 6 世 8 人
48	谯国郡　戴氏	戴原升	明洪武二十年（1387），从泉州迁入大金千户所	现繁衍 17 世 46 人
49	任城郡　魏氏	魏大瑛	清康熙三十五年（1696），从泉州府迁入大金上街	现繁衍 13 世 17 人
50	渤海郡　欧阳氏	欧阳东田	清宣统元年（1909），从本县三沙镇迁入大金北门街	现繁衍 5 世 13 人

◉ 望族源流

林氏支派

溪边城林氏　肇基始祖林通，字世亨，号万成。先祖在李唐时世居古长溪赤岸，于北宋中叶因避兄林泽之祸隐居大南安东乡招贤里五十二都龙岩山麓的龙溪畔，置庄名“南阳庄”。据清乾隆《福宁府志》和清代《林氏族谱》记载，宋时有举子赴考借宿林家，次日早行遗金两锭，主命长次二子追十里路奉还，客谢道：“得金不取，异日声价当比南金。”时人纷褒之，有诗云：“还金原不济周贫，恻隐由来一念真；共羡德门双义士，谁知贤里有仁人。”“名留东管银书行，价重南金口勒铭；自古幽芳阴种德，兆应玉树代连城。”兄弟二人因还金之德，授孝友之名，人称山曰“南金”，又称“大金”，村由此而得名。

宋元以来，历代多有才俊贤良，仕外职官，如宋元时期，有进士 5 人，举人 4 人，贡生、庠生 40 人。明代抗倭时期，林氏族人参与抵御外侵。明万历年间（1573—1620），州庠生林应龙、林镃携同郑炎、郑守道、郑友士等乡贤请命拓西南两处城郭，动员族人拆私堡和宋元祖墓石块帮助筑城，此举名扬福宁邑邦，功铭御倭史册。

元、清年间曾遭遇不幸。元至正十二年（1352）十月四日，九世祖林文瑞一家父子兄弟满门遭匪首叶一、方六洗劫并罹难，唯幼弟林宾匿岚奶家而幸免无恙。清康熙元年（1662），朝廷动用武力划界移民，林氏族人被迫移迁界内翠竹桥谋生。康熙二十二年，清廷下诏开界，陆续返回故里重建家园，其中十四世祖一支留在翠山创业未返。

新中国成立后，林氏家族安居乐业，枝繁叶茂。截至 2016 年，有人口 2100 多人。

历代主要仕外职官：三世林隶，宋代进士，授太学博士，知晋江县。四世林懋修，宋代举人，封为御史。五世林钦夫，宋代进士，授工部郎。六世林元孙，宋代进士，授宣义郎。七世林仲明，宋代进士，授尚舍国子学正。八世林拱，元代举人，任宁德县尉；林镛，元代进士。九世林宝，元代举人，任连江教谕；林纲，明洪武初期任琼州主簿。十世林孔殷，明代任江西新淦县知。十三世林秀，明代任江西余干县教谕；林和，

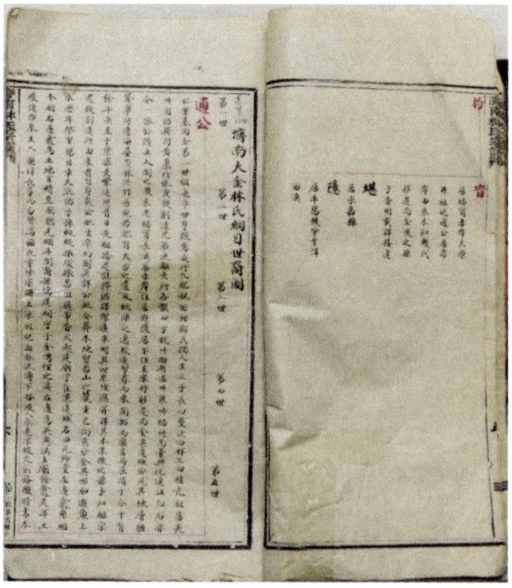

溪边林氏族谱图

明代任广西象州儒学正堂。

仓口街林氏 肇基始祖林廷环于明代由福清宅前白沙迁福州北门，至第三世祖林国震于明末偕其弟林国超、堂弟林守和由福州分迁南乡。林国震迁大金果火山柴担仔，林守和迁港里自然村，林国超迁下浒流金。至清代初期，同宗八世祖林天官亦自福清白沙迁斗米岙，后迁大金塔仔，历经数世又迁大金仓口街聚居，至今已有 300 多年。

港里林氏 肇基始祖林守和，又名林国和，于明崇祯年间（1628—1644）由福清宅前村迁徙大金港里自然村，至今已有 300 多年。该支派后裔溯远祖同源，多数人丁并入《溪边林氏族谱》，列为喜房，并于 2007 年协力共建林氏祠堂。

巷里街林氏 肇基始祖林朝枝，于清道光年间（1821—1850）由长乐县潼湖乡只身外出经商，后定居大金巷里街。至今 180 余年，据族谱记载，林朝枝七秩寿，蒙兵部侍郎都察院右前都御史巡按徐宗干赠匾“稀龄锡福”四字。

北门顶林氏 肇基祖世居长溪赤岸，后迁本县崇儒濂溪，至清代一世祖林一芳肇基大金北门顶，至今繁衍 14 世。后人多从医从教，自八世祖林步青始五代行医至今。

郑氏支派

保老山郑氏 肇基始祖郑明，字隐退，宋代进士，授浙江松阳县令。晚年辞禄归田，于北宋中叶携家眷居大南安东乡招贤里五十二都保老山麓，至今已传 41 世，计 638 户 2162 人。

族人以松阳令“进士笔”为荣，诗书传家，清廉为本，重视文化教育，开办多处私

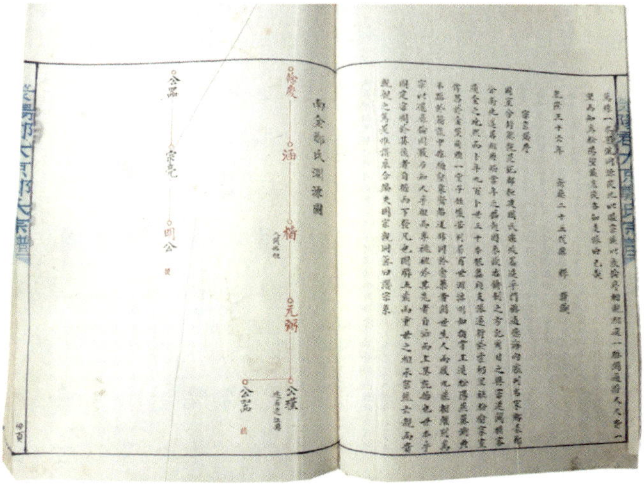

郑氏族谱

塾，教化后代，并与宋代徙居大金的林氏结为世交，互为联姻。尤其是明清两代，贤人辈出。据《郑氏族谱》记载，宋代郑君老，10 岁能诗，12 岁能文，16 岁乡试第一名，17 岁登进士第。在明代抗倭时期，郑氏族人配合明军抵御外侵，有乡贤郑炎、郑守道、郑友士等人与林族林应龙等于明万历年间（1573—1620）请命拓建西南两处城郭，动员族人将祖坟上的石块拆卸下来用于筑城。此义举，永载福宁抗倭史册。在出仕贤人中有清雍正年间（1723—1735）举人郑鹏，在湖北利川县令任内廉洁奉公，造福一方百姓，当他离任时，百姓含泪为他送别，并立“去思碑”。还有主编明代《福宁县志》的举人郑宪，撰写长溪县令《潘中忠祀记》的教谕郑白奄等。据《郑氏族谱》记载，宋至清代，登进士第 2 人，举人 4 人，贡生、庠生 29 人，耆宾 10 多人。

元、清年间曾遇不幸。郑君老之妹郑贞娘遭元兵践踏家门，急无可避，镇定自若取剃刀自刎，以保贞节。清康熙元年（1662），清廷动用武力划界移民，郑族被迫移迁崇儒界内谋生。至康熙二十二年开界，举族返回故里大金。

新中国成立后，郑氏家族安居乐业，人丁兴旺。截至 2016 年，有人口 2100 多人。

历代主要仕外职官：一世郑明，宋代进士，授浙西松阳县令。十世郑君老，宋末进士。十四世郑宪，明代举人，授浙江义乌训导。十五世郑信圭，明代贡元，任浙江青田县训导、江西瑞金教谕。十七世郑师，明代举人，历任宿迁县训导、旌德县教谕，上虞县教谕。二十三世郑鹏，清代举人，湖北利川县令。二十五世郑辉，清代举人，任清流县教谕。

刘氏支派

兴仁境巷里街刘氏　肇基始祖刘忠，原籍江西省吉安市泰和县。元至正二十三年（1363）从军，明洪武元年（1368）拨燕山左卫前所军，洪武十八年随王南征，洪武二十年由南京迁至大金屯田戍边，开基立业。二世祖刘回保，补役，洪武三十二年投身“靖难之役”，因功升大同前卫前所百户，明永乐二年（1404）准授世袭并钦赐牙笏，官居四品。三世祖刘春，世袭，明宣德十年（1435）实授大同前卫前所百户职，明正统七年（1442）调南京沧波麒麟门守御千户所，后归羽林军，正统八年调福建都司福宁卫大金守御千户所实授百户职。四世祖刘瑛，明成化五年（1469）世袭，实授大金守御千户所百户职，二月任管事。五世祖刘钦，明弘治十四年（1501）世袭实授大金守御千户所百户职，弘治十五年四月任管事。六世祖刘信，明嘉靖二十五年（1546）十二月，授大金守御千户所百户，嘉靖二十七年三月任管事。七世祖刘弼国，明万历三年（1575）六月袭职，实授大金守御千户所百户职事，同年十月二十九日任管事，蒙考掌伍印。八世

彭城刘氏宗谱

祖刘廷琛，万历十三年袭祖职，实授大金守御千户所百户职。九世祖刘銮，万历二十七年敕封世袭总戎将军。

刘氏先祖扎根边陲，与大金各姓氏民众和睦相处，共建家园。族中人丁兴旺，人才辈出。截至 2016 年，有人口上千人，成为大京三大望族之一。

溪边城刘氏 肇基始祖刘嵩，原籍西省吉安市泰和县。于洪武年间，随军南下，其孙裔刘元端于清康熙二十三年（1684），从平潭县清湾村迁入大金溪边城自然村。

◉ 望族家训

林氏家训

溪边城林氏祖训 林氏子孙，父慈子孝，兄友弟恭，夫正妇顺，尊长爱幼，讲礼义，知廉耻。不论从士、从农、从工、从商，恪守敬业。为人气必正，心必厚。做事公正，勤俭持家。学业勤奋，行为端正，言语谨慎。为官廉慎，和睦邻里。不交非善之人，不取不义之财。富不骄，贫不滥。毋忌嫉贤能，毋奸盗谲诈，毋满盈不戒，毋坏名丧节。扶贫济困。

仓口街林氏祖训 孝敬父母，和睦兄弟，夫妇义顺，尊长爱幼，团结宗亲，敬姜守礼，训导子孙，诗书执礼，孝悌力田。工勤职业，心安固守，无怠无荒。

林氏后裔操守家训事迹 林氏后裔铭记祖训，诗书传家，在优良家风的熏陶下，代有贤人。宋元时期，后代勤奋苦读，出进士 5 人，名传四方。宋至明代，有仕外职官 10 多人，秀才 30 多人，还有孝悌、义行之人不胜枚举。如，宋中叶的一世林通，二世林夔、林杯父子三人因“还金之德”，成“孝友之名”，誉享长溪，流芳千古。后裔出仕子孙捐馆办私塾，教化后辈勤奋读书，并辟有“秀才塘”30 多亩田产，专门资助家族学子。元代，时任连江教谕的九世林文瑞父病故，弟林宾又年幼，林文瑞毅然承担抚养幼弟之责。明景泰年间（1450—1456），十一世林炽之父林旷患痈疮，林炽以心尽孝，用口吸毒，并敷草药，不日，父即愈。明成化年间（1465—1487），十二世林行简因母患病，日夜忧伤，终日陪护，照顾倍至，并求神减已寿益母氏，在他的精心照料下，两年多后，母病愈。其行为感动了子孙，其孙 20 多人都秉承父辈孝心纯笃而着。明万历元年（1573），十四世州庠生林应龙顾大家舍小家，与侄儿林镃拆卸家族新建的私堡石块，贡献给千户所拓城之用。其义行铭载福宁抗倭史册。林氏家族家训、家风代代相传，孝行闻于乡邦，传为佳话。

郑氏家训

耕读传家，安分守己；出仕不贪，爱国治家；孝养父母，友爱兄弟；和睦乡邻，品行端正。

郑鹏自定家规：孝弟由来是本图，奉公守法莫糊涂。后人若肯遵斯语，读雪耕云任所如。

郑氏家族，以农耕为主，读书勤奋。治家持家，勤劳守业，和谐邻里，尽孝为先。出仕者，主政一方，清廉惠政，造福黎民。

郑氏后裔操守家训事迹 郑氏自肇基祖松阳令迁居大金以来，诗礼传家，孝悌为本，尊祖敬宗，家训、家风代代传扬。宋末进士郑君老，无意仕途，艰苦持家，克孝克顺，赡养年老父母及叔。十二世郑轮孝事父母，每食必躬侍先，三叔郑彦璘无子，郑轮待之如父。十五世郑信圭初仕青田，常于千里之外返家探望双亲，并将所得俸禄分给家人，以奉亲膳。十七世郑师仗义疏财，在宿迁任训导职时，见邑人遭剽掠，涕泣求济，虽素不相识，但能解囊相助。明万历元年（1573），因拓城之需，州庠生郑友士、郑守道、郑炎等动员族人，将位于村西的赤竹洋祖遗轮年祭田 40 余亩悉数捐献，使拓城工程大功告成，写下了感人的《献田拓城》故事。二十三世郑鹏，母丧守孝，蔬食 3 年，未饮酒食肉。妹早寡，抚养其子女成人，还资助郑辉等孙侄读书，考取功名。清乾隆年间（1736—1795），二十五世郑辉，母早逝，家贫，受雇放牛，生活节俭，学习刻苦，

12岁获县童子试第一名，于乾隆二十四年中举人，授清流县教谕，始终牢记家训，严格要求自己，廉洁自律，督学有方，受众赞誉。后裔郑瑶守家训孝道，对母十分孝敬，每当母亲受祖母鞭挞，就下跪哀求，愿以躬代，终感化祖母。后裔郑克明从小以家训为人生方向，自幼勤学，热爱家国，积极投身抗日救亡运动。后裔郑进觞、郑意信、郑宽良等为革命，不顾生命危险，积极参加中国共产党城工部组织。

彭城刘氏家训

崇孝悌，孝悌是人生大端，爱亲敬长有恒性，子弟恪尽职守。别内外，男治外女治内各有专司。正品行，不论从士、从农、从工、从商，恪守敬业，为人气必正，心必厚；做事公正，勤俭持家；学业勤奋，行为端正，言语谨慎。敦族谊，族中长幼能和气，定必致祥；尊卑能谦让，必多受益。戒恃强，不可恃强凌弱。急赋税，宁缓私家之事，须先急公家之税。周全乏，缓解他人之急，接济有难者，要慷慨大度周恤困难之人。惩淫欲，要戒惕淫，若有犯者，定必受到惩罚。

刘氏后裔操守家训事迹　明代，大金刘氏七代子孙世袭百户，其后裔谨遵家训，克己自律，为官清正。二世刘回保为保家卫国，置生死于度外，征战南北，屡建战功。八世刘廷琛因拟承袭职，送提学道考试韬钤策论。试日，误怀银二分，仓促入试，被查出，认定“故违条约，希图作弊，州行学除名，革去衣巾”，取消培养对象资格，羁押待审。经调查，刘廷琛祖孙八代人从军，世袭百户，沿袭管军管事，并无侵借官方钱粮和被告追胜未完结之轻重罪名。

望族宗祠

林氏宗祠　肇基始祖林通始建于北宋元丰八年（1085），南宋德祐二年（1276），元兵南下，被焚毁。明正德元年（1506），十三世孙林山与堂兄林睿、堂弟林李合力重建。清康熙元年（1662）十月，清廷动用武力划界移民，祠堂被清兵焚为灰烬。康熙二十二年，清廷下诏开界，林氏移民才返回故里。2007年，族人议定在金湾里旧址重建宗祠，专门成立筹建组负责具体事务。在旧址范围扩征土地2500平方米，按原坐向重建，2008年2月动工，2009年4月竣工。新建宗祠面宽15.6米，进深25.3米，建筑面积394平方米，砖木结构，前后两进，中间天井。南大门呈八字开，为硬山顶重檐装饰，门额上阴刻长石匾，书写黑底金字“林氏宗祠”。一、二两进大厅，通高11.88米。二进的厅廊沿装饰卷棚顶，厅前柱悬挂一副黑底金字抱柱联板，联曰：“林茂枝荣宗功赫赫双桂馥，氏繁族衍祠宇巍巍九龙翔。”左右墙分别悬挂“历代家族先贤名录及建祠碑

林氏宗祠

郑氏宗祠

记”“支系迁徙历史记载”等匾。厅后为列祖龛。

郑氏宗祠 始建于北宋中叶，位于龙岩山下金湾里，与林氏宗祠毗邻。元代被毁，明万历年间（1573—1620）拓城后，移址大金城堡内后街，并兼作书堂。1942 年，移建在观音堂地界。2006 年，重建。扩建后的宗祠坐东向西，占地 817 平方米，建筑面积 417 平方米，为硬山顶单层砖木结构。外设围墙，围墙之内依次为祠埕、门楼、天井、中厅、香台等。大门楼为重檐歇山顶，中匾金字篆书“崇祖门”。大门左右围墙上分别阴刻“崇祖报德敦睦宗谊”“荥阳衍派源远流长”联语。大门楹联曰：“绳其祖武扶轮济世千秋重；贻厥孙谋布德施仁万代昌。”大门正中额匾金字楷书“郑氏宗祠”。门联曰：“祠挹龙岩山峰映秀色；堂听海浪潮水扬家声。”郑氏宗祠建在观音堂地界，内奉祀观音菩萨。

艺文杂记

大京，自宋代郑、林两族始祖迁居以后，文化渐起，文人渐出，文章渐兴，并吸引诸多外地文人墨客揣摩撰写，形成浓厚的地方文学氛围，特别是散文和诗歌更显文采。后人学之写之，亦创声名。

自古大京崇文之风兴盛，而今菁菁英才辈出，其中散文诗歌引得海有万千气象，山有水墨神采。

◉ 散文

石室尚友斋记[①]

〔宋〕王柏[②]

林君元孙游白鹤山白鹿洞，旋过苏门，谒姚福先生，见茅屋不剪，列六君子像讲读于中，乃嘲之曰："子之志吞此乎，方今海内贤士大夫仗于名山无穷，何不览天下之胜，遍交游思以壮笔端，而故抑首蓬蒿亨其敝帚，自甘为辽豕焉。"先生解之曰："贪夫慕利何处不免，今子籍金闺，身列谏垣不叨禄位，生涯乃收濠濮容顾天下之师美，而师友之志则大矣，而号有不可者。二程既往圣道蓁芜有能膺往来之任者，圣贤之徒也，子读圣贤书出见纷华能无心悦而引去者乎，不如闭户诵读列千圣于一堂，求之千里之上，若神交之美墙寤寐闭矣，游于时艺览天下方书山水，豪杰皆在吾案头，求八荒之际而若吾应又其亚也，回视抱霜露卧塵垢交游道路不得休息，其劳逸不大相径庭

① 原载《林氏族谱》。

② 王柏（1197—1274），字会之，婺州金华人，南宋藏书家、书画家。此文为南宋景定元年（1260），王柏至大金游龙岩山仙洞时作。

哉！”林君于是抚然曰：“命之矣。”遂九顿首谢去归龙溪之上，就石室阬焉。石室天成高丈余，阔数丈，栖经史图书，取汉石渠之义也。旁下筑三间，匾曰“尚友斋”，列六君子像，效苏门家法，讲说著作亦道。自任夫林君天下士也。故每天下士为未足，又尚友古之人，如此其得苏门而兴起也。欢使百世下有闻而兴起者，莫不颇见。知之林君又以天下士为世师矣。林君讳元孙，字曰善父，登淳祐辛丑进士，南金人，苏门院士姚枢燕京行省，即中辉县人是也。

归来意辞 ①

〔宋〕林仲明

晨春之仲，气和景融，东书而上，浩气如虹，陆驰犀儿，水剸蛟龙。踵相如之故，蹋乘宗悫之长风，慷慨冀题柱之美，庶几收书檠之功，奈何风波世道竿瑟，人情明珠白璧不能自评。奔而吴奔而越，漫利拥帚可愧衡勃；说以纵说以横，鼓舌摇唇可鄙仪秦。欲投珠履群今无孟，尝君欲效宾客轩今无裴。公门纵有小荆棘凰凤难展翼，纵有小沟壑蛟龙难容足。赛雁翔而南，客燕迈而北，我家饭有田，我居头有屋，岂无归宿处？气喘空驰逐不如，仗剑赋归兴万事。从前付，嗟吁！称吾马，驾吾车，大笑出门无踌躇。归故里，返故闾，划草梅边理半区。鹿逐甘舆游木石，宁与尽焦桐横膝，且须乐。破帽笼头温故书，缉麻而衣赎。一赤脚婢采薪而爨炗；一苍头奴云壑鼓春风，之来食可以粟，夜丹垂明月；之钩羹可以鱼，春梅咏不尽，夏竹凉有余，秋梨菊供笑傲，冬岭松伴清癯，人生乐处是山屋，门前流水接江湖。莫嫌腰未金，莫愁门未朱，时来公与相，翻身起犁锄。传岩晚筑相烟笠，感梦绘图来召人，渭川昨夜钓寒水，翌日投竿长啸起。风云际会良有时，荣华富贵非幸致，洒彼江湖逐儿人，摩肩在在遍城市，蝇营狗苟利与名，役役不知老将至。嗟吁哉！此辈真迷途，有谁能识归来意。

哭妹贞娘节烈 ②

〔宋〕郑君老

哀哉吾妹兮，生不逢时！痛哉吾妹兮，死此乱离！

---

① 原载《林氏族谱》。

② 原载民国《霞浦县志》。

灰尘涨空兮，铁骑南驰。旌旗蔽野兮，日色无辉。凶徒蜂起兮，浊乱民彝。恣行劫掠兮，四野伤悲。我妹遇兹兮尚在闺闱，若逃患难兮计无可为，恐被污辱兮决死无疑，一刀自刎兮澌血淋漓，死仆于床兮不变容仪，刀不落地兮手尚坚持，英烈如生兮人谁敢欺！嗟我独生兮于世何裨，汝危莫援兮恨无穷期。悠悠我思兮泣涕涟如，人皆有死兮特出异宜。哀哉痛哉兮噫嘻！独存汝名兮万古无遗。

东峰第一楼志[①]

〔元〕陈高[②]

南金四环皆山，而中为平地，当北冈之脊其势下趋，跃而且伏，伏而四十余丈。而然，或丘前后左右之山，远近而一面丘中独峙，际海而不见海，故其地之月生为最。林君文懋[③]之先人，宁德府君，于兹工之上为楼三间。广东宪副印三宝任君题其匾“东峰第一楼”。因丘为高缔构齿爽，举目而望则双剑之岩、笔架之峰威风之旗；天马之阜效奇于四面，而苍霏秀色流入窗几。时云荫霭、晨暾夕月，状态变幻纵览不厌。楼之旁竹木森列、花果翻茂、林亭石凳间营措置。而外绕以垣辟小扉，于垣之东南闭扉而处。终日无嚣岔之接意者，蓬来玄圃神仙之所居不是过也。府君晚年谢事归家，朝夕燕夕于是笔床茶灶书册琴棋之外不蓄他物，客至辄饮酒赋诗，陶然自适以与世相忘。至正乙己岁，余来秦川已不及见府君，亦与文懋游相好。明年春入三山道其居里，因留遇焉遂得以穷其幽胜爱而不忍舍去，盖世或有景物虽胜而人力之经营不及，果是二者而有之，此所以为全美也。虽然世之胜概恒因人因胜，文懋儒雅好清事能继先志，抱器能而不售而诸弟子侄又皆秀发，宜乎有以擅斯楼之美也。夫文懋名实自号为雪林云。

---

① 原载《林氏族谱》。东峰楼，位于大金村龙岩山麓，是元代宁德县尉林拱所建的藏书游息之所。明嘉靖年间（1522—1566），被倭寇焚毁。

② 陈高，字子上，晚号不系舟渔者，平阳人。登元至正十四年（1354）进士第，与林实颇有交情。此文为至正二十六年，陈高游东峰楼而作。

③ 林实，字文懋，号雪林，林拱次子，元至正年间以春秋补邑弟子员。

秀才塘志[①]

〔元〕林拱

余闻古南金地障海低沙潮入，直抵北麓，迨后浪壅沙高浸塞波臣，居民始得垦西北高处而成田也，非古沧海所变也。今余就东南洼地亦障而为田分为四塘，量功命日。沟垒深固矣，菑蕃三稔 。请县官初税亩名其塘曰“秀才塘”，盖以塘田资秀才读也。里人有二三嘲，余曰：“而以此田为常业，天地之数靡常，国家之税有定夫塘也。夫非水之壑也，鱼龙出入之薮耶，虽未言事变，即今大水不宜稼，大潮不宜稼，潦十浸岁三冬，吾恐税贡无已而田终付波成矣。”况西北之田地世传为沧海所变，余得而耕之，余不得而知之，又安知西北所变桑田，异日不变而为沧海耶。今以资士 ，余以士之学似海也。大学则庶人之子为公卿，不学则公卿之子变为庶人。余将欲余子孙为秀才者，目击海田之故日，讲学以增其高，穷理以资其所，且时时文会以修罅隙之处，勿使一刻不修，为潮水浸入以害吾稼，常怀不秀不实之，夏令世知学而学必成，勿令一世不学，有学无成如变海之桑田则几矣。其待士故弗厚与里人不答，余归而作海田记。

元至正庚寅冬十二月吉旦　邦立拱志

梧冈公试文[②]

〔明〕郑辉

圣人因时之妙，历纪之，而如见焉，甚矣！夫子之因时也，乡党纪而以雌雉终篇，岂无意哉？且酬酢有万变之交，而斯人鲜时中之用，惟自圣人处之，而卒无不得其宜焉。详而记之事非一端，约而指之会心不远也。春秋有孔子抱时中之略，而老于乡党之中，斯时之君大夫有能举之朝廷之上，则内而致君，外而睦邻，必有为举朝光者，而奈何卒于布衣终身，流水自乐。致使席不暇暖，而役役于车尘马足之间，徒与二三友朋讲学洙泗。已焉，良足悲耳，然而与时偕行之素，则固无往不可也。吾党日侍圣人，诚得一一而记之。记之奈何，曰乡党朝庙异其用也，事上接下异其容也，为摈在朝，聘问之各得其宜也，衣服谨齐，饮食之有所必惕也。其浅者在席坐寝居之常，其深者在居乡交

① 原载《林氏族谱》。

② 郑辉 12 岁时以此文得童子试第一名。

友之事，其小者在贵人贱畜之理，其大者在事君待友之情，而且容貌不一。其致车亦有其仪，此何莫非因时之为哉！顾与时咸宜，吾党想象焉。而不能各言其故，随时各当圣人偶遇焉。一触即通，则是夫子以时遇时，在吾人即借时以证时。时哉之言，夫子叹雉者，转为夫子一叹可也。记者历纪之，而以物之合时终焉。圣人著《易》而首龙潜，乡党记圣而终雌雉。此物此志也夫。

园楼日涉志[①]

〔明〕林云同[②]

石岩林先生[③]归自余干，择胜地而居之，西北而为园，周围砌筑两旁夹涧，东涧娶鹿与鹤，外辟以门，西颜之日常关，逶迤数十武重，辟以门颜曰“日涉”。盖取陶先生归去来辞语也。园中桑株数百，且闽广江浙之草悉树焉。若鸟则就地所产者，听其倦飞而自还矣。中为楼三间，楼前滤池，池通西涧活水，半善鱼，半滋莲；楼后两庑为庖，湢沉秫之数楼之上。经史充楝楼之下，古炉、茶灶、郦砚、汉琴、石棋、龙剑备焉。先生日令长髯，持石支两白板，自夹一编箕，踞楼头沉吟数刻，则苍头供浊醪适饮数觥，咿唔之声不辍倦，则抱卷两鼻息如雷，醒则苍头进紫笋，笋碗而清涤虑，或焚香而鼓琴，或洗砚池边而临晋帖。若棋剑之弹击，则不能但不去矣。时而意到以为会心处不在远，惟日涉园中浇花、修竹、观鱼、鸟玩、鹤鹿，因天乘地，与时推移，觉花鸟禽鱼与君兴游，皆成佳趣矣。夫情节不为五年，折腰去之。柴桑、桂柳、种菊、诗酒优游今。先生官居外翰，有首宿长阑于之风，然桃李在门，乐育春风，摄而千数，目政麦穗，而歧花红满城，夫非先生之外境也。先生不以是，系恋而能取足于内，则神情可与彭泽令而两也。是宜园楼之美十倍。柴桑先生名秀，字廷实，出入请修于此号，曰静先生云。

嘉靖壬寅年

① 原载《林氏族谱》。日涉园，位于大金村溪边城龙溪畔，江西饶州府余干县教谕林秀告老还乡时建。

② 林云同，字汝雨，号退斋，莆田县城关后埭人，明嘉靖二十二年（1543），升浙江布政使司右参政。嘉靖二十四年，钦命提督湖广全省学政，提刑司按察使。明隆庆三年（1569），升南京工部尚书。

③ 林秀，字廷实，号石岩，宁德县尉林拱之长子。明弘治年间（1488—1505），以宾贡上春官授湖州德清县训导，秩满迁江西余干县教谕。

大金地舆记[①]

〔清〕汤汝霖

从来人因地而杰，地藉人而灵。大金所，盖郑明公自宋真宗时由进士授浙之松阳令，解组后寻山玩水播迁兹土。匪今斯今五百有余岁矣。公善相阴阳，度其原隰，卜居于保老山之麓。厥后折堡附城遂徙而东之缅，厥形势殆如李愿归隐盘谷，可以得其概焉。草木丛茂，居民鲜少，其土可稼，其泉可濯。可沿笔架之峰罗列于前，沙垅之案环而绕之，则峰峦巅崖，势如云马奔腾，其左侧一峰如伏龟状居是，乡者有时钓于水鲜可食，采于山美可茹，此乐土之所由咏也！爰为之歌曰："大金之前，水共长天；大金之后，绣陌阡连，孤城合抱气象超然。"又为之歌曰："大金之城兮有开必先，人文蔚越兮不亚前贤，遗插滞穗兮箱万仓千，螽斯衍庆兮蛰蛰绵延，老终幼长兮寿比彭篯[②]。"爰于居兮，爰于处乐，亿万斯年。

霞浦古城堡风云[③]

许怀中

霞浦是福建省海岸线最长的一个县，又是全省在历史上建筑城堡最多的县份之一，现存古堡遗址明代的卫、所、堡便有 28 处，据载大京和路闾峡城堡建于明洪武二十年（1387），其他的都建于明嘉靖四年（1525）至三十七年，大京古城是保存最完好的。我虽几度到霞浦，却未参观过，年前应邀去采风，特地驱车到长春镇的大京村看古城堡去。

这一天风和日丽，出了城关，途中所见，山坡上一片片荔枝林，枝叶依然苍郁。公路的另一面是一个个海滩养殖场，交织出闽东山海交响曲。行车约 50 千米，便到了位于县城东南的大京村。古城堡城门前两棵古榕，犹如守门的将士，上写的"千户福宁"标志着明洪武年间江夏侯周德兴奉建"福宁卫大金守御千户所"（大京原名"南金"，后称"大金"）。霞浦那时称福宁府，历史上系海防巡检司所在地，名列福建十二千户所之首，雄踞闽东。城门前的 6 块石碑中，留下建城的史料记载。以石头垒成高达 6 ~ 9 米的城墙和城堞，大都完好。从拱门入城，正中一条石铺路两旁是店铺，街道和小巷接

① 原载《郑氏族谱》。

② 彭篯，彭祖相传为八百岁老神仙。

③ 原载《福宁霞浦》。

大京城堡

连，街内有3个亭子，它们分别为迎恩亭、巷里亭、仓口亭。亭顶形成八卦，城中挖井，处处可供居民饮用，城内可居六千多人，城堡之大，把一座山都围在城内，并存有古宫庙。四面有 36 道门坎。

我们从西门进入，走过一条长长的石条街道，南门出来。从城外看到一条护城河，约八百多米长。古城堡外又有防护林，主人对我们说，大海沙滩，许多外来者，包括外国来的参观者，都赞不绝口，赞它是世界上少有美丽的沙滩。城堡对着一座笔架山。南门称为“南金门”，这是因为有个拾金不昧的故事传说：南门城内有一家小客店，住过赴京考试的士人，走后客主发现他丢下两个大金锭金子，连忙赶十里路奉还。客谢道，得金不取，异日声价当比南金。后这位旅客高中，后人因取其名为“南金”。

大京古城堡内，不仅住着不贪财的义士，而且有抗击倭寇的勇士。据《霞浦县志》记载，明初屡遭倭寇骚扰，焚劫村落。江夏侯周德兴抽丁为沿海戍兵，取万伍千人，移置卫所于要害处，筑城数十；又于外洋设立烽门、南日山、浯屿水寨。《福宁府志》也记载，楼橹之巍巍，旌旄之闪闪，真是以寒贼胆，“执全闽之喉舌，巩福宁之藩屏”。可见当时这里不但是闽东的抗击日本海盗的要塞，而且是八闽大地的抗倭要地，其军威足使寇贼心惊胆颤，显示出中华民族威武不屈的民族精神。如今当地人都会滔滔不绝地向你诉说当年壮烈战斗的情景：那时被海盗烧毁六十多座民房，还在山上架起机枪，青年勇敢冲上去，一批倒下去，一批又冲上去，终于驱赶掉海盗，打得他们抱头鼠窜。霞浦当地民众，至今念念不忘抗倭英雄戚继光和他所带领的义乌兵。县志载："明嘉靖四十一年七月二十一日戚继光率军乘船从温州出发，二十五日抵达平阳，从平阳绕小路入闽，八月初一到达福宁州。"戚继光麾下的三千义乌兵，训练有素，纪律严明，勇敢作战，屡建奇功，气镇倭寇，威震四海。传说当时义乌兵个个背挂义乌城隍的符袋出征，抱着牺牲就义、誓死保家卫国的决心。他们在霞浦东关建起了义乌城隍庙，以激发斗志。在参观大京古城堡之前，我们经过义乌城隍庙，进去参观，正好有义乌籍的书画家高清一道前来。这是几年前当地群众集资重建的。我们在庙前见到大门上题的"义乌城隍庙"五个大字，对联写的是："戚继光平寇为国，义乌兵保境安民。"为了缅怀戚继光的丰功伟绩，庙内专设"戚继光纪念堂"，悬挂戚继光的大幅画像，还挂着许多歌颂戚继光功绩的条幅。义乌市宗教局等曾组团来参加一系列的活动，这不仅是道教活动场所，又是戚继光平寇驻军处所的历史文物保护单位，成为向群众进行爱国主义思想宣传的活动阵地。2005 年，中央电视台《走遍中国 · 宁德》摄制组来这拍摄景观，并以《城隍作证》为题播放。

霞浦古城堡的风云，使我想起以前到欧洲访问，在德国莱茵河畔看见许多古堡，那些古堡是驻扎军队、为征战留下的遗址。而我国的古城堡，住的是老百姓，屯兵是为防御外来侵略者，它是抗击异族入侵的坚强堡垒，放射出民族庄严威武的光芒。

雨雾朦胧看大京①

林思翔②

细雨蒙蒙，淡雾轻笼。最是一年春好时，我们慕名去大京。从霞浦县城出发，汽车沿着环绕东吾洋的海边公路盘山而行。一路上，东吾洋那妩媚而富有的春色，一幕幕从

---

① 原载《福宁霞浦》。

② 林思翔，笔名田羽，福建连江人。1958 年开始发表作品，1998 年加入中国作家协会。

我们眼前闪过。

走进大京，首选感觉到的是古城堡斑驳的历史和伟岸的力度。大京面向东海，背靠霞浦群山，乃闽东之门户，历来为兵家必争之地，明代守御千户所曾设于此。为抗御倭寇，保卫海疆，明洪武二十年（1387）建起了长达1940米的城堡。数百年间，屡毁屡修，至今风韵犹存，雄伟气派依然可见。东西南北四个城门和宽大的城顶炮位，恍如长城缩影，显示古代劳动人民的智慧，浮现出当年众志成城、抵御外侮的民族雄风，令人生发“壮哉！山河之固”的惊叹。

站在城顶放眼东望，海天苍茫中浮鹰岛、西洋岛近在眼前；东引岛、西引岛影影绰绰；台湾岛、澎湖岛遥遥相望。朦胧中雄关漫道的古城堡，像一条亮丽的纽带，一头载进龙首山麓，一头系着台湾水域，把血脉相连、语言相通的闽台两省人民紧紧地联系在一起。

城堡固守着古镇，而一条“绿色的长城”又护卫着古堡。前者是祖先爱国精神的见证，后者是大京人效法祖先的得意之作。东海之滨的大京，风平浪静时，海天一色，空净旷远，视线无边无际，令人心驰神往。遇狂风吹打时，则“惊涛拍岸，卷起千堆雪”，天长日久，大海就在岸边垒起一丘丘金黄的“雪堆”，造就了大京的沃野，也带来了遍地沙尘，使大京成了闻名的“沙村”。六十年代以来，大京人民开展了一场治理风沙的战斗，在漫长的沙滩上种上了一行又一行的木麻黄树。如今，这厚密的防护林带，不仅固沙护村，还成了一块避暑胜地。每逢夏天，特别是节假日，一群又一群的男女青年，漫步戏下，戏耍其间，接受柔和的光圈照射，任凭清爽的海风抚摸，或卧身沙浴，或席地而坐，感受光的爱抚、风的恩赐，确是难得的惬意。

如果说“绿色的长城”是大京海疆一条风景线的话，那么金色的沙滩则是大京的风景聚集点。东海的大浪淘尽了海水杂质和污垢，给大京半月形的海湾留下了一片金灿灿的沙滩。大京的沙松软细脆，金碧闪亮，为海沙之极品。同行的一位当过水兵的诗人赞叹说，他走过不少很有名气的海滩，沙质数大京最好。这固然是诗人对这块沙滩的偏爱，然与大京海域宽阔，海浪强劲，海岸曲线得体等得天独厚的条件，使海水在这里形成最佳的淘小船坞力也不无关系。这里的海滨浴场，当可与海南的天涯海角相媲美。夏日来此，下水可搏击海浪，尽情畅游；上岸可静观“潮落犹如盖，云昏不作峰”的东海景色，心头将充盈着“曾经沧海难为水，除却巫山不是云”的快慰与满足。

大京虽不大，然不乏“京味”。整齐的石板条铺设的宽大古街道，明清风格的古建

笔架山

筑，即可窥见当年“京味之城”的繁华。而沿城堡而栽的古榕群，则把古镇打扮得郁郁葱葱，充满活力。大京的后山怪石嶙峋，多彩多姿，“双凤衔书”“三狮戏球”“双龟把港”“双鲤顶头”，名目繁多，形似神似。而大京前方的笔架山，传说是大京历代文人辈出的风水所在。雨雾飘忽中，笔架山“犹抱琵琶半遮面”，羞中透秀，分外妖娆。

雨雾朦胧，暮色来得早。离开时，回眸古镇，田野一派葱绿，耳际传来了松风海涛的送客声。那勃勃的生机，那山海的奏鸣，向人们显示着春天的魅力。

故乡的木麻黄

陈健

木麻黄属常绿乔木，强阳性，喜炎热气候，耐干旱、贫瘠，抗盐渍，也耐潮湿。原产澳大利亚、太平洋诸岛，中国引种约有 80 多年历史。广东、广西、福建、台湾及南海诸岛均有栽培。树冠塔形，姿态优雅，沿海常用来作为防护林。

不知曾几何时，你就这样悄悄走进我的梦里。记得毛姆在《木麻黄树》中写道：“你永远也不会知道，在一位最体面的女人身上会隐藏着什么样的野性。”而诗人庞德的诗句尤令人怦动：

我们来到城市的南端，在那里穿过一座桥，有海和海滩

夜里，一切都显得不那么窘迫了，就像宁静的海洋，多么美丽又安详

至于我，只想要找到那个巧合，那神秘的一瞬间

木麻黄顺着乡间的道路延伸到海边，影片跳动

穿着暗红色毛衣卷头发的小孩，从远方摇摇晃晃跑向镜头

秋天的海边，颜色暗淡又温暖，是谁帮你跟我记着呢

后来读到作家冰心的一篇散文其中有一段文字，赞美你兼有松的挺拔和柳的妩媚，更萌生了结识的念头。但第一次真正见到你，却是三年前在家乡大京的沙岸上。

那是怎样一种情状啊！无数的你手挽手绵延成了一道绿色的屏障，在狂戾的风沙中坚贞不屈。我惊异于你的悲壮和优美，活了近三十个年头，竟不知世上还有如此绝美的树木，倾慕之余不禁感到有点悲哀起来。

今夜，当我铺开稿纸，要写下一段怀念故乡的文字时，又想起了你。

海洋的风还是那么寒冷么？

春去冬来，我始终裸露着赤诚的胸膛抵御风沙的暴虐，给疲惫的乡村吟唱深沉的歌，并用记忆的断章为它编织一组组吉祥而安宁的梦，情深的泪水渗流进了惊蛰的黑土地。

你无法改变朴实的品性，还是那么易于满足，只要阳光，只要可以使生命起始的湿度，就长成了柔中有刚的男子汉。成为风景，成为古堡永恒的注释。不像苍劲的松柏因得意于自己的尊贵老是板着一副阴沉的面孔，不学婀娜的杨柳自作多情，弱不禁风。哦，木麻黄！

每一个你都是一个完整的世界，一个绿色的梦想。你飘逸的风姿，给诗人以无限的憧憬，更给人以心灵的启迪：谁对生活多一分爱，谁的生命就多一些绿色。我终于理解了冰心女士钟情于你的所有缘由了。

今夜，当我铺开稿纸，要写下一段赞美故乡的文字时，又记起了你——木麻黄。每一阵风吹过，或许人们还无法完全读懂你的絮语，但我却深深感受到一种崭新的生命方式和献身激情……

1988 年 3 月

城堡·沙滩·木麻黄[①]

——霞浦大京掠影

刘翠婵[②]

背倚莽莽群山，目拥万顷碧波，胸揽良田沃野，这样的村庄算不算幸运？如果还有巍巍的古城墙，绵延的木麻黄终年护卫着她，平坦光洁的沙滩日日依偎着她，这样的村庄是不是更幸运？今日大京，就是这样一个幸运的村庄。曾经激荡在城墙上的厮杀声已隐入岁月的深处，徜徉在村头村尾的，是代代相传的关于城堡的逸闻趣事，是冬日暖阳下人们的闲适笑脸，是春去春来永不更改的跌宕潮音。

大京，原名大金，是霞浦县一个著名的渔村。唐时就有人居住，明初福建沿海屡遭倭寇侵扰，为抗击倭寇明洪武二十年（1387）当朝下令设置海防巡检司千户所，江夏侯周德兴奉建“福宁卫大金守御千户所”。大金踞入闽北口要道，有史料称：“拓大金，固所以巩福宁之藩屏也；巩福宁，固所以执全闽之喉舌也。”“此而巩则咸巩矣，此而扼而咸扼矣。”大金因而名列福建十二千户所之首。就在这一年，驻村兵士在大金筑城垒堡，城墙周长1940米，高7米，顶宽3米多，辟东、西、南三门（北面依山不设门），墙上遍设窝铺、炮位，装备周全。在城墙上，视野极其开阔，海上如有敌情可尽收眼底。城外凿800余米长护城河，与城堡构成壁垒森严的防御整体，在抵御海上倭寇的侵扰上，真正起到了“执全闽之喉舌，巩福宁之藩屏”的积极作用。城中亦随之建造一条青石板路，四个街亭，开凿四口八角大井，方便军民生活。现已成为省级文物保护单位的大京城堡和南京明城、崇武古城一样历史悠久，栉风沐雨近700年，依然固守一隅。当地民间曾流传“洪武帝要在大金建临时帝要都”的说法，也许仅是戏言，但大金之名却在不知不觉间变成了大京，村中之井也被唤作“皇帝井”，这叫法一直沿用至今。

在今日大京，和古城墙遥遥相对的还有一道“绿色城墙”。那就是村口600多亩的木麻黄林，茁壮的木麻黄树沿着3000多米长的沙滩依势排开，不知挡住了多少袭向村庄的狂风暴雨惊涛骇浪，置身其中，让人情不自禁想起600多年前镇守此地的精兵强将。更多的时候，郁郁葱葱的木麻黄，逶迤有致的沙滩，汹涌澎湃的潮声，将大京过去的铿锵时光和今天的宁静风情悄悄地糅合重叠。

---

① 原载《福建日报》2006年1月11日第十二版。

② 刘翠婵，霞浦县文联主席。

古城墙

站在城墙上，环顾千山，极目碧海，可赏云卷云舒，可听惊涛拍岸，可望木麻黄坚守的雄姿，也可看良田稻菽翻起千重浪。如果巧遇暮归的农人，赶着水牛，穿过古老的城门，而迎面而来的是出海的渔人，挑着新鲜的渔货在悠长的青石板小巷中叫卖，真觉得是遇着良辰美景了。此中惬意和安宁，难道不是一个村庄的幸运？

溪边林与秀才田[①]

林春盛

溪边城位于大京龙岩山下的龙溪之畔。古有“龙溪之畔，林家居焉”之记载。宋时，大京林姓第一世祖林通迁移大金溪边城，隐居读书。见其地层峦耸翠，河清海晏，茂林修竹，居若宛然，有太古之遗风，桃源之逸致。遂携眷而来开拓广居。居三世科目代兴，日新月盛。宋、清以来，历代多有才俊、贤良，仕外职官。如三世祖林隶登宋乾已丑科郑侨榜进士，知晋江县；五世祖林钦夫登嘉定戊辰科郑自诚榜进士，授工部郎中；六世祖林元孙登淳祐辛丑科徐俨夫榜进士，授宣义郎。

① 原载《霞浦报》。

因林姓家族拓居并修筑古堡而得名溪边城，古堡约 0.2 平方千米。在明万历元年林家族人林应龙、林镃与郑家族人郑炎、郑守道、郑友士等乡贤为了增强城堡防御能力，请命拓城堡西南两处城郭，动员族人拆卸溪边城私堡，石料用以拓建大金城堡。从此城外居民入城与千户所驻兵同住，共同抗倭。溪边城自然村就是大京溪边林的祖居地。

“秀才塘”位于溪边城南面，由海滩围垦造田而成，有 60 多亩地。古时林家族人兴学重教，将该田租收入作为培养秀才的教育基金，故又称“秀才田”。世代承袭，培养了历代的才俊、贤良。宋、明、清以来溪边林族，入榜进士 5 人，举人 4 人，贡生、庠生 40 人。弘扬了溪边城林家传世家训：崇孝道，睦宗族，重教养，齐家政，正礼节，务读书，明德性，谨言语，慎交游，处世事。元代里人林拱曾撰写《秀才塘志》以记之。

大京抒怀 ①

孔屏

如果不是巍巍的明代古城堡还赫然在目，那么，面对这迷人的绿色世界，我简直不敢相信，这里就是我曾经来过的闽东海角——霞浦县大京村。

好一片醉人的新绿啊！远处逶迤数里的一脉防护林带，像一道倚天飞挂的绿绒大幕，把原先荒凉而裸露的海滩和狂暴的风沙推向了幕后，轻轻拂来的是令人陶醉的柔柔绿风。村前地里的霞浦特产榨菜，一片绿油油，怡人心目。一道清亮的溪水绕着古城墙脚下流过，三三两两的村姑盘在水边洗衣，红装映红了一张张秀脸……好一幅田丰林茂绿映红的田园风光图啊！

此情此景，深深触动了我的记忆。几年前，我曾到过大京村，第一感觉便是满目荒凉：远处是苍茫的海滩，连着风嘶浪吼的海湾；大洋深处刮来的大风，使得岸边黄沙飞卷，堆起一座几里长的沙丘；风沙呼啸着，把天地搅得一片灰蒙蒙……于是，田园沙化了，小溪干涸了，路上行人也是一副瑟瑟缩缩的苦相。凶恶的“沙龙”，频频侵袭邻近的大京村和 3000 多亩农田，靠近它的 700 多亩农田年亩产仅 100 多公斤，风沙严重的年份几乎绝收。为了防风固沙，大京人先后在“沙垅岗”上试种茅草、杂竹、龙舌兰等，因风沙过大，这些生命力颇为顽强的植物，也无法在此扎下根。后来，人们终于摸

① 原载《福宁霞浦》。

防护林

索出用营养砖苗造木麻黄林的办法。在“沙垅岗”上植木麻黄十万株，成活率达 95%以上。防护林带长达两公里多，宽 160 米，面积 500 多亩。木麻黄高达 7 米许，整整齐齐地挺立着，树冠连着树冠，把海湾岸上的沙岗全占领了，像一群众志成城的勇士，构筑起一座神奇的“绿色城堡”，制服了不可一世的“沙龙”，使昔日黄沙坂变为 400 多亩农田。使过去亩产 100 多公斤的“靠天田”变成亩产超 500 公斤的稳产田。

我赞美这神奇的绿色城堡，更赞美营造绿色城堡的人们。为了绿色城堡，白发苍苍的老者带领全家上沙滩植树；村干部带头造林，捐资作为造林费用；一位闽南籍的技术员，从林校毕业后就为霞浦的林业奔走不息，不辞辛苦长期在这海滩上推广营养砖育苗造林，当年的小青年如今已双鬓染霜……

他们以惊人的献身精神和创造力，在这偏僻辽远的海陬，创造了令人惊叹的奇迹。今日的大京人营造了奇迹般的绿色城堡，他们的先人曾经在当年的海滩建造了大京古城堡（这古城堡是明代福宁卫大金守御千户所的屯兵之处，建于明洪武二十年，即公元 1387 年，全长 2815 米，石砌，至今城门及大段城墙仍保留完好）。我在长长的古城墙上漫步着，渐渐地从褐色城砖一般的遥远历史走向绿意盎然的现实，我觉得，从古城堡到绿色城堡的历程，含着许多耐人咀嚼的意味——绿色，绿色是人类赖以生存的底色，它象征着生生不息的活力。人类只有爱护绿色，不断创造新的绿色，才会有美好的未来。

大京赋

刘庆法

南金古邑，千秋史话；福宁要隘，海涯藩屏；十二千户，首我大京。巩则咸巩，固福宁之闾閶；扼则咸扼，执全闽之喉舌。气势磅礴，起目海入东冲；度量宏伟，绵大洪平涯岸。与日东升，笔架裙周浪千层；齐霞西翔，双凤衔书封海疆。云起龙角，神女倒舞南天剑；烟聚纹枰，仙翁对弈北山棋。四方同贺，供一湾金滩作案；八面共礼，托一泓汪洋为砚。朱雀呈祥，展明堂粟千顷；玄武献瑞，踞天瓢秀狮球。

古之大京，村为花零；十姓先祖，分居高顶。洪荒虐，洋垱裂；大潮涌，田园泯。斗天搏地，筚路蓝缕；滋叶蘖枝，生生不息。洪武初年，倭寇侵扰；江夏周侯，奉建御堡；围城筑堞，辟溪凿壕。开疆拓土，三千沙垅横南北，隔断浩浩沧海；地域广袤，六百群峰绕周遭，围拥寥寥桑田。海西沃野千里，宜耕宜种；港东阳泽万轫，可漕可渔。山川毓秀，冠绝闽东；鱼米丰饶，惠被桑梓。

海

物华天宝，人杰地灵；东南福地，唯我大京。明太祖赐腰带而镇鸭池坞，玄天帝悬明灯以渡迷津舟。怀瑾握瑜，林氏兄弟十里还金；含潘度陆，郑家君老五经解疑。张刘八世护城，荫庇千户，勋著二百载；郑鹏一任知县，造福百姓，绩获万名衣。古堡悠悠兮，回荡抗倭民族魂；老榕苍苍兮，见证拳拳报国心。沿街两旁古民居，彰显河洛文化瑰宝；巡城五口皇帝井，哺育淳朴憨厚子孙。威灵巡城，护佑苍生夜未尽；妈祖走水，澄清海宇福无疆。街横青石，直贯东西；庙画龙凤，棋罗衢畛。四街亭，怀古韵；十境巷，孕民风。科举及第，林氏占鳌头；政绩卓著，刘郑并驾驱。赐牙笏，巷里彭城独有；承珍藏，城西荥阳最优。匀红点翠，林隶绘丹青；形鸷如真，周廉擅画鹰。先贤斐然，后俊频仍。不与凡尘争名势，却喜风月入襟怀。正则正也，千载正气；和则和矣，万物和衷。福纳五湖，商贾名贤遍地；恩泽四海，鸿儒佳仕代出。美誉广闻，莘莘学子入高府；威名远播，芸芸贤达耀古城。

依山傍海，山海成趣；风光旖旎，秀我大京。千般原生，地沾太古遗风；万状协律，势染桃源逸致。观夫胜状，奇景迭出：龙岩山腰藏仙洞，宋仕元孙此隐居；石锣石鼓相对出，了翁赠诗今可觑。独秀峰峦之狮球，危危乎而不坠；卅六连环之门洞，幽幽兮而相通。汪洋露卧鼎，仿佛浴女芙蓉出；白鹤八仙岩，依稀拓留神仙足。沙垅岗侧，绿林若绸风细细；浓荫匝地，炎夏如春情依依。黄金沙，细如尘，入手无声踏无痕；鹅卵石，润似玉，擦足有韵相有色。万里潮来如呼吸，八方雁归乐流连。层峦丛翠，五百里云马奔腾；东海浩瀚，千万顷碧波荡漾。云销雨霁，乌贼湾前，眼观海市蜃楼；彩彻区明，金沙滩上，耳闻剑戟刀枪。至若风和日丽，东引隐隐；登高临远，北礵历历。曾引得，八仙过海而驻足；且莫说，四方游客皆忘返。海若为之常现形，菩提临境亦动心。

今之大京，福托国运，百业俱举，向荣欣欣。海带紫菜弥渊，网箱虾塘联埠；田间大道交通，堡外新村簇生。山海钟灵，皆成文章；风调雨顺，物阜民丰；经济繁荣，百花争妍。群贤勠力赴国梦；众亲阔步奔小康。

美哉大京，身披金缕而不媚；壮哉大京，胸罗万象尤从容。夫我大京！千秋万古，厚德载物。

榕树

林华标

故乡的榕树是我童年的浓荫和庇护。

在我的故乡，榕树随处可见。我不知道故乡人是不是把榕树视为吉祥的树木，但是我至少明白，他们在路旁、山坳以及一切无遮无挡的地方种植榕树，并善加呵护，以保证榕树的茁壮成长，是给在炎炎烈日下南来北往的人们提供了驻足歇凉的场所，其功德与修路架桥造亭无异。

每到夏日，在那个乡村里还没有任何降温设备的年代，树冠如盖、浓荫匝地的榕树底下，毫无疑义地就成为人们消暑休憩的绝佳去处。

吃过中午饭，街坊邻里们就陆陆续续地汇聚在榕树下。

榕树底下架设着许许多多石凳，这些石凳大都是青石板，长一二米不等，宽度较统一，大概六七十厘米，厚度至少在十厘米以上。早来的人们就占据了这些石凳，迟到的人只好自带凳子。

顶顶让人佩服的是那些在榕树下午睡的人。他们有的就躺在石凳上，更多的则从家里扛来竹床、躺椅或春凳，赤着上身，只穿一件宽大的老式裤衩，在喧闹的榕树下，开辟出一片完全属于自己的宁静的梦乡。他们或沉静酣睡，或喃喃呓语，或鼾声如雷，成为榕树下不可或缺的一道别致的风景线。

更多的人则选择了休闲娱乐。老年人大抵都爱天南海北的闲聊，充分展示他们丰富的人生阅历，发表他们对人事的有时精辟有时无知的看法；下象棋的、打扑克的通常是最热闹的。身后一大群看热闹的七嘴八舌地出主意，与和自己持不同意见的人发生争执，直至唇干舌燥面红耳赤，是必然上演的一幕。

我的那些终日在田间地里承担着沉重的体力劳动，却过着极端贫苦简单的生活的父老乡亲呵。

榕树底下，更是孩子们的乐园。

记得小时候，我们把所有属于夏日的闲暇时光都奉献给了榕树。

最刺激的活动当数捉牛虱子。榕树底下永远少不了在从事繁重的劳动后更需要休息的耕牛，故乡的人们决不会因为这些耕牛是牲畜而将它们拴在远离人群的地方，他们对耕牛的敬重几乎已达到了崇拜的地步，因此，牛与人之间的距离是很近的。就算那些终日嘴巴咀嚼不休的耕牛，时不时地下一堆大得吓人的牛粪，也没有任何人感到惊讶，或

榕树

因反感而皱眉掩鼻。倒是马上有人捡宝贝似的抢在别人前面，将牛粪拾进粪筐，眉开眼笑。因为牛粪是上好的肥料，而且还是种植蘑菇必备的原料。

于是，我们就倚靠在牛的身上，用很内行的手，搜索性地摸牛的身子，一有感觉，就翻开厚厚的牛毛，牛虱子那蓖麻籽大小的、滚圆滚圆的肚子就露了出来。曾经有大人告诉我们，捉牛虱子时不能抓住它的圆肚子往外拔，那样牛虱子的嘴巴还留在牛的身上，隔天就又吃出个圆圆的大肚子了，须得用尖锐的东西把牛虱子的嘴巴也抠出来，这样才算把牛虱子消灭了。这明摆着是想借我们的游玩帮助耕牛清除牛虱子，我们哪里识得这阴险的用心！果然欣然寻一些削尖的竹签之类，很仔细地剔除牛虱子的“嘴巴”，直至把牛虱子完整地生擒，才会富有成就感地欢呼。可是，后来我们发现，如此一来，牛身上的牛虱子越来越少，几乎有再也找不到它们的趋势了。当我们发现上当时，我们又偷偷摸摸地把捉牛虱子的方法恢复到原来，把牛虱子的“嘴巴”留在牛身上，以保证它们可以源源不断地为我们提供捉也捉不完的牛虱子。

捉够牛虱子后，我们就寻来一些碎瓦片，把碎瓦片分成两半，然后挤破牛虱子的肚子，将里边黏稠的牛血涂在瓦片的断裂处，把瓦片重新黏合起来。捏紧瓦片的一段，用另一段跟别人的瓦片比拼。谁粘得不牢固，自然瓦片就再次断开，这游戏就算输了。所有人的瓦片都比拼完以后，最后一个瓦片没有断裂的就成了“英雄”，是要受到同伴们的追捧的。

可是，我在捉牛虱子时却出了事。

我们生产队里有一头公黄牛，被称为“癫子”，意为那头牛是疯的。但那时还没有“疯牛病”，我如今估摸着那牛一定不是疯牛，而是因为它对人具有攻击性，所以才背上那样的恶名。

有一个中午，“癫子”正悠游自在地卧在榕树底下，不断地嚼动着它的嘴巴。我先是在它朝上的一面身上寻摸了半天，连个牛虱子的影子也没看见。看看周围，其他长的牛都被伙伴们占据了，我就使命地用手掌拍，用拳头擂，要把“癫子”赶起来，以便我在它身子的另一边搜索。“癫子”跟我僵持一段时间后，终于被牛们顺从的天性说服，但同时它的狂性也被激发出来。“癫子”在站起来的同时，扭转身子，将它的脑袋向我撞来。我一声惊叫，摔倒在地。

倒在地上的我看见“癫子”并不罢休，它抬起前腿，向我踹来。好在我当时没有试图站起来，而是四肢着地爬了开去。“癫子”的第一脚踩空后，换一条前腿又踹了过来。系在牛鼻子上的牛绳限制了它的行为——我爬出了“癫子”的攻击范围。来不及救助的人们在惊叫之后为我欢呼起来。

有了这么一次危险的经历，捉牛虱子的活动到底被大人们禁止了。好在不捉牛虱子，我们在榕树底下的活动照样多姿多彩。

树叶风车榕树底下无所不在。随手拾起一片完整的榕树叶子，去掉相对的两个四分之一部分，并在中间挖一个小孔，用一根小木棍的枝桠穿过小孔，然后寻一个还没成熟的榕树果实，固定在枝桠的末端，树叶风车的制作就算完成了。如果你寻的是有很多枝桠的树枝，就可以同时作多个风车。榕树底下永远不缺风，于是，树叶风车就不停地转呀转的。有时候风大了，风车转急了，榕树果实再也支撑不了，脱离了枝桠，风车就随风飘逝在远处。如果把风车拿在手上玩厌了，就把它们插在土地上、石缝里，或榕树那十几个大人都抱不过来的树干上。父亲告诉我，他的父亲告诉他，那榕树是邻居长四四阿伯的爷爷在过周岁时，家人为祝贺家族的添丁发甲而植下的，已是百多年的高龄了。树干上的老皮皲裂开了，就像是老榕树饱经沧桑的皱纹。我们就把风车插在这些皱纹里，很多很多，榕树的浓荫下，几乎成了树叶风车的世界。

叶笛的制作也同样简单。俯身拾起一片尚且青绿的榕树落叶，横向卷成圆筒壮，再绕上一根线状的草叶，就是一个叶笛了。用牙齿轻轻地把树叶卷成的圆筒的一端咬扁，扁成一条缝，就可以吹响。如果你掌握了吹气的轻重顿挫之法，简简单单的叶子就会奏出悠扬悦耳的曲调来。

其实，我们很少单独玩叶笛的，因为叶笛太简单了。如果你想一心一意玩叶笛，就得玩出点复杂的花样，那才过瘾。山上有种俗称“猴盐”的大叶灌木（其果实大如米粒，可食，咸味，意即猴子吃的盐），取其一段茎，用刀在上面做螺旋状切割，然后剥下皮。“猴盐”的树皮极有韧性，卷成犄角状，套在叶笛的后面，就成了一个叶笛喇叭。你可以把这叶笛喇叭在同伴面前肆意炫耀——因为能做出这么一个叶笛喇叭并不容易，你得到山上去砍“猴盐”，而在炎炎夏日，到野外山上晒太阳也是和游泳一样，被大人们列入“禁止”之列的。

我们往往是嘴里含着叶笛，一边吹，一边玩其他的。有时，玩着玩着，就觉得累了，就靠在树干或正在纳凉的亲人的身上，有一茬没一茬地吹着无精打采的叶笛，吹着吹着就进入了梦乡。那梦是绿的，被榕树的浓荫严严实实地遮蔽着，呼呼地转着无数的树叶风车，回响着叶笛悠扬的音韵……

大京手工制盐轶事

高清官

大京老辈人传有一句谜语：种下冇有籽，收来冇有秆，人人都说好，皇帝罕是宝。谜底就是：盐。

大京村历来有手工制盐的传统，20 世纪中期，许多村民利用盐渍田生产海盐。制盐场所一般是选在下塘、秀才塘等靠近南港里的田地，这些地方一涨潮，海水就会漫灌浸渍。先是开挖一条漕渠把海水引进来。接着造“盐田”，修“盐坎”，这要求修筑的技术要点必须拿捏到位，否则会影响制盐效率。将一块地分成两部分，整平夯实。拍打的工具一般是用硬木头做成梯形体的，拍子上头 10 厘米左右，下底 15 厘米左右，厚七八厘米，留个圆形的手柄，好像就是蝌蚪的尾巴了，家乡人称之为“青蛙抹”。“青蛙”大京本地话发音说成“yang—pe”读阳平声，当然不是羊排，而那“抹”其实就是拍打的意思。地的一边用作晒沙场，一边用作盐坎。盐坎修成长条块，一条块一条块的，平行并列，都用石灰抹底，尽量磨平，不能上下凹凸；坎的长度不限，高度留几厘米的埕坎，宽度一般 50 厘米以内，不宜太宽，太宽不容易抹得水平。若盐坎底部不平，盐卤晒干的程度就不一致了。此外，必不可少的还要有几只大木桶（也有叫“盐桍”）、箩筐、木瓢，等等，村民们还会在地头边盖座草寮，以备午休过夜，随时照看伺候之用。

开始制盐了。把挑来的海沙，可以粗粝一些的，摊薄摊匀晒在沙场上；等晒干（或风干）了，就用长柄木勺舀起引来的海水扬洒在干沙上，扬湿了，再晒，晒干了，再扬湿，如此循环反复多次。等到晒干时可以看见许多白花花的盐晶巴点析出在干沙上的时候，第一个步骤就算完成了，这个步骤可以叫作“晒沙”。

紧接着，就把这些晒干的沙子扫起倒在大木桶里，踩实。为了提高效率，大木桶一般是两只，挑一担沙一边倒一只。大木桶的底部留有一个口子，可以用稻秸秆塞住。然后就是再次挑来海水倒在桶里的沙子上，海水渗透了干沙，继续浇，不断浇，慢慢地，海水从木桶的底部口子渗滴了出来，这就是盐卤水了，用手指头沾来尝试一下，咸涩咸涩的。这个步骤就叫“制卤”。

再把这些卤水通过一节竹筒滴落收集在另一只木桶里，舀到修好的盐坎上，晒干，就是白花花的海盐了。

一般大日头的天气，一天就能晒干。晒一埕下来，也有收一担的，也有收几十斤的。要是一天晒不干，晚上都得收起来，盐卤要收起来，沙也要拢起来盖好，以防夜里下雨，第二天看天气情况再做决定。晒盐虽然一年四季都可进行，但要是碰上阴雨天，就很麻烦了，所以晒盐是个赶天气的体力活。村民们往往都是整天待在盐田里忙，晚上在盐田里守夜，好第二天早起干活。吃饭也是由家里小孩送来。“穷人的孩子早当家”，这些个七八岁的小孩早就是父母的得力帮手了，有的小女孩甚至还是自己煮好饭再送到地里。

晒成的海盐一般都挑回来堆在家里的盐仓里，盐仓是在大木桶的边缘围起一圈稻秆编成的席子，绑上稻草绳，就像田野上的草垛。等到来年盐客来贩的时候，再雇人挑到海船上去粜卖。在付出了点心工钱后，攥在手中的就是一家人辛苦一年的收获了。一担盐可以卖几十个铜板，当时300个铜板兑一块银圆。指靠了这些微薄的收入，年节打点、赊账借支、布头衣裳、用品添置，甚至于小孩糖果等一应当家理计，聊能对付一阵。这是一年里不多的欢喜时光啊。

晒盐不仅要防天，还要防兵。当时国民政府是不允许生产私盐的，经常有“盐兵”来督查。村民们只要一看见山岭上来了盐兵，就像逃土匪一样手忙脚乱，能拿走的家什赶紧带走，来不及收拾的家什，以及盐坎都会被糟蹋。盐兵过处，拆房毁坎，一片狼藉，一场浩劫。

郑孟光与《大京杂录》

林瑞娜

孟光先生今年七十有三了，依然头发乌黑，模样俊朗，夹克里的白衬衫扣得平平整整，举止步履十分儒雅。他原是霞浦1958年第一届初师毕业生，1960年转正分配大京斗米小学，1962年响应号召返乡。从此就断了教书生涯。他是灵巧人，于是就做起了裁缝，一做就是几十年。现在不时兴做衣服了，他的那爿裁缝店还清冷地夹在糊汤早点店中间，日子想来不算宽裕。

他称得上大京的"活字典"。精通家乡典故历事的大有人在，但能编写成册的可能很少吧。他精心编写的《大京杂录》是一本颇有学术味的手稿，几十页的A4纸手写本。翻开《大京杂录》，你仿佛打开一座城堡从古至今的生活画卷。

这是一本朴实周到的记录。前言后记、大京行政图、地形图，以及十几个细目。一窥目录你就叹服他辑录视角之广。"南金风范""古城史话"从大京得名建城说起，明初朱元璋提出"高筑墙，广积粮"设海防千户所，大京位居福建海防十二千户所之首。洪武廿年修筑城堡抗击倭寇，掀开了大京最壮丽的一页。"农耕渔业""手工作坊""市井贸易""先贤垂范""学堂书香""寺庙古色""庙会隆重""节俗传承"，甚至"娱乐游戏"都做了记录，虽然内容不尽详。

其次吸引我的是文中插图。如介绍农耕作业时绘制了相应的劳动场景图、工具使用图。就说"种稻八部曲：育、犁、耙、播、管、割、打、晒流程图"吧，披着蓑衣戴着斗笠弯腰插秧播田的、平耙整地的、俯身割稻的、扬起稻穗打谷的……朴拙而传神。手工舂米的五步骤、米粉加工制作、妇女纻麻织布，都让人忍俊不禁。"乌贼笼""乌贼罩"这些原始捕捞器具年轻人已很少见。还有一些据说现在村里也没有实物了，失传是显而易见的，如土砻，我母亲说原来村里就两台。而榨油的设备她居然也没见过。看着这些散发劳动气息和泥土芬芳的插图，你的眼前不由浮现出一个个勤劳机巧的劳作场面。

我最觉得亲切的是娱乐和童谣。一则我没有亲历生产劳动，再者我在家乡的生活时间恰好是我唱童谣时期，对《大京杂录》中编辑整理的酒令童谣、娱乐游戏还记忆犹新。

象棋、麻将这些众所周知蔚为大观的自不用多说。大京人记忆中的"娱乐游戏"自然少不了"儒家班""大京班"。有趣的是他还专门介绍了"走畚箕""走三""走溜"这样的"空手棋"。画了图，还在图下附规则和下法。翻阅此处，我不由联想到李清照的《打马图序》，从保存民俗娱乐的角度来说都是很奇崛的。游戏是人类文明的重要组成部分。人类求温饱之余出于本能从没忘记游戏竞技。麻将可谓是国人第一博，足球更是风靡世界的第一球。游戏往大处说是人类的精神生活，小处说是发掘智力，消极说是打发时光，“不为无益之事，何以遣有涯之生”。我想每个大京人看到这些记录都能复原一幅乡村原始对弈图。城头上古榕下闲着无事用碎瓦片画个棋盘，小瓦片小石子甚至掉在地上的乌紫的榕树籽，随手拈来都是千军万马。棋盘一画出，两军对阵就拉开战事了，围观的或冥思苦想或出谋划策。有时玩到没便宜吵起来了，围观的又忙着助战的讲和的劝架的。这是辛苦农事后最原始的放松，胜了更像是对智力的嘉奖。孩子们的游戏也一样，不断完善代代相传。儿童游戏有“曳石”“掷钱”“羊咩咩”“拾石魁”“拾橄榄”等。孟光先生还附了一段说明：“村民自创的游戏被电子游戏取代。凭着记忆写出一部分，并画个示意。”他的担心是很现实的，现在的孩子多依赖电子游戏，根本不知道先辈村民自创的游戏，也无从体会其中凝聚着的智慧。这些游戏失传是肯定的。如果没有记录那就雁过无痕了。《论语·述而》中孔夫子推崇的完备的人是：“志于道，据于德，依于仁，游于艺。”可见游艺也是一个完备人格的重要组成，得志时治国平天下，失意时也能修身养性聊以娱情，富有生趣才能彰显生活的张弛有度。而当中的“洞房对诗”“童谣话性”则相当于“乐府”诗篇。用大京方言诵吟别有趣味。可以说孟光先生就是在做着乐府采诗官的工作。

他始终保有孩子般的热情。有一回我找他了解大京地形图的事。他拿出原稿，聊着聊着就说到工匠。他见我感兴趣。就像孩子一样骄傲地说：“带你去看我的宝贝。”我去了他的家。这是一座有百年历史的老宅。厅堂整洁轩敞。现在的农村古宅住人甚少，大多迁往城关或迁到新农村新区，有的古宅仅一两位老人，往往破旧不堪。而郑家老宅却是不一样的景象。看来新近有人结婚，大红喜字贴在一块直径一米左右雕刻着龙凤的圆板上，左龙右凤半圆形相呼应，中间留一块圆心，贴着喜字。梁上横幅是“霞浦县师范校首届师生聚会迎宾宴”，柱上的对联却是“土木砖瓦筑宅院当思祖宗投物币，冬温夏凉宜佳居不忘先辈受艰辛”，还有吹塑版的“护宅公约”，总之很热闹的样子。正觉得这块圆板有点意思，他说是自己做的。雕了一对龙凤并上了五彩。虽称不上精美的工艺品，却自有一种民间的朴素祥瑞寓意。孟光先生邀我到他居室。穿过厅堂进了后厅。左厢房是他厨房，楼上卧室。家具简朴，一张旧式床，一组旧式衣柜五斗柜，一台旧电视机，两把紫红漆木椅和一张茶几。孟光先生说："坐吧，这椅子是我自己做的。"我真惊诧了，椅子的木料和漆都普通，椅背雕刻狮子踏球，侧身转头，繁复的狮子头占了大半张椅背，生机勃发的样子，你能清晰感受到他凿刻的功力。茶几的桌沿是弧形的，下沿锯齿状。这已是挺专业的细木活了。我啧啧赞叹。他又指我看镶在五斗柜上方的假山，是一幅田园耕作实景图。通上电，黄晕的光笼着。仿佛迷蒙的春天黄昏，远山，村落，披着蓑衣耕田的农人。有意思的是犁田的牛和人是活动的，缓慢地作圆周转。

教师、裁缝、木匠，抑或民间学者？窗外他的兰花也种得好，疏朗而不清瘦，那么温馨，那么生机盎然。

再登龟山吊北门

刘成伯

大京城堡北门在600年的历史风雨中倒了，北门没了！它就连残骸之零片也荡然无存。南来北往的游客说，大京城堡有东、西、南三个城门。此说确是存在与事实，但让人不快意的是，"大京城堡福建省级文物保护单位"碑文镌刻着"设前门、西门、东门三个城门"。有一份关于城堡修复文件中写道："北边依山不设门。"

《大京城堡北门考》刊登在《福宁文化》2016年第73期，是否可以打破"三门说"呢？看来效应不大。

风和日丽再登龟山，虽然山路崎岖步履艰难，但有"不到长城非好汉"的决心，登上了龟山之巅，这里就是北门遗址。

龟山海拔79米，山顶不过七八十平方米，龟山是北门岭中部突起的一个山包，拔地而起，酷似奔向大海的巨龟，紧紧连接着高高的北门岭，一条山路直往北门岭，通达岭头洋之官道。站在龟山顶，环视四周，好一派风光。向前方俯瞰远眺，东边是大海，那笔架山、屿仔、窑后村历历在目，海面上碧波万顷，船只穿梭往来，尽在视线内。南面龙岩山威严耸立，密切监视着南港的汹涌波涛。龙岩山前开阔的田野生机盎然。田野之北是城墙，城墙内外房屋错落有致，阳光照耀着纵横交错的古街，虽在这高远处仍然依稀可辨。对面山坡的灌木丛中，显露出解放初期建立的民兵哨所一角。它虽然破旧废弃，但仍凝视着这不平静的海面。中华人民共和国的民兵曾经在这里抓获台湾国民党军派遣特务。山脚下不远处是东门瓮城。东北段城墙宛如一条巨蟒盘山蜿蜒而上，六百年的狂风暴雨摧毁了这段城墙，可惜它未能爬上龟山。倘若有修复东北段城墙和北门之日，千百名游客从东门起，沿着几千级石阶向上攀爬到龟山，直至北门箭楼，那就会有"大京八达岭"旅游盛季！再收眼看看这北门所在地，眼前杂草丛生高低不平，墙基已经无存。前方隆起一个长满杂草的土包。土包底部裸露出十多块长着青苔的石块，细细端详，可以断定是人工堆砌的，这就是当年城墙的残骸。旁边是刀切般的悬崖峭壁直到山底。这里是城堡的制高点，北门是全城第一雄关！江夏侯周德兴这位杰出的军事工程家，他占据易守难攻的地势。

大京几百年来，口口相传着一个城堡围"龟"还是围"凤"的故事。龟山（玄帝宫山）位于村东北面临海处；凤山（寨山）位于村西北面，离海较远。有人说："寨山是落洋的凤，凤主富贵吉祥，玄帝宫山是出海的龟，龟为长寿坚固。围凤为皇城，围龟为战城。"龟山东临大海，拔地而起数十丈，可居高临下，鸟瞰全城，可俯视东海，一览无遗。龟山背靠北门岭大山，战时可守可攻，退时沿山可撤。倭寇从海上来，必从东面海口登陆，龟山是必经关隘。"围龟山，不围凤山"，这是周德兴在军事战略上的正确抉择。周德兴始筑城池，东、西、南、北各一门。把龟山围入城内，并将北门设在龟山上，作为指挥台，与三沙烽火门，南日水寨遥相呼应，互为依托，形成壁垒森严的防御体系。从而，足见周德兴的军事家雄才大略。

北门是古战场的观察台、指挥所。北门高居险峰，还配置了敌台，在山脚下还设置了可用于转移和调兵的涵洞。北门的安危关系全城。北门不在了，唯有这残骸依然耸立在灌木杂草丛中，低声地诉说着当年在这里发生的抗倭激战风云。

遥想当年，倭寇进犯，千户、百户们齐集北门观察敌情商议战事。北门旌旗飘扬，鼓角相闻，战报集散，军令频传。东门外田野上硝烟弥漫，城墙上将士奔走，杀声震天，被困在瓮城中的倭寇鬼哭狼嚎。一幕幕惊心动魄的抗倭战斗情景在脑海掠过，仿佛是笔架山海面升起的海市蜃楼。

顺着玄帝宫前的盘山阶梯直下到东门里叫"书堂里"这一片荒地上。明代，倭寇攻破大京城，东门里军营被烧为灰烬，将士们誓与军营共存亡。几百年过去了，这里仍然是一片空地，想必是英烈们的亡魂还坚守在这片军营圣地。回首仰望龟山北门，心中有许多感叹。

北门雄关今何在，空余荒坡让人猜！

时光流逝，六百年过去了，大京城堡依然恢宏壮观，东门还保持永乐十五年复砌的那瓮城，西门、南门因万历年间拓城后，再不是瓮城了。唯有那高居龟山顶上的北门不见了。北门，相信你会在大京旅游开发之时还魂，以威武雄壮的身姿重新展现在世人面前！

◉ 诗歌

南金山

其一

〔伪闽〕杨农稷[①]

双金误失在须臾，追送还金世所无。
过此令人怀往事，山名万古播芳誉。

其二

〔伪闽〕杨农稷

还金原不计周贫，侧隐由来一念真。
共羡德门双义士，谁知贤里有仁人。
名晋东管银书行，价重南金口勒铭。
自古幽芳阴种德，兆应玉树代连城。

其三

〔宋〕王信[②]

举世皆贪利，君独异凡人。
役志惟完璧，何心望报琼。
一翁能仗义，二子共成仁。
古往今来者，名山识令名。

---

① 杨农稷，伪闽四门博士。

② 王信，字诚之，浙江丽水人。南宋绍兴三十年（1160），考中进士，初任建康（今南京）府学教授，迁温州府学教授，为官清廉爱民，官至中书舍人，礼部尚书给事。此诗是王信在温州任职期间到大金而作。

雨过观耕

〔宋〕林通

祥雨初晴四月天，书长闲步过溪前。
岚光山开图画展，鸟语花枝奏管弦。
读罢窗前绕春色，倦午耕陇正披烟。
归来折角仍豪兴，醉卧曾抛手一编。

浮膺山 ①

〔宋〕刘镇 ②

马头过了又驴头，何处飞来海山州。
绝顶试穷千里目，烟波深处是琉球。

卜筑南金

其一

〔宋〕刘镇

卜筑南金下，衡门聚德星。
井泉唯一脉，砧杵不分声。
鹅鸭谁为恼，薤梨世共蒸。
阶前兰桂长，奕世结芳邻。

其二

〔宋〕林通

地夺江南胜，分枝郄桂高。
剑岩腾紫气，笔岳映文波。
海国迎春早，上林得暖多。

---

① 浮膺山，又名浮鹰山，因形如鹰，故名。明洪武二十年（1387），周德兴为抗倭，将浮鹰岛居民迁入大金。

② 刘镇，字方叔，浙江乐青人。宋嘉定年间（1208—1224），任长溪县县令，一生诗词著述颇丰。

山川如有待，奕世振人豪。

赠溪边林

其一

〔宋〕卢天骥[①]

清江曲曲去乔林，中有仙源人避秦。

寻到溪边逢洞侣，松腴玉液共谈心。

其二

〔宋〕张子韶[②]

沿溪九曲入深林，胜地桃源可避秦。

行到山穷人不见，森森乔木野禽声。

杏锦坊[③]

〔宋〕黄龟朋[④]

曲江宴罢趣归程，十里闻香景物新。

诗礼过庭疑鲁甸，芝兰满砌胜蓬瀛。

汁弹李柳袍同灿，艳夺蟠桃色更研。

烂漫山前看不厌，春风百代锦衣鲜。

---

① 卢天骥，字骏元，浙江衢州人，大观进士，靖康时拜礼部侍郎，一生诗作颇多。此诗是卢天骥南宋年间寻访大金龙岩山仙洞，与进士林元孙饮酒谈心而作。

② 张子韶，名九成，号无垢居士，浙江人。南宋绍兴二年（1132）一甲进士，南宋官员、理学家。此诗是张子韶游访大金，在龙溪畔林家做客而作。

③ 杏锦坊，南宋时为大金林族所建。现坊已废。

④ 黄龟朋，字显洛，号益甫。登南宋嘉泰二年（1202）进士，历任广西朝阳县主簿、廉州教授、长溪县县令。著有《周易解》若干卷。

送林叔榘先生归长溪

〔宋〕魏了翁[①]

杏花村里是家林，山色岚光映闳青。
桥梓楚材基岳牧，渊源溪水濯儒绅。
门迎双剑丰中气，价拟三湘席上珍。
聚里奎星连帝座，征书指日下南金。

题石室

〔宋〕徐俨夫[②]

使君原是武夷云，寻到桃源得访君。
宝篆沉香腾紫气，焦祠促柱扫熏风。
袖文谁似论文好，世味何如道味浓。
抚景谈心连夜坐，举头明月挂孤松。

石洞尚友斋

〔宋〕王宗洙[③]

天然石洞景清华，老子谈经旧绛纱。
古禾缠萝知葛眷，青云奕叶更通家。
江兰味臭成蹊径，山酒情浓酌野花。
借问斋头何所事，主人笥腹近三车。

---

① 魏了翁，字华父，号鹤山，邛州蒲江（今属四川）人。南宋庆元五年（1199）登进士第一，南宋理学家、思想家。诗文造诣很深，与林叔榘交情甚密。

② 徐俨夫，字公望，号桃诸，浙江平阳县人。南宋淳祐元年（1241）辛丑科状元，与林元孙为同科进士。

③ 王宗洙，长溪（今霞浦）人。南宋淳祐七年（1247）丁未科进士，长溪县登同科进士的还有其他十二位学士，被誉为“长溪十三学士”。

待漏

〔宋〕林元孙

铜龙待漏缀朝班，咫尺天威近圣颜。
白简凌霜披未已，拜回青琐石阑干。

隐兴（右调鹧鸪天）

〔宋〕林元孙

荏苒时光去莫流，人生无定一轻舟。
百年身世同庄梦，立世贤愚共一坵。
观汉晋遡唐周古，来帝子孙总成休。
不如归学老莱子，半世安闲悠乐游。

早朝遇雪

〔宋〕林元孙

唱彻金门午夜寒，何如僵卧学袁安。
溪头若有乘舟兴，陶水烹茶共话谈。

署中咏蝉

〔宋〕林元孙

清秋叶里一鸣蝉，时值风尘羽化仙。
欲饮上林全树露，更当请畏杀声弦。

题尚友斋

〔宋〕林元孙

静坐斋头且看山，山中松菊迭盘桓。
知荣守辱方无辱，未老能闲正是闲。
六籍沉疴思学孔，一瓢自适亦希颜。
圣贤事业由心造，只在几希一念间。

咏双剑岩

〔宋〕林元孙

屹峙凌霄两剑山，高浮紫气移云间。
影摇海外蛟蜃息，光射中天星斗寒。
雾卷发研新出匣，岚拖吐彩映回澜。
谩言特此登台试，攒育英才济二南。

挽烈女贞娘

〔宋〕陈赞

宋主南奔闽海头，至元铁骑震山丘。
守城不识归降耻，处女独怀污辱羞。
云气古今和恨结，潮声日夜带哀流。
死生大义须臾顷，留取芳名几百秋。

白鹤岩

〔宋〕赵与揔

六丁开两壁，不知始何年？中间一空峒，可为几客筵。
我来拂石坐，倾耳听潺湲。古榕蔽天罅，一瀑穿峡悬。
四时宿雨露，亭午饮虹烟。神公忽震怒，想起潜蛟鞭。
至今空山惊，莽草连飞泉。宜调松琴操，更闻铁笛传。
山僧避侬贼，饮溜枕苔眠。兴怀内讧日，鼎鼎百余年。

双髻山

〔宋〕佚名

双髻屹立几千尺，古水长藤风瑟瑟。
虚空八表气清冷，月白中天露华滴。
桂花影照团圆光，猿猱啸声秋夜长。
广寒宫府近相逼，妙歌一曲舞霓裳。

文笔峰

〔宋〕佚名

峦迴波转学堂前，秀削双峰耸笔尖。
插向沧州濡墨海，仰临白练写长天。
宵中月露情尤韵，雨后去烟迹更妍。
顾我中书君已老，山灵可肯借如椽。

江城角韵

〔元〕林景节

谯楼夜月明，江水远城郭。
忽闻晓角鸣，悲鸣声断续。
吹回玉漏残，唤起兵容肃。
梅花曲里闻，闺妇梦中觉。
孤渚鸿惊飞，长空星初落。
沙塞绝风尘，江城日安乐。
感此为颂歌，拟献黄金阙。

题林善父归隐石洞

〔元〕许衡[①]

其一

天然石室半山悬，青琐真儒化炼丹。
砚里研朱花滴露，石中敲火草生烟。
碧桃洞口青鸾舞，红杏溪头白鹿鸣。
幸有瑶臺真境界，何须白昼去升天。

其二

崆峒石室倚云开，火炼丹成灶已残。

① 许衡，字仲平，号鲁斋，世称“鲁斋先生”。宋代理学家、教育家。此诗为许衡游仙洞而作。

冷气不侵秋夜暖，炎威莫到手天寒。
径幽无雨苔鲜碧，树古悬萝干叶斐。
洞里主人何处去，空遗山上石棋盘。

题石洞当友斋

〔元〕王伯颜[①]

闻道来黄门，归游此洞中。
丹成升白日，灰冷卧闲云。
瑶草迷幽径，灵蛙杂篆文。
独晋烹石鼎，光景即崆峒。

栖真馆[②]

〔明〕林秀

其一

山居楼在山幽谷，半掩柴扉勤苦读。
古圣古贤日相亲，一箪一瓢恒自足。
不求安鲍苦无聊，依然乐学寻真妙。
赢粮勒马以趋时，老学家贫人多笑。
男儿立志须稽古，当效囊萤并刺股。
颜子坐忘惟不惰，鲁参悟道更如鲁。

其二

金玉本非贵，诗书元不贫。
一生惟饱德，奕世享芳名。

---

① 王伯颜，字伯敬，滨州沾化人。元至正九年（1349），迁知福宁州，居三岁，后在抵御贼寇王善中英勇就义。此诗为王伯颜游林元孙仙洞遗迹而作。

② 栖真馆，即日涉园，为林秀辞余干教谕返故里所建，用于办私塾教化族人。

赠石岩诗

其一

〔明〕方万年[①]

奕叶森森锦似云，更夸兰玉茁林中。
天开圣治同今日，世傍名门变古今。
以岳发祥多骥骏，祖宗种德茂麟螽。
先生世泽源流远，载睹乔林窦桂芳。

其二

〔明〕李自华[②]

一门三俊几人同，伯仲斯文匠最工。
海内才华称窦桂，关中词锦羡荀龙。
乔林玉树春长茂，溪水珠光夜弄红。
共是经筵高品第，齐鸣三凤绍河东。

其三

〔明〕吴文华[③]

海岛乔林琪树多，英英桥梓几人豪。
龙岩剑起双龙气，凤六丹成两凤毛。
文丽萼花同集美，功收桃李并碑高。
雁行均赴林泉乐，诗礼传家振后曹。

---

① 方万年，字如初，兴化人。嘉靖三十二年（1553年）癸丑科进士，改庶吉士，迁工科给事中。他与林秀是同僚好友。

② 李自华，字元实，号见亭，直隶华亭（今上海金山）人。明嘉靖四十四年（1565）榜眼，官至国子监司业，历官谕德，知识渊博，喜爱诗词。他与林秀曾为同僚。

③ 吴文华，字子彬，号小江，晚更号容所，福建连江人。明嘉靖三十五年（1556）进士，在任江西右布政使时与林秀为同僚。他学识渊博，文武兼修，嗜好书法，留下诸多传世之作。

其四

〔明〕金洲[①]

谩道南金景物华，花村灯火映窗纱。
联蝉甲第无双族，奕世斯文有几家。
棣萼春晖呈瑞锦，桂兰秋色吐奇葩。
殷繁人物今犹古，安得时寻再泛槎。

其五

〔明〕钟一元[②]

海国烽烟讯息频，上林全树借居亭。
曾闻华族多元凯，更羡名家集凤麟。
间世师儒珍席上，萃门孝子重南金。
双岩载起连星气，当识虔刀解佩情。

题静修先生日涉园

〔明〕林应龙

其一

新筑园楼乐静修，静修深处白云幽。
四方桃李从开谢，半亩桑田自种收。
霞落陈林惊客岛，风高浪海稳眠鸥。
江南胜迹元无限，尽属元龙醉倚楼。

其二

林下逍遥九十年，翩翩求仲弟兄连。
情怡律吕欢同老，门对溪山伴醉眠。

---

① 金洲，字汝东，号松涧，上卢金店人。明嘉靖二十三年（1554）进士，历任四川按察佥事，河南布政使，为官40载，洁己爱民，声誉卓著。

② 钟一元，明嘉靖年间（1522—1566）福宁知州，在闾峡堡抗倭保卫战中战死。

节若逢时欣宴会，心如间日聚谈玄。
追惰总是西山景，未必西星儿挂悬。

后石诗

其一

〔明〕郑源焕 ①

结庐山谷伴孤坟，隔断幽明痛断魂。
寓目松楸凄雨露，追思风木座山云。
几囊文卷时披阅，数亩遗田岁种耘。
从古忠臣由孝子，伫看盛世载蒲轮。

其二

〔明〕萧日学 ②

给茅亲墓已三年，肠断西风陇树烟。
隔世孝纯来鹤吊，新阡壤吉获牛眠。
任从桃李分春景，只傍松楸官露天。
更羡异鸣栖墓上，飞鸣长伴寝苫前。

谈石松

其一

〔明〕林和 ③

七十年来古亦稀，营营世宙欲何之。
卜居近市应知价，阅世无谋自笑痴。
半榻琴书清午梦，一生诗酒足心知。
总然有闷须宽慰，恐惹闲愁添鬓丝。

---

① 郑源焕，长乐人。明正德十二年（1517）丁丑科进士，官至刑部主事、员外郎。
② 萧日学，江西永安人。明嘉靖年间（1522—1566），由贡生授永定县教谕。
③ 林和，字廷节，号古溪，大金人。明正德初期，授广西象州府儒学正堂。

其二

〔明〕王化行[①]

山林材木竞芬芳，共仰参天一古松。
少接槐庭培雨露，老连桂阙曾云风。
筵间累扫长存往，座满频添处士群。
历尽山中多甲子，伫看持笼待褒封。

其三

〔明〕王道焜[②]

烟霞泉石寄间身，野服优游自是春。
传世一经光奕叶，回堂同代两公孙。
更多孝友敦伦美，最羡衣冠化俗醇。
自古秦川林着姓，载观接武瑞人龙。

题隣菊处士

〔明〕林和

溪培蜀柳旧风流，握手谈心日醉游。
我为利名奔宦海，君怀逸乐访容丘。
小车花外顿相忆，轻艇山阴苦未由。
寄语上林真处士，砧鸢敢比卧龙优。

东山书院

佚名

其一

东山静坐寂无哗，栗里优游总是家。

① 王化行，山西沁水人，武举人。明末时，中国清代武官官员，征讨叛乱中屡立战功，成为清康熙年间（1662—1722）的一代名将。此诗是王化行游大金龙岩山麓而作。

② 王道焜，字昭平，钱塘人。明天启元年（1621）进士，历任南平知县，南雄同知。此诗是王道焜拜访溪边林家而作。

数亩腴田多种秫，沿溪闲圃尽栽茶。
麦黄陇畔篁新茁，酒熟江村菊正花。
宾客过从恒引满，不妨酩酊卧烟霞。

其二

半壑烟霞旧室庐，彩云绕榻卧龙居。
庭垂碧柳供陶趣，社结红莲窃远余。
翠榻紫垣藏谏草，青山绿水护图书。
四灵效异时钟杰，龙产神驹凤产雏。

中峰楼

其一

任廷圭

有楼山更佳，无楼山不可。
相对清且高，登临发幽讨。
得句山禽鸣，落笔仙花隳。
青山劝我饮，醉吸云一朵。
长啸天地间，何人知有我。

其二

陈高

楼头晓霁碧云飞，秋日登临景物奇。
千里江山羁客赋，一人湖海故人诗。
池园湛湛过新雨，草树苍苍胜昔时。
此去扶桑应咫尺，好风吹动万年枝。

其三

陈天锡

杰栋凌空起，岧嶤一望通。

明簪千里合，登眺此时同。
花落溪声里，莺啼树影中。
曲栏吟倚过，回首思无穷。

其四

林仲节

中峰楼外碧云重，一上登临兴未浓。
适意狂吟诗四壁，忘怀畅饮酒千钟。
风声沥沥窗前树，雨暗蒙蒙江际峰。
为问主人应借我，青灯黄卷足之冬。

其五

佚名

东峰之楼风景幽，山光满目翠云流。
海天日出蓬莱近，月夜烟青沆瀣浮。
溪上松阴归晚鹤，檐前花树话春鸠。
齐州渺渺红尘里，此日登临光胜游。

留别利川县父老

〔清〕郑鹏

明明天子正当阳，内外臣工喜赞襄。
德教覃敷遐迩遍，边城久已沐恩光。
我承简命来兹土，才力不支无寸补。
解组归田分所宜，何图士庶偏凄楚。
合辞上叩留不能，大惊小怪泪盈盈。
奔走兜金因勒石，去思碑上竟镌名。
名镌石上未为罕，锦字还登衣与伞。
临歧夹道酒千觞，对此令人生郝怛。
丞黎何处没彝良，搦管留箴志不忘。

愿我士民敦礼让，时闻歌舞祚尧唐。

林振娘

〔清〕郑鹏

道义何曾有讲明，偏将弱质与天争。
良人久订终身誓，生我空怀分外情。
痼疾甘心真薄命，投环含笑共幽冥。
可怜沙坂藏芳骨，夜夜涛声诉不平。

中峰绝句

〔清〕梅溪

楼小仅容膝，朋尊敢续貂。
瓮头春色满，亲旧日相邀。
红杏村中酒，白云堆上诗。
香山连结社，落纸尽珠玑。
爱绘钓江边，思莼摘圃上。
山林车马寂，风月有壶觞。

南金八景

东海朝乌诗引 大金城东面是大海，海天相连，杳不知其所极。时值秋冬之交，天气爽朗，朝旭朏新，陟绝顶而望海底，有物团圆如镜，间昏黑模糊不甚辨别。此即淮南子所云“日中有跋乌是也”，爰拈笔而纪之。

其一

波光潋滟影摇红，讶似金乌跨东海。
五色云霞妆散后，居然朝日在天中。

其二

飞乌晚托一轮红，往事松阳忆浙东。
想是早期莺梦醒，丹诚万里捧宸中。

大京海岸

其三

东方未启明，万家俱皆黑。
悠忽银涛开，微明渐昭晰。
光浮万斛金，影射五彩色。
始知至阳精，高飞奋毛翮。
干旋乾坤枢，潜消太阴魄。
更阑睡未醒，梦寐犹反侧。
忽闻金鸡鸣，晴窗已东白。

西山夕兔诗引 兔在山之间，或逮日，或追风。诗曰“跃跃毚兔，遇犬获之”，有何美景。然当，日夕之会西山上，突起水轮晶光，如画中有白兔捣药，状貌酷肖。此景最足惹骚之逸兴也，故乐之志。

其一

夕阳时节一轮开，兔魄晶莹露半棱。

多少牧童归晚径，山头拍手看悬灯。

其二

宋元更代运非升，靖节何曾露角稜。

最这西山含虚白，一生心事照孤灯。

其三

西山青莲峰，日落阴蒙蒙。

俄顷冰轮起，徐行升太空。

露洒湿玉毫，水冷磨青铜。

栖身丹桂阙，捣药嫦娥宫。

瑶台净玉宇，万籁鸣苍穹。

人生易更代，飘飘如过风。

曷若此兔魂，青光万古同。

剑峰插汉诗引 峰在西城外五六里许，山巅分为二，形抛尖削，亭亭屹立，如剑之直插霄汉。严冬时，水凝石壁锐不可当。虽鱼肠匕首，不是過也，因写景而名之。

其一

城西碧峰插遥天，雨雨风风不计年。

霜锷雪峰长淬砺，炼成终古剑孤悬。

其二

危石峰头倒插天，天钟大地几经年。

凌云健笔真才子，横扫千军剑正悬。

其三

高山耸奇石，屹立何亭亭。

立摇秋穹烈，影浸寒潭清。

霜锷未堪比，冰刃近足名。

倚天恒独立，霜露淬其精。

气若冲牛斗，雄如奋雷霆。

奇哉此异石，欲献天子廷。

雄雌龙剑合，瑞气霭琼林。

笔架浮江诗引 大金之南，江潮汹涌，有山拱其前，三峰屹立，名曰笔架。有时风涛卷浪，仿佛如浮动象，故尔日薄西山，人文蔚起，皆为之兆。诗云“笔架三山藏虎豹”，其信然耶。

其一

紫阳诗谶已多年，笔架江头矗幕天。

形势公然符瑞卜，定奖士子胜莆田。

其二

带草科名兆有年，醮来笔架海中天。

荥阳自此多人瑞，芹沼生香到砚田。

其三

大江清且深，中虚含万象。

一株奇浮江，三峰峙相向。

势堪栖兔毫，远映学仙掌。

秀色当轩窗，润气侵书幌。

可观不可携，堪玩复堪赏。

我笔非长虹，焉能驾其上。

但其育英才，题名冠金榜。

天马腾云诗引 昔汉武帝作《西极天马歌》，谓“天马来兮从西极”，而大金东北角一山仿佛似之。时当海雾笼罩，登高视下，倜傥权厅，罄控从送，如天马之飞腾云雾间，故名之。

其一

飞腾气势若凌云，僻处缘何有玉骢。

想是孟津归放后，至今羁勒此山中。

其二

奔来冀北欲群空，应瑞当年跃锦骢。

官榜放时人第一，南金嘶草正秋中。

其三

南金山特出，远从西北来。

四方咸拱向，列障画屏开。
一峰毓神秀，远耸青云堆。
势如腾霄汉，去若追风雷。
金洛不可羁，雕鞍焉用栽。
山川古凝合，贞元孕长胎。
壮哉此天马，汝真非凡才。

沙垅障海诗引 笔架山前，沙垅堤为案，延袤二里有奇，面面俱生小草，值风雨时，众草摇动，蜿蜒如龙状鳞爪皆备。昔朱紫阳谶云："沙垅高百尺，士子胜莆田。"闻之乡人，岁岁大风飑沙堆积其上，迄今渐至百尺，将来人文秀发，其在斯乎！然此景尤为大金第一奇观。

其一
沙堤一带障城隅，屈曲犹龙势不殊。
看到风云交会际，浑间破浪跃天衢。

其二
探得骊珠在海隅，沙堤蜿蜒望来殊。
六开秋榜双春榜，人占龙头到九衢。

其三
海波时洒涌，沙堤障其上。
屹起百余尺，平拖几千丈。
连峰走沧溟，蛇蜒形势壮。
寒风夜月明，变态千万状。
潮激玉龙吟，洞开银涛涨。
云来如飞腾，雾卷若升降。
赖此造化功，龙溪绵保障。

石洞仙踪诗引 仙家悟真养气，其踪迹无所不到，相传南山下有一石室旧为仙子所居，至今丹灶犹存，而仙人杳不知所之也。故谓之石洞仙踪云。

其一
别来紫府下尘埃，石室玲珑面面开。
未知众仙何日去，此间即是小蓬莱。

防护林

其二

仙人洞府不侵埃，真迹留馀石自开，

见说白云西望夜，月中曾拜字臺菜。

其三

南山高巍巍，下有一石室。

窦经仅容行，中虚涵太极。

窍通日月明，圆润苔鲜碧。

寥闻与世殊，洞达多古迹。

空遗炼丹灶，不见煮白石。

仙子何渺茫，欲遇不可得。

沉吟日已斜，回首山路黑。

江城角韵诗引 城在五十二都濒海旧设巡检司，至洪武二十年改立千所，江夏始筑城焉。周围五百八十二丈，东西皆为城。当时有三千防御海寇，暮夜巡视谯楼鼓角声达海国，迄今城有称军家后裔者职是故耳。

其一

谯楼暮夜角声鸣，一自修文事已更。

几度月明人静候，徒闻蚓笛咽江城。

其二

笳声吹歇浪声鸣，旧事前期一变更。

惟我宰官称父母，弦歌听化利川城。

其三

谯楼夜月明，江水绕城廓。

名闻晓角号，悲鸣声断续。

吹回玉漏残，唤起宾客肃。

梅花笛里开，闺妇梦中觉。

孤渚雁高飞，长空星初落。

沙塞绝风尘，江城日安乐。

感此为颂歌，拟献黄金阙。

天后宫记

〔清〕郑辉

天后宫在龟山麓，门拥笔峰文光簇。

俯视金城仅钩带，沧波万顷鼍龙宿。

俗尚耕作少舟人，祷祀香灯淡驰逐。

神灵肯使胜地冷，佑启诸君谋聚读。

嘤鸣声应各有情，负笈欣然齐出谷。

兹宫自昔号宏敞，荼灶于今碍门轴。

忆予师友共十人，亦曾借此作书屋。

廊庑未备风雨凄，绿阶多种渊明菊。

殿后山地尽麦园，旁有蟠根古丛竹。

西余墙畔地尤广，瓜匏藤蔓施岩陆。
一载书声遽歇绝，依旧喧寂付樵牧。
去岁风高墙宇颓，神如有意开乐育。
鸠工修作倍完固，登堂咸羡清于穆。
重门丹艧壮观瞻，榱桷全铺天有木。
我来已隔三十年，人物非昔愁满目。
后园松树作龙鳞，风送涛声俨飞瀑。
两旁隙地皆何有，贪利村甿掘太蹙。
就中掘得尤堪恨，汲道全除旧径熟。
挈瓶涓滴费迂回，藩棘安然长青菽。
呼童且向松间辟，蹊径成路亦云速。
因知废兴半由人，人杰地灵神亦福。
愿尔诸君齐努力，莫负兹山气清淑。
他年发迹谢神明，庙前旧址须恢复。

法华寺[①]

〔清〕李拔[②]

放生池上涅槃台，水月松风次第来。
绣谷春深无限意，千秋寿域一齐开。

望江南·大京沙滩[③]

王龙书[④]

沙滩美，生态润冰肌。风雨梳成天地锦，汐潮抚就古今仪。古邑独称奇。
迎远客，观景悟文辞。我醉吟涛迟摄影，谁能识浪钓垂丝。媚气迓朝曦。

---

① 原载民国《霞浦县志》。

② 李拔，号峨峰，四川犍为县人。清乾隆十六年（1751）进士，乾隆二十六年调任福州知府兼理海防。重文化，有政绩。

③ 原载《霞浦楹联》。

④ 王龙书，霞浦县政协原副主席

海滨古城

郑道翀[①]

东冲半岛一明珠，笔架奇山毓大儒。
戚将万军除海寇，狮域千载护华都。
先贤救难铭三世，后杰知恩报九炉。
碧水金沙风景美，闻名遐迩旅游区。

悼林春仁老师[②]

黄圣曹

与君相聚共耘窗，华发进修交往常。
学识渊深廉笃实，为人正直敢担当。
终生爱教身心瘁，余热怀乡史志忙。
未就遗章星斗坠，天公俱泣涕涟滂。

大京古城堡[③]

哈雷[④]

我不能告诉你我来过这里
这个初冬的黄昏你依旧守候着
咸湿的潮水把冰冷的记忆
一次又一次拍打在你坚硬的躯壳上
我的心痛了
真的很痛想象我据守的地方
还有你最近的光芒刺了过来
然后留下熄灭后的痕迹
一个村庄成为你的衍生物

---

① 郑道翀，霞浦县退休教师。
② 原载《霞浦报》。
③ 原载《宁德文艺》。
④ 哈雷，作家、诗人。

七百年算不算古老你说
草籽已经深入你的泥土，翅膀在天空飞翔
老农把吊桶探入“皇帝井”
苦涩的影像
和浑浊的水流都在晃动
那年倭寇在血光里逃窜了
村庄开始沉默下来如坚果一样
倔强的古堡就成了一个核心
包裹着我，让我不敢发出呻吟

历史，其实是一段静静埋藏的心事
就像那片坠叶
不小心被尘封了沤烂了
也会突然为一阵风翻卷起来
在我的眼前展开，在某一天
真相大白于天日

木麻黄[①]

谢宜兴[②]

在此村庄和海岸之间
是我们的血肉之躯筑起城堡
呵护小村的鼾声　呓语
和不眠的油灯　犬吠
今夜千里之外我依然听到
你们梦幻摇篮曲

① 原载《霞浦报》。

② 谢宜兴，1965年10月生于福建霞浦。曾在《诗刊》《人民文学》《文艺报》《星星诗刊》《诗选刊》《散文选刊》《文学自由谈》等各种文学报刊发表作品。多次获福建省人民政府百花文艺奖、福建省优秀文学奖暨施学概诗歌奖、黄长咸文学奖。

风平浪静风平浪静

而一夜风沙只有你们知道
那是怎样的一种厮拼
抵足相守把滩沙攥成沃土
任阔叶风衣撕成千丝万缕
每看到父亲掌上十座小山
总想起你们日渐消瘦的指节

我回家时候台风已远
不忍捡拾你们被摧折的心愿
为留住我亲人眼里的清溪白云
终老沙血　你们没有离去

在海边在乔木家族中
作为正直与忠诚的形象
有谁能替代你们的位置

家乡的土地上
正是有你们刚强正义的手臂
挡住四时的伤害
离后对善良的父母兄弟
我才少了一份牵系

伟大的蓝色[①]

汤养宗[②]

伟大的蓝色　你什么也没有动

你掀动自己　一层一层地掀开指自己
我看见了你的你　从自己的身体深处
又收回到自己身体深处

你行进着　但什么地方也没有去过
我看见了你行进的姿态
但没有看见你踩上的路

到达的是你的声音　你的呼吸
你把肺腑借给了白云
而白云是错误的

上路的还有你伪造的翅膀
在谁的天空　谁说你
这是盲人才能看到的容颜
在不断地移走着中　你停在
自己身体的最深处
秘密的脚也是对世界秘密的诺言

拢合又张开　上升为了回落
在自己的梯子上　你要我
放弃惊呼　放弃琴和斧头

① 原载《霞浦报》。
② 汤养宗，霞浦县人大常委会副主任，诗人。

高过我头颅里的热血　这蓝色
严密　对称　喧腾不息
当我说出这些　我已离开了我的嘴唇

大京海边[①]

刘伟雄[②]

摊开的纸已被阳光晒黄
墨色汪洋
笔架山上没有笔

沙滩后的林子充当无数狼毫
涛声依旧拒绝了涂抹
永远无法着色的悲凉
被海风一页一页地翻过
在大海静静的角落
我多想用心灵去悄悄拜读

那把遁世的笔呵
将繁华带去谁家
我踏浪的欢歌
就此哽噎在喉

怀想大京（大京石板街）[③]

郑惠芳

小时候，你是孩子们的棋子

① 原载《霞浦报》。
② 刘伟雄，宁德市国家税务局高级会计师。
③ 原载《海岸线》。

喜悦相间的棋子
跳跃的双脚与欢乐的泪水
一并成长

长大时，你是故乡眷顾的外衣
怀念的标签印在梦的长廊里
幸福的味道铺满各个窗口
飘香的日子在耳畔间摩擦
六百多年的印痕飘洒游子的心口
多少深切地呼唤在胸间飞舞

历史不会忘记荣耀的过去
展望今天为你骄傲
轻盈的步履多想靠近你
回味你的润滑与乡间的幽远
神往的意念展开我无数的思乡情怀
燃烧的云彩
抬着祝福的语言在彩虹间闪耀
抬起的双脚就是动容的佳音
胸膛的崛起就是每步脚印的崛起

我儿时的石板街
现在的石板街
多少劳作的目光向你致敬
为你喝彩、自豪

◉ 传说

朱元璋玉带压鸭池荡 鸭池荡富有传说。一说是，明太祖朱元璋曾率兵从水路攻打闽越地域，起义军船在大金海面遇风抛锚于鸭池荡，因缺淡水，他将革带圈起丢入海中，说："这里是淡水。"勺起来一试，果然是淡水。从此，鸭池荡有淡水泉之说。还有一说是，明洪武二十年（1387），明太祖朱元璋到闽视察福宁卫大金千户所，夜里船至此海面，突然狂风大作，骇浪滔天，眼看船头就要没入海里，随行官员惊慌失措，朱元璋立马解下腰上玉带，合掌仰苍天，随即将玉带投入海中，只见海面一道华光闪烁，顿时风停了，浪静了，一切都恢复了平静。有诗云："倭怪起风浪，玉带压池荡。"此后，人们就称这片海域为压池荡，由于谐音又称"鸭池荡"。

朱建文出逃经大金 明太祖朱元璋之孙、懿文太子朱标第二子朱允炆，是明朝第二位皇帝，年号建文。由于燕王朱棣发动兵变后攻入南京应天府，朱允炆便在"靖难之变"后，下落不明。传说，建文帝出逃是走水路，从江苏太仓刘家港出海，沿浙江近海南下，一度在温州港停靠并曾上岸过。然后继续南下，第一个目的地是福建福宁的大金千户所。后来战事来得太快，郑和的十万楼船水军已经到达，两军交战，建文军败绩，建文势力通过三都澳撤向宁德腹地隐居，当了僧人。如今，大京朱家古厝遗址，还流传着御林军保护皇帝亲戚的故事。

罗隐帝在大金 罗隐，字昭谏，唐末五代时期诗人、文学家、思想家。相传他流浪福建长溪县南乡招贤里五十二都，在村东面龟山上的三叠石旁结庐而居。大京民间流传着一句俗谚："罗隐公，何褴褛；乞丐骨，皇帝嘴！"意思是说，别看罗隐衣衫破烂，像乞丐一样，他说的话却出语成谶。

一次，罗隐到五十二都村东的窑后岗官窑行乞，窑工不知他是谁，随便拿只破裂的碗装饭给他吃。罗隐不满，脱口而出："你们官窑烧制的，都是这种破碗吧！"说也怪，官窑从此烧制的碗都是有裂痕的。窑工觉得事有蹊跷，可总是查不出原因。一天，罗隐又到官窑行乞，见窑工个个垂头丧气，不知何因。一问才知道，窑工们若再烧出一窑破碗，窑主就将停窑，窑工们就得卷起铺盖回家。罗隐觉得窑工可怜，便双手合十，对着窑炉祈祷说："窑神保佑，让窑炉烧出的都是好的碗吧！"说也奇，此后烧出的碗都是好的碗，产多销快，窑后岗官窑的制瓷业日渐兴旺起来。

一日，罗隐到东门外海边沙滩游玩，见有两头鲤鱼在沙滩跳，罗隐走，鲤鱼在后面跟，罗隐喝一声：“你们在这里好。”鲤鱼听错，以为是叫它们在这里倒，偏偏就不倒。未等罗隐起步，就抢先跳到罗隐前面，罗隐气了，又大喝一声：“你们再跳，我就剑给你吃！”这一说，鲤鱼真的不敢跳了，就头对头地呆在那儿变成了“沙垅岗”。

五月的一天，罗隐从龟山爬上后门岭去积石村讨食，看到村中许多人在晒虾苗，煮熟的虾苗一箩筐又一箩筐地叠起来。罗隐饿了，便问渔民讨食，他们抓了一把煮熟的虾苗给罗隐吃，罗隐吃好就讲：“虾苗上筐叠下筐，子子孙孙会做官。”有个人听了，没好气地说：“乞食就乞食，有给食就讲好话，什么会做官，我这里人做海穷臭蟹！”罗隐听后就改口讲：“那就上箩叠下箩，子子孙孙抬虾箩！”从此，积石这地方自古到今，村民都是做海为业。

白鹤堂传说　闾峡信女何云莲，一夜梦见一位神人曰：“你之归宿在东北，前有奇峰，后有宝岩，右龙左凤，此宜居之所也，可觅之。”后在兄弟们的帮助下，择地大金西山，建堂名曰“白鹤堂”，即今华严寺。

宝岩寺传说　宝岩寺有个流米泉，每日三餐流出的米，不管多少人，仅足食用，不余不少。粗糠由下漈溪岩下流出，至今人仍呼其“粗糠岭”。有一年，米价昂贵，一个小和尚把泉口凿大，想让它多流出米来卖点钱，结果弄巧成拙，从此绝迹。

鲤鱼当冲　大京村前旷野上有一条东西走向的天然沙垅，据传是神仙点化的两条雌雄鲤鱼头碰头，千百年来许多风水师在此寻觅正穴都不得而终。

据传，时代初期一个隆冬，有个牧羊人在沙垅上放羊，傍晚时分，寒风呼啸，天降一场大雪，沙垅银装素裹。牧羊人想赶羊回家，可羊群不知去向，他四处寻找，终于在沙垅的一个坳里看见羊群挤挨一起，走进坳边，顿时感觉一股暖气袭来。牧羊人心想，此处莫不是人们所传“鲤鱼当冲”之穴，便将手中竹羊鞭插入坳里做记号，立马奔往山边将父母骸瓶拿来准备在此处埋葬，可是当他回来时却傻了眼，沙坳已堆积隆起了一个小山似的沙包，羊群和羊鞭全部被埋入，任凭他怎么挖掘也无济于事，只好将骸瓶堆埋在旁边，并立了一块石条为碑。过了许多年，他的儿子中了解元，人们说是得了风水。此后，大金老人百年归后，后辈人就将先人埋葬在沙垅，以求得一处风水吉穴，荫德子孙。

◉ 碑刻

大京古城记

林春仁

大京始称南金，又称大金，这里三面傍山，东临大海。先人有过这样的描述：其地层峦丛翠，河清海晏，茂林修竹，居宛若然，有太古之遗风桃源之逸致。大京古城堡，历经六百载风雨至今，保存基本完好，据说是现今全国最长的乡村古城堡，1991 年被列为福建省重点文物保护单位。

明朝初年，福建沿海屡遭倭寇侵扰。为抵御外患。明洪武二十年（1387）江夏侯周德兴奉建“福宁卫大金千户所”，大金踞入闽北口要道，明人吴亜载文道“拓大金，固所以巩福宁之藩屏也；巩福宁，固所以执全闽之喉舌也。”“此而巩则咸巩，此而扼则咸扼矣。”故而大金名列福建十二千户所之首。是年始筑城垒堡，其后二百年间几经修拓，才有了今天这样的恢宏规模。

大京城堡长 2815 米，高 6.5 ～ 9 米，顶宽 3.5 米，设前门、南门、东门三个城门。东门为瓮城，也叫双重门，敌寇进了瓮城，双门紧闭，擒拿如瓮中捉鳖。城上有数百个垛口，俯瞰远眺，视野十分壮阔，情境一览无遗。城外有一条宽宽的护城河，与城堡构成一个森严壁垒的整体。城内一条以条石拼铺长 1200 米的大街直贯东西，古民居鳞次栉比，亭台宫庙错落有致，街巷排水布局合理。漫步大京街头，真有点走进历史古道的感觉；站在大京城头，耳畔仿佛传来当年乡勇与倭寇厮杀的声响。

大京有七景。海上笔架山、龙岩山仙洞、“海若奇观”八星岩、凤山 ① 狮球、三十六门洞、海滩绿屏，以及前面所述古城堡。沐习习海风，听拍岸涛声，看碧波万顷，走在三千米洁净如洗松软细腻的沙滩上，如履地毯，如卷珠帘，心旷神怡。

等到天朗气清之日，登临大京后门凤山之巅天门冈。凭高远眺，澎湖东引列岛清晰可见；俯瞰近岸，四濡列岛错列于前。有时看不到前述之景却可能有意外的惊喜，因为这里是海市蜃楼的最佳观景地，曾有人在这里看到多姿多彩壮观奇特的海市蜃楼景象。

值得一提的是，大京龙岩山龙角顶可以找到许多礁岩贝壳，由此推断这里“曾经沧海”。

---

① 编者注：此处原文有误，“狮球”应在狮球山。

大京古城记碑刻

历史老人给大京这块风水宝地留下太多佳话传奇。史书记载“有客航而来，夜宿人家，诘朝早行，遗金贰锭，主人追而还之”，南金大金由此得名。传说笔架山乃太白金星挥笔点化而成，此后大京文风蔚然历久不衰。笔架山西侧鸭池荡，相处明太祖朱元璋征闽时过此，风涛陡作，太祖以玉带投之，波浪顿息。鸭池荡因此闻名。倭寇屡屡侵扰大京，据说他们探得沙垅岗埋藏着许多稀世珍宝，终因乡民勇众顽强抗击而无法得手。

山海吾乡堪富庶，民风此地最淳朴。农耕渔牧，书声琅琅，日出而作，日落而归，祥和宁静。每年农历七月十五中元节祭祖，八月十六神诞日祭神，这里都搞得有声有色热闹非凡。

大京自古多才俊。自宋以来，佳士名贤层出不穷。如林元孙、郑明、郑君老、郑鹏、郑䉽、刘回保、张德、周廉、林隶、郑贞娘，等等，或科举名士，或朝廷命官，或征戍将军，或丹青大师，或高僧隐士，或贞妇烈女，卓卓可传者，不胜枚举。近代现代更涌现众多仁人志士。改革开放后，大京的能工巧匠商贾名士遍布海内外，清华北大科大等全国名牌学府都留下大京莘莘学子的身影。

◉ 楹联

古代部分

法华寺

〔宋〕朱熹

地别九重天碧水丹山青世界

门当三益友苍松翠竹白梅花

龟山弥陀寺廊柱楹联

恒沙世界最极乐易往

十方诸佛弥陀独称尊

证最佳因重兴庄严欢喜地

赞些景寿宝轮拥护去禅云

郝摄六根净念常持称弥陀

花开九品总悲接引到莲邦

龟山玄天大帝楹联

四海沐鸿恩神通远震

千家蒙厚德帝德频施

散发冲牛斗功武极至

赤脚踏龟蛇显赫威灵

丹城座下龟蛇化

太和山头鬼神惊

城隍庙柱子楹联

阳世之间积善作恶皆由你
古往今来阴曹地府放过谁

善行此地心茹愧
恶过吾门胆自寒

阳律欺瞒能幸免
阴司清算总难逃

天后宫楹联

向四海显神通千秋不朽
历数朝受封典万古流芳

水德配天海国慈航并济
母仪称后桑榆俎豆重光

林厝寿联

日映华筵瑶草琪花娱庶吾
春融寿域玉堂金马试斐衣

徐厝寿联

乌出瑶台报阳春觞称五秩
凤腾碧汉知儒露荣应三台

近现代部分

题家风

周玉明

具孝心行孝道子孝人人赞
持和气尚和风家和事事兴

题大金

郑孟光

大海激扬千顷浪

金山屹立万重峰

大京城堡西城门境地联

高清官

清风霁月龙岩峻

秀水明山凤髻妍

大事纪略

◉ 唐初兴建宝岩寺

唐天宝二年（743），由村人发起在莲花山坳建宝岩寺。寺卧居深山，深藏不露，毗邻大京城堡。北宋淳化五年（994），重修。南宋乾道九年（1173），大金进士林隶“再建二间，后用石柱置水槽。并舍田五十亩为寺产”。明嘉靖年间（1522—1566），毁于倭寇。据民国《霞浦县志》载，清光绪年间（1875—1908），太姥山寺僧京志，病中梦神示：“霞浦大金有宝岩寺遗址，亟往修之。”遂抱病寻至此地，果于废址中找到刻有“宝岩”二字的残碑，始盖茅房栖身念佛。光绪十八年，闾峡绅士何大维出资重建大殿，复建寺前钟鼓楼。“向之榛芜满目者，今崭然一新矣。”1958 年“大跃进”运动中，被用作大京莲花山国营茶场职工宿舍，佛毁僧离，寺貌全非。1993 年，收回寺产，重新修建，塑佛住僧。后被台风摧毁，吴清金、曾庆寿、郑赛娇等人重建。

◉ 北宋林氏还金得村名

唐至北宋熙宁年间（1068—1077），村民多散居在各山坳和海滨。北宋元丰元年（1078），林姓人家置庄于此地，名曰“南阳庄”。据清乾隆《福宁府志》和清代《林氏族谱》载，元丰六年，有一赴京赶考士人借宿林家，翌晨早行，遗下两锭金子，主人林通命二子追十里路奉还。客谢道：“得金不取，异日声价当比南金。”时村人称赞林氏两兄弟，遂将居所的南面后山称为“南金山”，村落因而得名“南金”。又因处大南地域，亦称“大金”。1940年，改名“大京”。

◉ 南宋林郑两族宗祠乱世毁

南宋德祐元年（1275），元兵南下，入大金烧杀抢掠。林、郑两族宗祠被付诸一炬，堂内祖牌和族谱焚为灰烬。里人进士郑君老之妹郑贞娘遭遇元兵践踏家门，惧污而自刎。郑君老悲痛欲绝，含恨写下《哭妹贞娘节烈》，世人赞誉：“贞娘一女子，乃能见机自刎，保全其身。人臣若此，岂不为国家之光乎！”“死生大义须臾事，留取芳名几百秋。”

◉ 元末叶一抗元揭义旗

元末吏治腐败，横征暴敛，苛捐杂税名目繁多，北方白莲教首领韩山童发动起义，义军头裹红巾，人称“红巾军”。元至正十二年（1352）十月，大金佃农叶一、方六率众响应，组织义军攻高罗，杀地主，时大金富豪林文瑞一家父子兄弟满门罹难，义军发现漏一孩童林宾，复窜至岚奶家搜查，岚奶急中生智将林宾藏于裙下，躲过劫杀。叶一后被安泰社镇压。

◉ 明初肇建古城堡

明武二十年（1387），朱元璋命江夏侯周德兴沿海戍兵，奉建大金城堡，历时一年多方建成，并移兵驻扎堡内，为千户所城。城堡恢宏壮观，布局严谨，时规模独占邑内

30 个土堡鳌头，千户所城亦列福建八闽十二千户所之首。明永乐十五年（1417），倭寇频繁侵扰，御史韩瑜、都指挥使周谷祥下令将城“增高二尺，砌眼墙三百八十三垛；复筑东、西、南三门为瓮城，沿城凿八百多米长护城河，宽一丈，深六尺”，与城堡构成壁垒森严的防御整体。明万历元年（1573），州庠生郑炎、林应龙、郑友士、郑守道 4 人向福宁卫建议拓城，得到官府批复，拓建西南两处城墙。征用郑、林两族田地，并拆两族私堡和宋元祖墓石块以帮城，形成现今规模。1991 年，大京城堡被列为福建省第三批省级文物保护单位。

◉ 明代郑宪撰写福宁志

郑宪，字孟成，号退休，登明建文元年（1399）举人，曾授浙江义乌、信丰训导。明永乐十六年（1418），撰成《福宁县志》初稿。明正统十年（1445），郑宪告老还乡后，应福宁县署聘请，于原志初稿增补新搜集资料，编纂《福宁县志》5 卷，为手抄本，已佚。现仅存《福宁县志·序》。

◉ 明嘉靖和万历年间海市蜃楼两度出现

明嘉靖四年（1525）四月十日傍晚，大金笔架山海面出现海市蜃楼，有台榭人物往来贸易景象。明万历三十年（1602）闰二月二十日，大金笔架山再现海市蜃楼，时又现一山，春树万家，飞檐列栋，如盖、如旗、如浮屠、如人语，参差远迩，丹垩粉黛，人物栩栩如生，变幻多端，虚无缥缈。幻景自巳时至未时，持续两三个时辰。里人拥集在东城门外沙滩上观看，言传为海中之蜃吐气，有人亦绘之。

◉ 超强台风袭大京

明万历三十六年（1608）七月十五日，台风暴雨，拔树摧房，沿海船舶千余只漂覆，大金渔船沉没近百艘。清咸丰三年（1853）六月，遇百年罕见超强台风，顷刻间渔船倾覆、民房倒塌，此次台风过程持续 18 天，人称“十八台”。台风过后干旱百余日，农作物绝收，饿殍遍野，村中老人和小孩饿死的最多，全村因海难和饥饿死亡人数达百余人。1966 年 9 月 3 日，风速 40 余米 / 秒的 17 级超强台风（史称“9 · 3”台风）正面登陆，引发海啸，顷刻间下塘至咸井洋数百亩待收晚稻田成一片汪洋，千亩甘蔗等农作物毁灭殆尽，数十艘渔船缆崩绳断，船体被抛掷离港千米外的观音堂边，百年榕树被连根拔起，树倒房塌、路毁桥垮，民房倒塌百余座千余间，风卷课桌、家具在空中飞舞，抛至安福岭山麓。

◉ 清康熙年间划界移村民

清康熙元年（1662）十月，清廷动用武力划界移民，福宁以大路为界，编篱立栅，强迫沿海居民迁入界内，烧毁界外民房、宫庙，大金城堡内几处大宅被焚为平地，时除明代军伍后裔改编为清军的 10 个姓氏留城外，余 40 多个姓氏的百姓均被强迁入界内，郑氏家族被迁往崇儒，林氏家族被迁往翠竹桥。百姓流离失所，惨不可言，长幼男女一路号哭。违迁逃避者亦被清兵追杀，有的一家十五六口仅存一二人，有的全家覆没，有的流浪外省，有的隐匿山间。康熙二十二年，台湾郑克塽归顺，姚启圣上本五道，清廷奏准下诏开界，大金大部分居民先后回归，于满目疮痍的故土上重建家园。亦有村民面对一片荒凉的家园不愿返回，留居他乡创土立业。

◉ 村寨书香桃李芳

大京重教兴学历史悠久，北宋时期郑明、林通等先祖仕人告老还乡创私学。南宋咸淳年间（1265—1274），翰林学士林仲明辞禄归田建东山书院。明清时期，郑、林两家设私塾、乡塾。1917 年，大金国民学校成立，为县立初级小学。1935 年，改名为霞浦县国民大金中心小学。新中国成立后，创办全县最早附设初中班的农业初中，开办初级师范学校、九年一贯制学校。进入 21 世纪，推进教育现代化，实行多媒体教学，实现县级“标准化学校”达标，教书育人独秀南乡，桃李满园。小小渔村多人考入清华大学、北京大学等重点大学，获得硕士、博士学位的达 50 余人。

◉ 1934 年施霖革命播火种

1934 年 10 月，中共闽东特委霞浦工委书记施霖以看风水、办教育为名，偕同张少康、施素玉等人到大金、斗米、界石等地开展土地革命秘密活动，宣传革命道理，打土豪，分田地，建立苏维埃政权，大金村的林木康、林在炉、张宜后、康步连、姜阿礼成为中共基本群众，有一位绰号为“白糖瓮”的大金女青年，经常护送施素玉往返于白鹤堂和界石之间，与施霖接头。1935 年 4 月，施霖被叛徒告密，施霖、张少康二人在界石被捕，5 月 10 日同在福安赛岐英勇就义。施霖虽牺牲，却在大金播下革命火种，此后大金革命活动蓬勃开展。新民主主义革命中，大京涌现了许多热血青年。大京青年学生周玉明成为中共闽浙赣边区党委福建城市工作部党员后，在大京发展郑进觞等 18 人为中共地下党员，发展郑宽信等 73 人为党的外围群众。1985 年，大京被中共霞浦县委认定为长春镇 5 个苏区基点行政村之一。

◉ 旧时瘟疫频发

大京历史上曾多次发生流行性瘟疫。元至正十五年（1355）正月，村中“瘟疫流行又逢饥荒以至人相食”，廉访司副使郭兴祖奉命抚恤救灾。明成化二十二年（1486），“大旱瘟疫流行，次年饥荒粮价昂贵，百姓以蕨头根淀粉充饥”。民国时期，人畜同居，厨厕相连现象随处可见，蚊、蝇、臭虫滋生，致天花、霍乱、流脑疾病频发，麻疹、疥疾高发。1944 年，大京脑膜炎流行，致 200 余人死亡，村民流传有“痨、鼓、隔，神仙医不得”之说。1952 年，设大京村联合诊所。1958 年，人民公社化，成立大京保健站。1970 年，推行合作医疗制度。1984 年，保健站改称为大京卫生所。加强人民卫生医疗事业发展，流行性瘟疫灭绝。

◉ 1941 年浴血抗日八壮士

1941 年 10 月 12 日，盘踞西洋岛的日伪 200 余人自鸭池荡海滩登陆，围攻大京，由 150 余名村民组成的壮丁队奋起抵抗，前后肉搏 10 余次，杀敌 13 人，后国民党县中队来援，敌始遁。14 日，马祖、浮鹰、南北礵诸岛日伪 600 余人，分乘 14 艘汽艇再犯大京，村壮丁队得到哨警后，迅速赶至鸭池荡畔的沙丘上设伏，在沙垅岗与敌展开激战。郑志备等人冲入敌阵，拼死相搏。郑锡銮夺下轻机枪一挺，向敌猛烈扫射，日伪纷纷倒地，郑锡銮弹尽，身中数弹英勇就义。蔡高燕肉在搏中咬下敌人的耳朵，三把刺枪同时插入他的前胸后背，喷血阵亡。在壮丁队奋勇抗击下，村民大部分从村北涵洞安全撤离。日伪军旋即杀入村子，烧杀抢掠，又尾追至三十六门洞，因洞口狭窄仅容一人进入，洞内一片漆黑，日伪军不敢贸然入内，就用烟熏，致使洞内 10 余人窒息而死。后幸长春区和沙江区联防队驰援，敌望风而逃。此役郑志备、郑宽安、郑锡类、郑锡銮、郑朝翰、林品秩、蔡高燕、游阿龙八人血洒疆场，英勇牺牲，毙敌 4 人。村民自发捐钱为战死的八壮士收尸安葬，并立碑纪念。

◉ 1945 年盟军战机炸日舰

1945 年 5 月 25 日，日本侵略军残部乘舰艇 2 艘、汽船 10 余艘，在大京鸭池荡海域的丹湾港登陆。丹湾村民的牲畜和粮食被抢夺一空。是日，两架盟军飞机侦讯而至，向停泊在丹湾港的日本侵略军舰船投弹轰炸。日舰进行反击，部分日本侵略军上岸躲入龟山龙宫内，以机枪扫射盟军战机。盟军两机去而复返，轮番轰炸。鸭池荡海面火光冲天，水柱高耸，日本侵略军血肉横飞，死伤惨重。轰炸持续两个多小时，盟军战机于丹湾澳和笔架山石人下海面炸沉日本侵略军舰船 7 艘。

◉ 1949 年护城联防保政权

1949 年 6 月 17 日，中国人民解放军三野七兵团二十一军六十三师一八九团解放霞浦县城后，回防福鼎。时霞浦县城内社会治安混乱，匪特活动猖獗，国民党在溪南长兴村成立“流亡县政府”，拼凑“反共救国军”，妄图重新夺占霞浦县城。大京村等地组织联防队 150 多人，日夜分批越过三十六坡，经过土匪活动频繁的武曲等村，赶赴县城，驻扎在长溪小学，与县中共地下党组织、游击队联手护城。24 日，一八九团急行军赶赴霞浦，并乘势直捣国民党“流亡县政府”老巢，一举解放溪南，彻底粉碎了国民党残余部队妄图攻城的阴谋。

◉ 声名远扬“儒家班”

1946 年，大京下街大厝里郑志临等人发起成立大京业余剧团，为闽东最早建立的村级业余剧团，时霞浦县内仅大京一班，冠名为“古事班”，常在街道交汇的开阔处或街亭演出，主要选取若干戏曲精彩片段排演。新中国成立后，大京业余剧团演出内容转向表现善恶分明的人物形象、舍生取义的浩然正气、药人寿世的教化功能的儒家文化，并改名为“儒家班”，全团皆为男丁，成功剧目有《花烛之夜》《五虎口》《彩云归》等。1951 年，有年轻女子相继加入“儒家班”，亦开演戏曲全剧，成功作品有《断魂寨》《梁祝》《包龙图》《斩驸马》《白蛇传》等，演出范围扩大到霞浦县各地。1959 年，在庆祝中华人民共和国成立 10 周年会演评比中，“儒家班”以一目《麒麟献瑞》拔得头筹，名声大噪。“文化大革命”期间，“儒学班”停办。20 世纪 80 年代初，大京“儒家班”复办，沉寂多年的老演员们重燃激情。1985 年，首演传统剧目《十五贯》，惊艳四方。同年端午节，献演《白蛇传》，各地观众闻讯后慕名而至，全场掌声雷动。此后，“儒家班”正名为“大京业余闽剧团”，新编演出剧目有《八仙过海》等 10 多个，出演范围遍及全省各地，如今省内各地闽剧团都有大京演员的身影。

◉ 大京茶场创品牌

1958 年，创办大京国营茶场，以经营茶业为主，农林牧粮并举，茶园面积 1804 亩，设 2 个茶叶初制厂、1 个精制厂，固定资产计人民币 6000 万元。1975 年，茶场创办闽东农垦系统首家茶叶精制厂，年加工能力 250 吨。1990 年，引进无锡毫茶和杭州西湖龙井茶工艺，精制的福宁毫茶和福宁龙井，获福建省优质茶称号。2003 年 ，元宵牌元宵茶和大京牌莲花翠芽，被农业部农产品质量安全中心认定为无公害农产品。2004 年，元宵牌绿茶被中国绿色食品发展中心认定为 A 级绿色食品。2006 年，茶场被确定为省级农业标准化示范区。2007 年，茶场通过良好农业操作规范（GAP）认证。2009 年，元宵牌绿茶被确认为福建省名牌产品。2010 年，茶场被农业部列为“十二五”期间福建省农垦系统五个重点扶持农场之一。2011 年，茶场被列为农业部茶叶标准园创建单位。2013 年，莲花翠芽获绿茶类省名优茶奖。2014 年，莲花翠芽在宁德市第六届茶王赛中获绿茶类金奖。2015 年，莲花翠芽（绿茶）获第十二届福建省“闽茶杯”绿茶金奖。

◉ 绿色长城御风沙

自古村前千米沙垅寸草不生，狂风骤起，黄沙飞舞，吞没田园，阻塞港道，“风起旱地变沙滩，潮涨水田成汪洋”。历代村人曾试种龙舌兰、剑麻、杂竹于垅上均无法扎根成活。1964 年，时任大京公社书记的林常意学习东山县造林经验，在沙垅岗种植裸根苗木麻黄，成活率低。1984 年春，县林业局技术员洪维铭驻村指导，在沙垅岗采用营养砖培育木麻黄造林技术，获得成功。此后，开始大面积推行营养砖植造木麻黄树，每年于垅上植造木麻黄 4 万 ~ 5 万株，成活率达 95% 以上。至 1988 年春，600 多亩高 15 ~ 20 米的沙垅木麻黄郁闭成林，整个沙垅绿色防护林带东濒鸭池荡港，西邻村庄田园，南连南港，北接窑后，南北长 2500 米，东西宽 170 米。同年，参加福建省沿海防护林体系建设第一次工作会议的 100 多名专家、学者慕名到大京参观学习，《福建林业》《闽东日报》《霞浦报》等相继进行专题报道。至今，沙垅防护林带郁郁葱葱，成为游人避暑休闲的好去处。

◉ 1973 年自力更生建水库

大京地处东冲半岛，台风频繁，常遇洪涝干旱。1966—2016 年的 50 年间，境内年均暴雨日 3.4 ~ 5.2 天，日最大降雨量 150 ~ 370 毫米，而大旱和特旱平均三年一遇，1968 年夏秋季大旱长达 180 天，严重影响村民生产和生活。1973 年，由时任大京生产大队党支部书记黄步涛，长春人民公社干部高亦友、戴在银等筹划，带领全体村民自力更生建造黄土溪水库，以砍伐大京村 30 立方米的成材林出售款为水库工程启动资金，以民办公助形式建造。1973 年 6 月开工，1975 年 8 月竣工。水库坝址以上集雨面积 2.8 平方千米，有效库容 85 万立方米，有效灌溉面积 166.7 公顷。

◉ 人文风光映荧屏

1991 年 7 月 1 日，福建电影制片厂到大京拍摄电视剧《海上游击队》。2005 年 3 月 23 日，中央电视台中文国际频道《走遍中国》栏目摄制组一行 6 人，到大京拍摄《城隍作证》历史纪录片，再现戚继光在闽抗倭的史迹。2006 年 9 月，福建电视台经济生活频道《海峡旅游》栏目组一行 4 人到大京拍摄滨海旅游片。2016 年 3 月 4 日，宁德市文广新局、中共霞浦县委宣传部、宁德电视台联合摄制《千里海疆行》系列专题片，大京城堡《古堡雄关》在第五集专题展示。2016 年 6 月 18 日，宁德电视台《闽东文化大观园》栏目专题播出《淘沙古城话大京》。

◉ 风电场建设展新姿

大京风电场是宁德市建设的第一个风力发电场，场址位于长春镇大京村至斗米村的山地上。该风电场于 2009 年 12 月 31 日获福建省发改委核准，为福建中闽能源投资有限责任公司与福建闽东电力股份有限公司共同投资建设的清洁能源项目。2010 年 9 月 13 日，首台机组吊装完成。2011 年 1 月 21 日，首台风机并网发电，同年 3 月 8 日，28 台风机全部投产发电。风电场共安装 28 台明阳 MY1.5−77 机型发电机，轮毂高 75 米，叶轮直径为 77.1 米，为抗台风机型，单机容量 1.5 兆瓦，装机总容量 42 兆瓦，同时建设 110 千伏升压变电所 1 座。所有风机全部实行自动化控制，遇 10 级以上强风或故障，自动转向停机。工程动态总投资 4.05 亿元。2016 年，发电 7158 万千瓦时。大京风电场不仅促进闽东的能源结构趋于完善，而且为大京增添了一道雄伟亮丽的风景线，带动了大京旅游业的发展，配套建设的道路设施，大大改善了大京的出行条件。

附录

《大京我故乡》村歌优美抒情，大京口述娓娓道来……无不凝结着大京人对这块热土深深的眷恋。

◉ 村歌

大京我故乡

1＝F $\frac{4}{4}$

林春仁 词

深情、眷恋地

林春利 曲

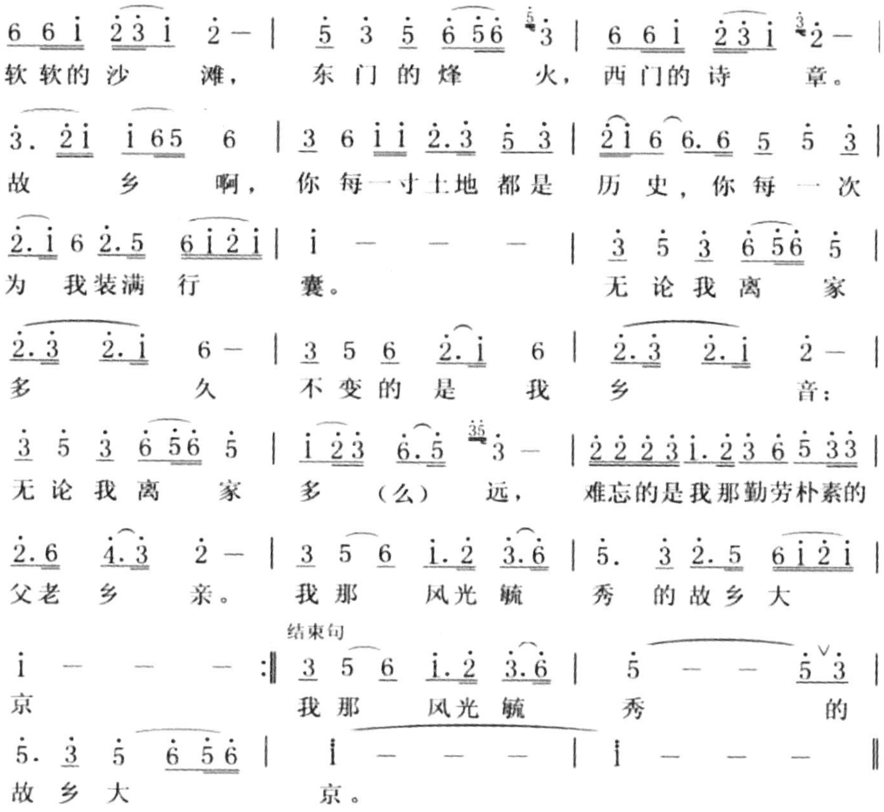

◉ 口述大京

村民周玉明口述

大京旧属辖 地处闽东沿海，位于东冲半岛东北段，海岸线3000多米，风光毓丽，人杰地灵，造化钟秀，人文荟萃。拾金不昧得村名。县志记载，相传有旅客夜晚投宿在大金，次日遗金而去，主人命二子追还。客谢曰："得金不取，异日声价当比南金。"大金由此得名。后人有诗赞曰："黄金失误在须臾，追送还金世所无。过此令人怀往事，山名万古播芳誉。"大金在秦时统属闽中郡。明前设巡检司。大金城堡规模成型始于明代。明初朱元璋提出"高筑墙，广积粮，缓称王"的政策，设沿海卫所清剿征伐前朝叛臣、暴动农民和海贼之流。不久，倭犯猖獗，南乡屡遭掳掠。明洪武二十年（1387），朝廷命江夏侯周德兴于要害处筑城，始筑大金城堡。大金城堡记录了一部抗击倭寇、抵御外侮、保家卫国的壮烈历史。明廷于福建设十二海防千户所，大金居其首，成为福建海防的重要基地。清时，大金城堡兼辖县城以南府前岭、沙塘、渔洋、高罗、积石、闾峡、沙洽等汛。整个南乡军事要塞都属大金千户所管辖。

民国时期，分为京东堡、京西堡。所谓京东堡，即大京东边的蜘蛛网、界石、窑后、斗米、海尾都隶属于大京。以粗湾岗为界，东南方向为大京，东北方向为积石村。北面从王碗底、犁头坵至积石村磨房坑为界。沿五里牌、米磨山、青石桥、白沙岗到七爷顶、粽叶坑为界，南属大京，东北向为积石。西北与长春交界，从顶嫩岗脊梁起到长园坪，西北为长春辖地，东南属大京，包括西家里、宝仑坑、马坪等村。西南方向从黄土溪下游流域经溪兜里、三洪洞、水尾坑、培春岭为界，西北属长溪村，东南属大京。

村座和山场的习俗 古时，大金有村座和山场，族有族座，管理范围非常明确，甚至连宫庙都有公山、公田。如，城隍爷田亩、山场都有一一记载。古代公众山场管理，都会留下一部分田园作为祭祖轮年田。

下塘新桥的变迁 从村南行至港里溪的桥，名“盛丁桥”，据史书载，为清代郑鸣銮所建，历经年代久远，大水为患，桥墩几处损坏，涨潮时往来中断，清光绪年间（1875—1908），其孙郑志鹏同乡董募捐重建，大桥采取空架石柱，梁上设有凹凸的石槽为苗头，每扇直柱三根，挺力有序，石板直铺，纵横十余丈，结构严谨结实，桥身十余孔规模大。以正面观之形似“丁”字，故名“盛丁桥”。此桥是通往丹湾、小京、北斗、闾峡、下浒沿途各村的一大捷径，潮涨潮退人们都可以随意通过。时因 1975 年平整土地时，拆其桥填地改田，现已无存。2016 年，在原址新建一座钢混结构的大桥，长 20 米，宽 6.5 米。

村民郑宗元口述

发现明代兵器仓库 历年发现千户所遗藏地下的兵器仓库，据初步统计，截至 2016 年有 5 处。造型四方，四周石板包砌成圹，圹长、宽均约 0.9 米，高 1 米，面深 3 米，有些中间隔墙双边通透，正面是用砖封闭的，圹里密存兵器物件，有刀，有铲，还有瓷器，甫一触即化作灰末。

（1）茶场宝岩寺寺前案山末端，发现两圹。

（2）安福岭、可安岗西侧面向罗浮岭，发现两圹。

（3）东门街一户家建房时，发现一圹。

（4）岭头洋水库之巅周家建坟地挖土时，发现两圹。

（5）大墓里深挖沟时，发现两圹。

大京清明节 大京人有一种特殊的习俗，每年清明祭祖必须设法弄一盘乌贼为祭品。为什么呢？因大京饱受日本侵略者的烧杀抢掠，恨不能屠其首，剥其皮，煮而啖之。本地人称日本侵略者为倭贼，乌贼与倭贼谐音，故后人谨遵先人遗训，清明祭祖都要摆上一盘乌贼为祭品。

创办碾米厂 1952年，大京创办碾米厂，以柴油机为动力。农民可用自己的谷兑换白米，一般50千克谷换34千克大米，可以说大京人比其他村庄的村民较早地吃上了机器米。当年的开办人是溪南人陵谷，后转为大京人经营。

乡贤郑克龙口述

东峰、保老二山的搬迁 县志有记载，大京有东峰、保老二山对峙，东峰是陈桥巷墩，保老俗名“寨山”，此二山是“双凤衔书”的天然形胜，平原突兀而起，形如环佩，东峰乃溪边城主山，是林姓居住的发祥地，郑族居保老山下，东峰、保老是雌雄双凤的凤佩，秉天地山川之灵气，是天公赐予大京村的风水山，是当年林元孙、郑君老这些硕儒栖息之所。苍松斜出于石壁，丹桂遍布以飘香。后为发展旅游业，修建停车场、新大道，现两峰已被夷为平地。

村民周锡喜口述

消失的古厝 江夏侯母宅在曲街头周厝埕里，并排六扇厝，坐北向南，中间有弄通后弄。左边前靠大路是门楼厅，坐西向曲街头亭东，厅后有回廊，从南到北再向西，延伸又向南至水井。水井的井栏由四块石板围成，呈四方形，上压一块四方形石板，中间凿个圆井口，上面还可移动石井盖，至今犹存。回廊下是很大的院子，三角形、四方形的石板砌成花格图案，现在还可以看到局部残留，廊院和水井已面目全非，无从寻觅了。郑君老宅在大京堡城里，大厝是八扇二厅的大住宅。临街一门厅两大店，厅后有大天井，通风采光极佳，主屋厅前有条大廊，宽30多米，深约3米，后门前厅朝后街，有砖构的转角扫飞檐。面积居大京第一，故也叫“大厝”。

乡贤林志德口述

“围龟不围凤”传说不可信 明洪武年间（1368—1398），大金千户所城堡的选址有个传说。大金东北面有一座龟山，西北面有一座凤山，两山之间是一片沃野。当时，江夏侯周德兴奉洪武帝之命建大金城堡，想将凤山围入城堡内，因造城官朱以环被住在凤山脚下的郑姓人家收买，便改成不围凤山而围龟山，后来造城官被周德兴处以剥皮胀粗糠之刑。现在看来，这是个讹传。大金千户所城堡纯属抗倭的军事设防。东面龟山临海，且居高临下，倭从海上来，可一览无遗。周德兴是明代的军事专家，把东面的龟山围入东城内是从千户所军事防御角度上的缜密考虑，并将指挥台设在巍巍龟山之上，与三沙烽火、南日水寨遥相呼应，互为依托，形成壁垒森严的防御体系，从而足见周德兴的军事家雄略。所以，“围龟不围凤”传说不可信。

村民刘丽群口述

两次沉船事件　1945年，一艘日本战船从小京刚开到大京丹湾离鸭池荡不远时，被美国盟军炸毁沉入海中。当时，有两个福清籍的打鱼人，被突如其来的炮声震到礁石峡谷，其中一个被炸死。后来，有人潜入海中，竟还摸到插在船箱上的钥匙。20世纪30年代，一艘外国游轮在笔架山外洋，大约南泉寺海面东南方向1千米处沉落。后来，有一位渔民见水退去，有桅杆露出，怕渔船会碰到而发生危险，就叫人将桅杆砍了。再后来，窑后有个叫郑德金的村民放渔网时，还被游船缠住过。

村民郑孟光口述

玄天大帝宫来历　有一船队夜间在海上遭遇风浪，见对面山上有灵光，便将船队驶向有灵光的山下，登上山后，发现此山似龟，不远处有个山岗似蛇，便在此结庐供香，后人塑玄天大帝像，为宫。

水溢井栏　1923年的一天，巷里街林木桐厝前的水井，在天刚亮之时，突然溢出井栏。后不久，下细园郑河生家的水井也溢出一次。此为大京奇象。

剧团轶事　1951年，霞浦女班第一次到大京演出，因闻名而来的观众甚多，育贤宫左侧楼发生倒塌，幸好没人伤亡。当时演出的剧目是《白蛇传》，从此大京人对曲艺有了更深的喜爱。1953年，黑白有声电影《白毛女》首次到大京公演，观众人山人海。

村民郑克勇口述

郑如高与“高昇号”　1939年，大金人开始对台贸易，郑如高是“高昇号”商铺的创始人。其父亲经营油坊，经济实力较强。青年时期的郑如高行商于霞浦、福安、宁德、福州一带。主要经营粮食，经过近10年的运转，商铺发展迅速，批发市场自涵江、沙江至东冲、下浒整个东冲半岛。20世纪30年代初，“高昇号”在大金已有8家批发部，资本雄厚。为方便海上运输，投资建造2艘运输船，贸易扩展到浙江温州、宁波、台州，以及台湾，并通过台湾地区将美国、日本及东南亚各国的商品，如洋油、洋火、洋布、洋灯具等各种国内当时还不会生产的日用品运进。同时，还有杜允斌几兄弟置船只3艘，往返于海峡两岸，以农副产品换取台货，生意越做越大。

乡贤徐卫灼口述

林徐古厝　林家与徐家两座古厝建筑格式是一模一样的，这里有一个外甥立志的传说。当林家渐渐富起来后，就请师傅修建大厝，可正在建造时，外甥走来，一直站在舅舅厝的工地上，痴迷地看着。这外甥很可怜，年幼时，父母就死了，替人放牛。舅舅看到外甥，便问："不去放牛，站这做什么？"外甥没回答舅舅的话，只问："舅舅，这盖房屋要多少钱？"舅舅不解，一穷二白的外甥竟也敢问这个。就说："你问这干什么，难道你也建得起厝？"外甥说："不一定呀！"舅舅笑了："如果你建得起房，我旁边那块空地你拿去。"不料，没过几天，外甥竟请人抬来许多木料，仿照舅舅的房子，建起来了。原来，外甥自父母死后，就勤奋劳作，省吃俭用，默默积累，立誓建房，终于成功了。由此，林家古厝与徐家古厝，无论是大处还是小处，都是一模一样的。

◉ 主要参考文献

1. 朱维干著 :《福建史稿》，福建教育出版社 ，1986 年。

2. 福建省霞浦县地方志编纂委员会编 :《霞浦县志》，方志出版社，1999 年。

3. 中共霞浦县委党史研究室编 :《霞浦人民革命史》，中共党史出版社，2009 年

4.《福宁霞浦》编委会 :《福宁霞浦》，海峡文艺出版社，2012 年。

5.〔清〕张廷玉等撰 :《明史》，中华书局，1974 年。

6.〔明〕刘应钶修，沈尧中纂 :《万历嘉兴府志》，上海古籍出版社，2013 年。

7. 荆福生主编 :《宁德文明之光》，海风出版社，2000 年。

8. 何绵山著 :《闽文化概论》，北京大学出版社，1996 年。

9. 申闽生总纂，中共霞浦县委党史研究室合著 :《中国共产党霞浦历史》，中共党史出版社，2016 年。

10. 福建省炎黄文化研究会、福建省作家协会编 :《梦幻海滩 摄影天堂》，海峡出版发行集团｜海峡书局，2015 年。

11. 中共福建省委党史研究室、福建省闽西老区建设促进会合编 :《见证抗战》，中共党史出版社，2010 年。

12. 李步泉主编 :《闽东茶叶历史文化》，海峡出版发行集团｜海峡书局，2015 年。

◉ 编纂始末

欣逢盛世，编纂《中国名村志丛书・大京村志》的初衷，始于大京乡贤周玉明提议，由大京美丽乡村建设促进会会长林春盛组织发起，计划用 5 年时间，编纂一部全面记述大京的普通村志。2015 年 11 月，相继召开村志编写研讨会，研究推动编纂《大京志》。12 月，正式成立大京志编纂委员会，并确定了编委会机构及人员名单。2016 年，相继通过召开村老干部和各姓氏族长会议、大京学校老教师座谈会，成立村志研究会，谱写《大京我故乡》村歌等措施，致力推进编纂工作。之后，编委会成员群策群力，完成了 20 余万字的人物篇、地理篇、宗谱篇、民俗篇、教育篇等资料调查搜集工作。其间，大京乡贤林春仁担任主编，致力于推进普通志稿的资料搜集、业务指导等工作，但不幸因病逝世。

2016 年年底，中国地方志指导小组办公室启动中国名村志文化工程。大京历史悠久，山海毓秀，人杰地灵，是有着 1700 多年建县历史的霞浦县最大的行政村，古往今来，大京人民创造了光辉灿烂的物质文明和精神文明，可书可记，可歌可泣。《中国名村志丛书・大京村志》的编纂，得到了福建省地方志编纂委员会的高度关注和副主任俞杰等领导的支持与指导，向中国地方志指导小组办公室推荐列入中国名村志文化工程。2017 年 3 月，林春盛同福建省地方志编纂委员会副主任俞杰、副处长曹斌到上海参加“中国名村志编写研讨会”，交流学习，领受任务。

从原计划编纂普通村志到入选中国名村志文化工程，要重在突出名与特，因而在体例、篇目、内容、篇幅等方面都做了很大改变，提出更高要求，且仅有 4 个月的编写时间。编委会决定分为采、编两块，分工负责《中国名村志丛书・大京村志》的编纂。蒙霞浦县地方志编纂委员会的大力支持，从《霞浦县志》编纂人员和霞浦县历史文化研究会中抽调骨干，参与《中国名村志丛书・大京村志》的编辑工作。2017 年 4 月，对原编委会人员进行重新组合，集中力量开展资料搜集工作，并确定由林丽科担任主编，组织采编工作，由申闽生担任总纂，负责图文编纂。4月9日，按照中国地方志指导小组办公室《中国名村志文化工程实施方案》的要求，《中国名村志丛书·大京村志》修编工作正式启动。4月29日，在原篇、章二级纲目的基础上，完成篇、章、节、目四级纲目的拟定，细化村情村事，深化名特内涵，并按新纲目要求，分块确定了责任编辑和资料员，采编结合，序时推进。采编人员围绕中国地方志指导小组办公室的要求，以倒计时的紧迫感，跋山涉水，遍踏村域山海川岛，走访乡村耆宿，撷取志乘谱牒，征集民间佚闻，着力“名”“特”挖掘。在此基础上，缜密思考，热烈讨论，殚精竭虑，精诚合作，几易其稿，终在7月上旬形成初稿。短短时间，采编人员凭着对家乡的热爱和执着向上的敬业精神完成初稿的编纂，功不可没。

成就《中国名村志丛书·大京村志》的修编，端赖众力共举，其功不泯。5月，福建省地方志编纂委员会召开专题会议，研究加快推进《中国名村志丛书·大京村志》编纂事宜，加强组织协调、业务指导，并形成专题会议纪要。之后，福建省地方志编纂委员会市县志辅导处处长吕秋心、副处长曹斌莅临大京实地考察，座谈指导。曹斌更是在百忙中加强日常沟通、具体指导。中共霞浦县委、县人民政府主要领导关注和支持本书的编纂工作，并蒙乡贤郑德勇、霞浦县地方志编纂委员会主任李焰等大力推动，亦有各方有识之士倾注真情，鼎力相助。在此一并深表谢意。最后，感谢中国地方志指导小组办公室同志和有关专家对本志稿提出的非常中肯、重要且规范的评审意见。

由于编志水平所限，时间短促，尽管多方努力，对大京的历史发展、文化内涵、特色特点挖掘仍难达到理想深度，内中的粗糙、浅见在所难免，诚冀祈盼业内行家和读者批评指正，以备续修时得以订正。

因本书中所选照片及诗词文章众多，部分作品未能在出版前及时联系到著作权人，请著作权人看到后与我们联系，我们将奉上稿酬。

编　者

2017年8月